BANK
DIGITAL TRANSFORMATION
Business, Technology and Operation

银行数字化转型
业务、技术与运营

汤向军 山丘 著

机械工业出版社
CHINA MACHINE PRESS

图书在版编目（CIP）数据

银行数字化转型：业务、技术与运营 / 汤向军，山丘著 . —北京：机械工业出版社，2023.7

ISBN 978-7-111-73065-1

I. ①银… Ⅱ. ①汤… ②山… Ⅲ. ①银行业务—数字化—研究 Ⅳ. ①F830.49

中国国家版本馆CIP数据核字（2023）第072693号

机械工业出版社（北京市百万庄大街22号　邮政编码100037）
策划编辑：杨福川　　　　　　责任编辑：杨福川　董惠芝
责任校对：梁　园　梁　静　责任印制：刘　媛
涿州市京南印刷厂印刷
2023年7月第1版第1次印刷
170mm×230mm · 22印张 · 329千字
标准书号：ISBN 978-7-111-73065-1
定价：109.00元

电话服务　　　　　　　　　　网络服务
客服电话：010-88361066　　　机 工 官 网：www.cmpbook.com
　　　　　010-88379833　　　机 工 官 博：weibo.com/cmp1952
　　　　　010-68326294　　　金 书 网：www.golden-book.com
封底无防伪标均为盗版　　　　机工教育服务网：www.cmpedu.com

推荐语

桑文锋　神策数据创始人兼 CEO

银行业是非互联网行业中，信息化水平比较高的行业。在数字化转型浪潮下，如何实现银行业数字化，是非常有挑战的。作者在书中提出了系统性框架及切实的围绕客户营销与运营的实践指导建议，相信能够帮助相关从业者更好地推动数字化转型落地。

卢卫东　远辉融生公司董事长、哈尔滨银行原副行长兼首席信息官、德勤管理咨询原合伙人

数字化转型是银行目前的关注热点和突破难点。本书全面、系统地论述了银行在营销数字化和运营数字化方面需要具备的能力，清晰地指出了具体的实现路径，对于正在进行全面数字化转型的银行来说，具有极大的指导意义与参考价值，非常值得一读！

谢云立　哈银消费金融总裁

数字化转型是金融领域一场深层次、全方位的变革，多家银行将数字化转型提升为全行战略高度。银行早已意识到要加快实现数字化金融，凭借数字化转型优化业务流程、提高运营效率和降低运营成本。本书提出全渠道营销数字化能力是银行的核心竞争力之一，提出银行借助数字化沉淀下来的能力进行精细化营销和运营，给读者带来更多启迪。

楚金楠　北京微财科技有限公司 CEO

如何让传统金融业和数字技术结合？这个充满艺术性的话题启发着无数金融从业者深刻思考和探索。作者基于对银行业数字化转型的深刻把握，透过最佳实践案例，对转型规划及实操落地做了详细剖析，并探索了数字化能力在产品与渠道方面带来的应用升级。值得所有金融从业者阅读。

杨斌　微保科技董事长兼 CEO

本书贴近实战、实用性强，这都是因为汤总长期耕耘在银行第一线，对银行的业务实践有着长期积累和深刻认知。数字化转型正在深刻改变着我国金融行业，尤其是银行业，这本书提供了清晰的落地方案。

林少　上海宇谷信息科技集团 CEO

汤博士在银行数字化转型领域实践多年，对促进银行运用数字化重构价值有一套实用的方法论。本书通过相当多的案例让银行从业人员更深刻地理解数字化，实用价值高，适合各阶段、各岗位的银行人细读和运用。

裴跃阳　360 数科副总裁

在数字经济时代，银行要全面拥抱数字化。书中详细讲述了数字化转型的本质、方法论和落地实践路径，案例众多，涵盖范围广，全面解析银行转型阶段的特点及路线。

乔杨　乐信 CRO

本书汇集了实战经验与理论精髓，大量案例让银行从业者更易理解数字化，值得推荐。

解伟　携程集团副总裁

本书从高层战略到实践落地全面介绍银行数字化转型，书中并无高深晦涩的理论，易于理解，能够帮助读者建立对数字化营销增长和生命周期精细化运营的深刻认知，以更好地推动转型。

于东琪　新浪数科前 COO 和管理咨询专家

数字化转型的逻辑是：通过数字化，提高企业各个环节的可观测度，使得业务动作更可控、目标更容易评估；通过数字化手段替代人传递信息，提高信息传递的可靠性和及时性。

本书涵盖银行数字化的方方面面，既有理论，又有实际的落地方法，可以作为银行数字化转型参考书。

吴燕克　《银行数字化风控：业务与实践》作者、北京银行原总行专职审贷官

本书以实用性和实战性为特色，既融合了理论与实践，又总结出一套宝贵的方法论，其中的"银行数字化转型落地 6 步法"具有重要的指导意义。强烈推荐！

刘涵宇　腾讯前高级产品经理、《数字化思维》作者

数字化转型是当下热门话题，但大多数转型者只看到了数字技术这个层面，不停地开发系统、上线新功能，忽略了真正的目标——转型。本书以银行为例，试图告诉读者数字化转型是一个系统性工程，需要从战略、架构，到体验、内部协作，再到技术开发、营销等方面进行全方位考虑。如果你正面临银行数字化转型落地难题，相信这本书会给你一些启发。

推荐序一

随着数字经济的兴起，为了提高服务质量、提升竞争力，我国银行纷纷踏上数字化转型道路，开展了许多有益的实践。数字化对银行的组织、文化、业务、技术等各方面都提出了新的要求，带来了深刻的变革。我们若单纯从技术角度去理解银行的数字化转型，容易落入"只见树木，不见森林"的窠臼，难以从整体上把握银行数字化发展的实质。

在我看来，一个真正的数字银行是秉持"以客户为中心"的服务理念、依托先进的数字技术，不断完善系统架构、优化业务流程、提升运营管理水平、强化风险控制、丰富场景生态，为客户提供便捷、高效、普惠、安全、多样化、定制化、人性化的金融产品和金融服务的新型银行。而数字化转型是基于新兴科技，围绕数字营销、数字运营、数字风控等展开，通过重塑组织与人的关系、构建数据驱动的能力来由内而外地进行变革，拓展营销渠道，提高客户体验，实现与数字经济相适应的业务增长。

近年来，金融科技企业通过更个性化的产品体系、更简易的申请和审批流程、更快速地服务响应，一方面从负债端利用各种便捷的理财产品吸收大量资金，另一方面从资产端投放大量短期、小额信贷，从资负两端加速银行业务的金融脱媒。

与传统银行相比，金融科技企业具有以下显著优势：庞大的流量和场景入口、海量的数据入口和相对宽松的监管环境。总体上看，面对金融科技企业的激烈竞争，银行业只有深化自身数字化转型，在新一代产品体系和营销体系下，利用好品牌、体量及合规优势，建立具有市场竞争力的业务模式和产品服务。

与传统银行相比，数字银行主要具有以下几方面特征。

一是具有适应数字经济的企业文化与组织架构。

二是具有敏捷、稳定并重的技术架构。

三是具有完善的数据资产化能力。

四是具有高效的数字化营销和运营能力。

五是具有健全的数字化风险管控能力。

六是具有开放的生态（场景）构建能力。

传统银行的数字化转型是一个渐进且充满挑战的过程。无论观念、意识的转变，还是文化、理念的培育，亦或是从客户思维到用户思维的转变，都需要在日常工作中不断体会和深化。如何做好数字化转型，并没有标准答案和方法，但可以明确的是，数字化转型是一项系统性工程，非某一个部门或者条线的责任，而是一场由内及外的自我革命。此外，我国有着庞大的银行体系，银行机构类型众多、差异巨大，这也意味着银行数字化转型的最优路径不是唯一的，每家机构需要综合考虑自身的资源禀赋、历史沿革、发展状况、经营理念和组织文化等，循序渐进地改善体系架构、培养核心能力，而不是简单照搬其他银行的经验与模式。

汤博士的这本书详细讨论了企业架构、营销数字化和运营数字化，也详细分析了不同银行的转型案例，特别强调过去被传统银行所忽视的长尾用户的体系化营销，借助数字化能力进行精细化用户运营、全场景布局和建设以用户为中心的精准化营销体系。推荐大家阅读。

曾刚

上海金融与发展实验室主任

| 推荐序二 |

近年来，随着金融科技快速发展，互联网与金融行业深度融合，银行业的生态加快重塑，银行数字化转型大势所趋。

但银行数字化转型没有统一的定义，一般被认为是银行利用大数据、云计算、人工智能、区块链等技术来推动业务模式、组织架构、企业文化等变革，目的是寻找新的收入来源、新的产品和服务、新的商业模式，通过手机银行在线服务客户。

业务的本质是通过提供产品和服务给客户，获取某种价值。无论什么行业，生存法则是业务不断更新、与时俱进、顺应社会。银行也是如此。银行的本质是将用户的信用（对未来的预期）转化为当下的资本，通过资金规模、期限和风险转换，实现资金优化配置、降低风险、谋求发展，并从中赚取利润。

数字银行是在以数据为驱动的文化中，以人（用户/客户）为中心、场景在线互联、数智化赋能信用体系，以技术为核心建立自适应组织，以数据为基础提供智能商业决策，从而更快地进行业务创新或商业模式创新，应对数字经济时代的挑战。银行数字化转型的本质是通过在资源方面的投资、优化，不断提升组织能力，以便适应不断加快的变革。

银行数字化转型的核心要点之一是以体验为核心、以数据驱动业务、智能连接线上渠道和线下网点，将客户、场景、产品、服务和网点等转化为数字形态，从而优化服务与流程，提升银行产品内在价值、创新力和竞争力。

银行数字化转型需要从客户价值出发，整合数字技术，重构业务模式并赋能业务全面升级。其实，银行数字化转型的最大挑战不在于技术平台、工具的研发，而在于组织和能力的迭代、新型数字化人才的引用、业务重塑能力、解决方案落地能力和经营管理团队的学习能力。

本书强调了凭借数字化转型，银行机构可以重塑业务流程、提高运营效率和降低运营成本。特别是在数字经济时代的存量市场下得用户者得天下，银行要真正重视长尾用户。银行过去通过网点来运营用户，现在必须通过数字化转型沉淀下来的能力在线上以数字化手段运营用户，把获客变成活客，拉长用户生命周期。推荐大家阅读。

吴晓薇

麦肯锡全球董事合伙人、中国区保险咨询业务负责人、

比利时 Nagelmackers 银行前董事长、荷兰第四大保险集团

VIVAT 前首席科技转型官

推荐序三

许多银行把数字化简单定义为线上化,而线上化实际上仅是数字化转型的一个组成部分。从历史发展角度来看,信息技术其实已经从线上化演进为移动化。渠道、业务、产品的"线上化+移动化"是数字化的基础。

银行最重要的变化之一是渠道变革,线上渠道逐渐替代线下渠道。现在,银行客户几乎已经全部转移到移动渠道,而数字经济时代早已从增量市场变成存量市场。得用户者得天下,银行要把用户真正作为资产重视起来。银行零售业务的主要策略应为加强触点数字化、注重场景布局和以用户为中心的营销运营体系建设。

在数字经济时代,只有从用户视角出发,以用户需求为中心,才能感受到业绩增长的脉搏。从触点建设到营销策略制定,再到线上、线下渠道融合,以及自动化运营、营销转化,银行需要重构和优化数字化营销和运营体系。

银行数字化转型最重要且最难的还是意识和文化的转变。国有银行和股份制银行早在几年前就已经开始布局数字化转型,而区域性银行相比大型银行、金融科技公司在数字化人才储备、企业文化等方面均存在不小的差距,需要根据自身数字化转型目标,不断吸收人才、制定符合自己发展需要的数字化转型战略和落地步骤。

银行数字化转型大势所趋,最近几年传统银行已经踏上转型之路。如何认识到自身的不足，把握转型方向和落地策略将是未来转型取得成果的关键。

本书对数字化转型战略、企业架构、数字化转型落地步骤进行详细讨论，着重介绍了营销数字化和运营数字化，列举了诸多银行实际转型案例，非常值得银行从业人员学习和借鉴。

蔡政元
北大方正人寿副董事长

推荐序四

数字化转型已经热议多年，作为新技术应用、大规模系统化建设的行业级"排头兵"，金融行业更是当仁不让。银行客户类型多、业务场景丰富、资源雄厚，具有发展金融科技的天然沃土，对于人工智能、大数据、云计算、物联网、区块链等新兴技术，以及营销、交易、运营、风控、决策等各个业务环节，都有大量实践，从业务和技术两侧推动业技深度融合，最终将数字化转型导向一场全面、深刻的整体转型。汤老师在银行从业多年，在业务和技术两侧颇有建树，对数字化转型有体验、有观点、有方法，并且以企业架构理论作为数字化转型的关键推动力量，在本书中对企业架构构建方法也多有介绍。如今恰逢《数字中国建设整体布局规划》发布，数字中国建设的蓝图和愿景清晰可见。银行的数字化转型任重而道远，必须突破机构的视野界限，从全局视角认识数字化转型的方向与要求，以历史使命感看待数字化转型工作。汤老师的书在顶层设计上多有阐述，也有详细的业务环节落地案例，上下结合，是推动银行数字化转型工作的好参考。

付晓岩

北京天润聚粮咨询服务有限公司执行董事、总经理

| 推荐序五 |

欣闻汤博士再出佳作，十分钦佩。作为十几年的从业者，我花了两天时间将本书读完，然后又花了两天时间画了脑图，把我以前朦朦胧胧的感觉重新梳理了一遍，变为有条理的知识体系。原因是这本书实用，理论结合实践。书中总结出有针对性的方法论，其中"银行数字化转型落地6步法"极具指导意义。

本书深入讨论了银行数字化转型的趋势、走向和落地路径，特别介绍了企业架构、营销数字化和运营数字化，结合多层次银行实践案例，阐述了不同规模、发展阶段的银行如何进行数字化转型落地，如何在短期内收到成效，以便持续投入资源。

作者结合多年在银行数字化转型方面积累的经验，剖析了银行数字化转型的丰富案例，提出了切实可行的落地路径，贡献了宝贵的方法论。书中提出的数据驱动业务发展路线给我的印象很深刻，一直以来数据驱动概念在认同与落实之间还是有一定距离的。书中把这段距离按数据驱动的目标划分为"面向过去，发生了什么""面向过去，为什么发生""面向未来，将要发生什么""面向未来，最好发生什么""面向未来，让它发生"5个阶段，非常值得数据驱动型银行或企业学习与借鉴。

本书集实战萃取与理论精华于一体，对于促进银行运用数字化重构价值，具有系统性和专业性指导意义。对于希望推进和了解银行数字化转型的从业者，这本书都是很好的读物。

徐宏亮
亿联银行科技管理部副总兼电子银行负责人

| 前言 |

为什么要写这本书

当下,在数字化、网络化、智能化发展趋势的推动下,尤其是在"平台+生态"模式的冲击下,众多银行开始借助金融科技,实现战略转型及数字化变革。而数字化转型是银行战略转型及数字化变革中的重要路径和创新点,它改变了银行的经营理念和服务模式,促使银行进行自我颠覆和价值重构。

两份关于银行数字化转型的重量级指导文件——中国人民银行的《金融科技发展规划(2022—2025年)》和银保监会的《关于银行业保险业数字化转型的指导意见》先后于2021年12月和2022年1月印发,这对在积极筹备数字化转型工作的各类银行而言,正是布局数字化转型的最好指导。

凭借数字化转型,银行机构可以重塑业务流程,提高运营效率,降低运营成本。在数字经济时代,得用户者得天下,银行要把用户真正作为资产加以重视,特别是过去被传统银行所忽视的长尾用户,可以对他们进行数字化精准营销,从而获得持续增长。银行可借助数字化能力进行精细化用户运营、全场景布局,并建设以用户为中心的精准营销体系。

银行数字化转型已经进入深水区,全渠道营销是银行的核心竞争力之一,也是银行实现弯道超车的重要途径。

鉴于上述背景，笔者总结了银行数字化战略布局、落地、支撑业务开展等方面的经验，形成本书，希望与读者一起探索数字化转型的未来发展之路。

读者对象

本书适合银行从业者阅读，包括：

- 银行中高层战略部署者、行长、CIO。
- 分/支行行长。
- 市场与品牌、信用卡、网络金融工作人员。
- 客户经理等一线岗位工作人员。
- 希望了解银行数字化转型、营销与运营的读者。

如何阅读本书

本书共9章，具体内容如下。

第1章从技术变革和数字经济带来的影响，分析银行数字化的本质、银行数字化转型需要考虑的问题、建立数字化能力框架、数字化银行能力评估模型等，使读者对数字化和数字化转型建立认知。

第2章讲述数字化转型的核心架构和构建方法论，包括企业架构、业务架构、IT架构构建方法论。

第3章以数字化转型战略为切入点，讲述数字化转型工作的重要组成部分。

第4章从以体验为核心、以数据驱动业务两方面讲述银行数字化转型的核心要点。

第5章从数字技术与场景数字化、数据中台、平台生态、数字化风控体系4个方面阐述银行数字化转型的关键点。

第6章通过组建转型团队、明确战略目标、企业架构设计、业务中台设计、数据中台设计、营销和运营数字化6个步骤总结银行数字化转型落地方法。

第7章从营销数字化、全渠道营销、营销中台、营销数字化实践4个方面介绍银行营销数字化转型方法。

第8章从渠道运营、用户生命周期运营、用户运营三板斧、新媒体运营、数据运营5个方面介绍运营数字化转型方法。

第9章选取大型国有银行、股份制银行、民营银行数字化转型典型案例进行分析，回顾我国银行业转型历程。

勘误和支持

由于作者水平有限，书中难免会出现一些错误或者不准确的地方，恳请读者批评指正。读者可以通过微信号"wd807945"进行反馈。期待你们的真挚反馈。

致谢

首先感谢给予我们实践机会的公司，让我们通过内部创业的方式丰富了自身的经历。

其次感谢与笔者共事的同事，他们不断探索、创新转型方法并坚持具有长期价值的体系化能力建设，为本书提供了丰富的素材来源。

目录

推荐语
推荐序一
推荐序二
推荐序三
推荐序四
推荐序五
前言

第1章 银行数字化的本质和能力框架 001

1.1 银行数字化的本质 001
1.1.1 信息化与数字化 001
1.1.2 数字化对金融服务基本要素的改变 009
1.1.3 数字化转型的本质 011

1.2 银行数字化转型需要考虑的问题 013
1.2.1 数字化能力体系 013
1.2.2 创建数字化转型计划 021
1.2.3 通过数字化运营体系让业务更具竞争力 029
1.2.4 如何解决数字化转型过程中遇到的问题 031

1.3 建立数字化能力框架 034
1.3.1 能力框架的定义和数字化能力评估原则 034
1.3.2 业界数字化转型思路及框架参考 035
1.3.3 银行数字化能力框架 039

1.4	数字化银行能力评估模型	040
	1.4.1 银行业数字化发展阶段评估模型	040
	1.4.2 银行数字化转型评估模型	041
1.5	银行数字化能力框架再思考	042
	1.5.1 数字化转型关键特征	043
	1.5.2 数字化能力建设路径选择	044

第 2 章 企业架构方法论　　047

2.1	企业架构基础理论	047
	2.1.1 企业变革需要企业架构指导	048
	2.1.2 企业架构的作用	051
	2.1.3 企业架构的主要内容	053
	2.1.4 企业架构的 6 个关键趋势	054
	2.1.5 企业架构规划方法	056
2.2	企业战略设计方法论	061
	2.2.1 使命、愿景和战略	062
	2.2.2 战略框架	064
	2.2.3 战略规划流程	066
2.3	企业架构框架	067
	2.3.1 TOGAF 企业架构框架	068
	2.3.2 SOA 框架	070
	2.3.3 其他企业架构框架	073
2.4	业务架构规划	074
	2.4.1 业务架构规划框架	075
	2.4.2 业务架构全景图	076
	2.4.3 业务架构规划的 7 项关键工作	077
2.5	IT 架构规划	079
	2.5.1 IT 与业务的关系	079
	2.5.2 IT 架构规划框架	082
	2.5.3 IT 架构实施路径规划	084

	2.5.4	IT 架构治理与管控	085
2.6	企业架构落地路径		086
	2.6.1	企业架构与组织转型	086
	2.6.2	企业架构与 ITSP 的关系	086
	2.6.3	企业架构落地保障机制	087

第 3 章　银行数字化转型战略　　089

3.1	银行产品分析和渠道分析		090
	3.1.1	银行产品价值分析	090
	3.1.2	全渠道分析和生态链	094
3.2	数字化转型核心战略制定		101
	3.2.1	确定数字化转型愿景	102
	3.2.2	确定数字化转型使命	103
	3.2.3	明确数字化转型战略定位	105
	3.2.4	制定数字化转型目标	108

第 4 章　银行数字化转型的 2 个核心业务要素　　114

4.1	以体验为核心		114
	4.1.1	客户分层	115
	4.1.2	用户旅程	121
	4.1.3	用户体验	128
4.2	以数据驱动业务		131
	4.2.1	数据采集	133
	4.2.2	数据分析	136
	4.2.3	数字化运营	150
	4.2.4	用户营销	151

第 5 章　银行数字化转型的 4 个关键技术点　　153

5.1	数字技术与场景数字化		153
	5.1.1	打造"四横"数字化能力	154
	5.1.2	融入"五纵"数字化典型场景	160

5.2 数据中台　　161
　　　　5.2.1 数据中台建设面临的三大挑战　　162
　　　　5.2.2 数据中台建设方法论　　164
　　5.3 平台生态　　168
　　　　5.3.1 外部环境分析　　168
　　　　5.3.2 内部环境分析　　169
　　　　5.3.3 平台生态战略　　170
　　　　5.3.4 平台生态建设路线　　170
　　5.4 数字化风控体系　　172

第6章 银行数字化转型落地6步法　　175
　　6.1 第一步：组建转型团队　　177
　　　　6.1.1 "一把手"项目　　177
　　　　6.1.2 数字化人才能力模型　　178
　　6.2 第二步：明确战略目标　　179
　　　　6.2.1 引入外部资源　　180
　　　　6.2.2 评估数字化能力　　181
　　　　6.2.3 制定数字化转型战略目标　　181
　　6.3 第三步：企业架构设计　　183
　　　　6.3.1 企业架构设计原则制定　　184
　　　　6.3.2 业务架构设计　　185
　　　　6.3.3 IT架构设计　　190
　　　　6.3.4 企业架构设计实践——北京银行　　194
　　6.4 第四步：业务中台设计　　195
　　　　6.4.1 业务中台建设方法　　195
　　　　6.4.2 业务中台架构实践　　197
　　6.5 第五步：数据中台设计　　198
　　　　6.5.1 数据中台建设方法　　200
　　　　6.5.2 数据中台架构实践　　202
　　6.6 第六步：营销和运营数字化　　204

6.6.1	营销数字化	204
6.6.2	运营数字化	206

第 7 章　银行营销数字化转型　208

7.1	营销数字化	209
7.1.1	数字化触点	210
7.1.2	客户数字化	212
7.1.3	打通数据链	214
7.2	全渠道营销	216
7.2.1	全渠道管理策略	216
7.2.2	流量池	219
7.2.3	网点私域流量营销	223
7.2.4	产品创新和金融场景化	231
7.3	营销中台	235
7.3.1	营销中台支撑业务	236
7.3.2	营销中台的产品模型	238
7.4	营销数字化实践	242
7.4.1	招商银行私域运营实践	242
7.4.2	中信银行私域运营实践	247

第 8 章　银行运营数字化转型　251

8.1	渠道运营	252
8.1.1	全渠道运营	253
8.1.2	线上和线下运营	256
8.1.3	公域和私域运营	259
8.1.4	分周期、分群、分层运营用户	261
8.2	用户生命周期运营	261
8.2.1	引入期	262
8.2.2	成长期	264
8.2.3	成熟期	265

　　　　　8.2.4　休眠期　　　　　　　　　　　　　　　267
　　　　　8.2.5　流失期　　　　　　　　　　　　　　　268
　　8.3　用户运营三板斧　　　　　　　　　　　　　　　269
　　　　　8.3.1　留存　　　　　　　　　　　　　　　　270
　　　　　8.3.2　促活　　　　　　　　　　　　　　　　276
　　　　　8.3.3　转化　　　　　　　　　　　　　　　　278
　　8.4　新媒体运营　　　　　　　　　　　　　　　　　282
　　　　　8.4.1　平台特点　　　　　　　　　　　　　　282
　　　　　8.4.2　微信公众号　　　　　　　　　　　　　283
　　　　　8.4.3　支付宝生活号　　　　　　　　　　　　284
　　　　　8.4.4　抖音　　　　　　　　　　　　　　　　286
　　8.5　数据运营　　　　　　　　　　　　　　　　　　287
　　　　　8.5.1　指标体系　　　　　　　　　　　　　　288
　　　　　8.5.2　数据分析　　　　　　　　　　　　　　291

第9章　银行数字化转型案例及分析　　　　　　　　　　300
　　9.1　建设银行数字化转型　　　　　　　　　　　　　301
　　　　　9.1.1　历年战略变化　　　　　　　　　　　　301
　　　　　9.1.2　金融科技战略发展历程　　　　　　　　305
　　　　　9.1.3　业务与技术、数据深度融合　　　　　　307
　　9.2　招商银行数字化转型　　　　　　　　　　　　　308
　　　　　9.2.1　历年战略变化　　　　　　　　　　　　308
　　　　　9.2.2　金融科技战略发展历程　　　　　　　　312
　　　　　9.2.3　业务与技术、数据深度融合　　　　　　314
　　9.3　网商银行数字化转型　　　　　　　　　　　　　317
　　　　　9.3.1　历年战略变化　　　　　　　　　　　　317
　　　　　9.3.2　金融科技战略发展历程　　　　　　　　320
　　　　　9.3.3　业务与技术、数据深度融合　　　　　　322
　　9.4　银行数字化转型分析　　　　　　　　　　　　　324
　　　　　9.4.1　银行数字化转型目的　　　　　　　　　324
　　　　　9.4.2　银行数字化转型建设过程　　　　　　　324

第 1 章 CHAPTER

银行数字化的本质和能力框架

"数字化转型"一词中"转型"才是银行战略转型和业务转型的目标,但凡转型,不管是否涉及数字化都很复杂。借助数字化转型框架,我们可以有效地评估业务转型的可行性、风险,提升银行业从业人员对数字化转型的整体理解,制定适合银行自身发展的可行的数字化转型方案。

1.1 银行数字化的本质

数字经济主要通过数字化技术实现。数字化技术推动了金融服务基本要素的演变,并赋能银行业务,形成可灵活组合的积木式业务能力,这也是数字化的本质。

1.1.1 信息化与数字化

过去,在信息技术以及大量信息系统的支撑下,银行业务快速发展。随着数字化技术的成熟,银行为了更好地进行数字化建设,需要理解数字化与信息化的区别和联系。对这个问题的理解越深刻，银行就越知道到底该在哪里投入更多的资源进行重点建设，才能更好地提升效率。

1.1.1.1 信息化

BIZBOK（业务架构知识体系）对信息是这样描述的：信息是经过验证、准确、及时、具体且有组织的数据，在赋予其含义和相关性的上下文中呈现，以方便理解和减少不确定性。信息化的概念起源于20世纪60年代的日本，由日本学者梅棹忠夫提出，发展到现在可以总结为：建立在ICT产业发展与ICT在社会经济各部门扩散的基础之上，从以物质与能源为经济结构的重心，向以信息为经济结构的重心转变的过程。ICT作为整体产业构架的基础，通过信息化和网络化，促进整个经济体系的数字化发展。今天，我们都已经习惯了出门仅带手机，享受通过扫码支付、刷脸支付、NFC/二维码进出地铁等在线服务的便利，再也不用像2010年以前那样只有到银行营业网点或找到ATM才能办理金融业务……概括下来，银行业的进化呈现数字化替代程度越来越高、体验越来越好等特点，如图1-1所示。

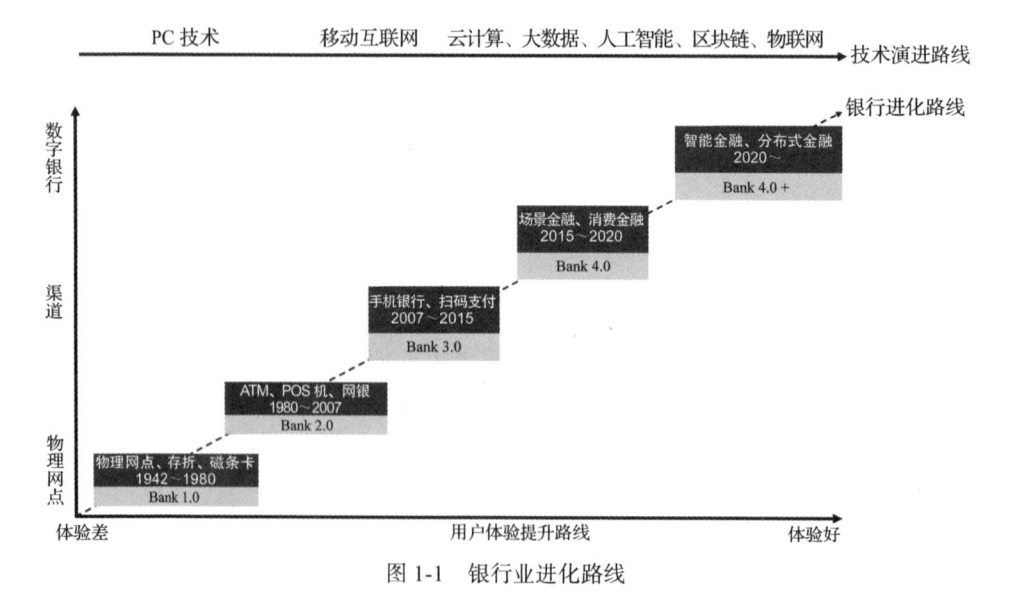

图 1-1 银行业进化路线

技术的应用带来了新的金融业务、产品，甚至业态。回顾近几年银行业互联网金融业务的发展——从行业纷纷上马 mPaaS 平台提升移动 App 体验,到搭建开放平台融入各类场景或者打造平台生态,并没有改变金融业务的本质和逻辑,依然是围绕以用户为中心的理念提供金融服务。所以,银行在信息化建设过程中也要避免走向另一个极端——为了技术而技术,需要从第一性原理出发立足金融的本质,应用互联网技术将金融产品和服务融入互联网,实现产品和服务的数字化演进,进而重塑金融业务(如图 1-2 所示)。

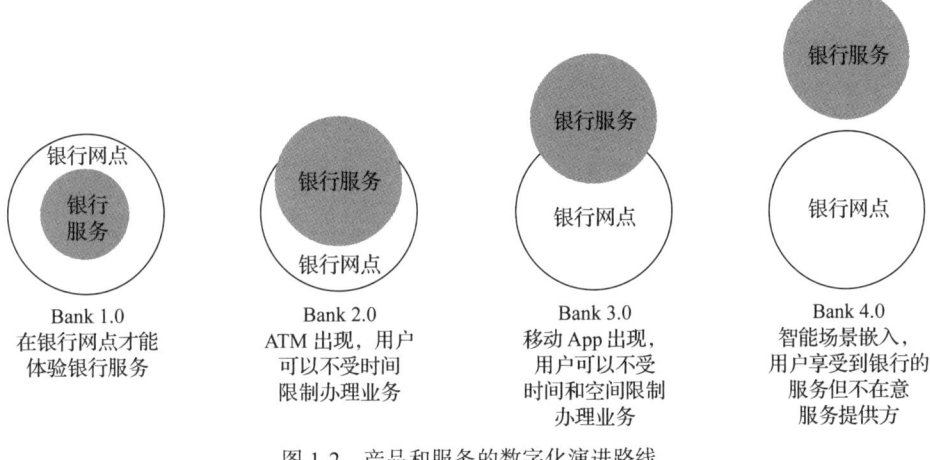

Bank 1.0
在银行网点才能
体验银行服务

Bank 2.0
ATM 出现,用户
可以不受时间
限制办理业务

Bank 3.0
移动 App 出现,
用户可以不受
时间和空间限制
办理业务

Bank 4.0
智能场景嵌入,
用户享受到银行的
服务但不在意
服务提供方

图 1-2 产品和服务的数字化演进路线

信息化是将物理世界进行抽象建模,然后通过建设计算机信息系统,将某些业务处理流程和数据通过信息系统来处理,通过人与机器的协同完成作业。其核心特征是通过对现实世界的抽象,将模拟信息转化为二进制代码,以便通过计算机对其进行采集、存储、处理和传输。**信息化的典型特征是从业务到数据**。银行信息化建设是实现银行主要业务、财务流程、管理流程的信息化,确保银行信息及时、准确与安全,保障银行总公司和各分公司持续、稳定、高效地运营,并满足监管部门数据采集的要求。在信息化时代,银行在业务上关注**投资回报率**,在技术上关注**降本增效**,**追求规模**。笔者从事金融科技工作多年,深刻体会到当前很多银行还是处于信息化阶段,需要从业者认清银行当前现状和与数字化银行目标的差距,不能因为压力而将项目或系统命名为数字化平台或中台,透支未来的科技投入,而是要踏踏实实地打造基础能力。

1.1.1.2 数字化

数字化更多指"业务数字化",即业务在数字世界开展,以物理元素响应。如外卖、网约车、数字货币、电子钱包、电子发票等都是业务数字化的产物,我们可以不再受时空限制,随时随地享受美味和出行便利。而这本质上是基于信息化技术所提供的支持和能力,将物理世界中的实物数字化,让业务和技术真正产生交互,改变传统的商业运作模式,以数字化取代实物的存在,所以可以总结为数字化更关注商业模式的改变。

数字化时代有以下特征。

- **业务和技术快速变化,需要敏捷迭代、快速响应**。市场充满变化,需要数字化的组织来敏捷应对。新的技术不断在金融场景中运用,业务部门期望新技术带来业务的创新,进行价值创造。企业在业务上关注客户价值,在技术上关注速度、适应性,追求快速响应的能力。降本增效已经从传统业务的目标蜕变为数字化时代的约束条件。
- **信息渠道多元化,信息更加透明化**。一个遭人诟病的产品,公司再也不能把它藏起来了,因为每个用户心中都有一杆秤,而且在移动互联网时代,每个人都可以创造可传播的信息,用户之间信息通畅。
- **数字化能力体系建设,而不仅仅是简单的技术升级**。在数字化时代,银行 App 将替代柜员,现在的业务处理和系统将变为一个基于互联网的自助服务系统,这意味着银行业务模式的变更,而不仅仅是渠道的技术升级。数字化时代更加关注体系化能力建设,银行的能力将随着时间的推移而增强,能力越强,越有可能把握住机会(如图 1-3 所示)。

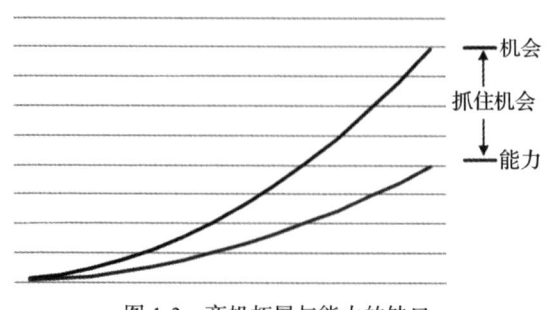

图 1-3 商机拓展与能力的缺口

- **开放生态，融入创新场景**。在数字化世界里，我们看到消费者更加关注产品的使用权而忽略所有权，关注 SaaS 服务带来的便利和极致体验，忽略交付的方式，这将推动企业商业模式的改变。金融服务数字化脚步的不断加快，使得融入场景、开放生态正在成为银行业愈演愈烈的新浪潮。

1.1.1.3 数字经济

2021 年 12 月 12 日，国务院发布的《"十四五"数字经济发展规划》对数字经济这样描述："数字经济是继农业经济、工业经济之后的主要经济形态，是以数据资源为关键要素，以现代信息网络为主要载体，以信息通信技术融合应用、全要素数字化转型为重要推动力，促进公平与效率更加统一的新经济形态。数字经济发展速度之快、辐射范围之广、影响程度之深前所未有，正推动生产方式、生活方式和治理方式深刻变革，成为重组全球要素资源、重塑全球经济结构、改变全球竞争格局的关键力量。"近年来，全球数字经济蓬勃发展。2022 年 7 月 23 日，国家互联网信息办公室发布的《数字中国发展报告（2021 年）》指出，从 2017 年到 2021 年，我国数字经济规模从 27.2 万亿元增至 45.5 万亿元，年均复合增长率达 13.6%，占国内生产总值比重从 32.9% 提升至 39.8%，成为推动经济增长的主要引擎之一。《数字中国发展报告（2021 年）》还提出了数字中国发展评价指标体系，其中数字经济的二级评价指标为数字产业化和产业数字化：数字产业化的重点评估要素为 ICT 相关产业营业收入、IT 项目投资情况等；产业数字化的重点评估要素为农业生产信息化水平、企业两化融合水平、网上零售交易情况等。

在数字经济中，**数据为关键生产要素**，消费者和企业之间的**数据交互**正在**推动商业模式的转变**，连接成为数字经济的关键，众多企业通过平台化和生态化通过频繁的互动促进数据流通和共享，而技术成为其中的重要推动力，技术的进化和组合成就了经济的繁荣，改变了我们的生活方式。数字经济的第一层次（即核心部分）是信息和通信技术（Information and Communication Technology，ICT）；第二层次是狭义的数字经济，主要是数据和数据技术的应用带来新的商业模式，突出的是平台经济模式，比如电商、共享经济、零工经济等，是对传统商业模式的改造；第三层次是广义的数字经济，涉及几乎所有的经济活动（如图1-4所示）。

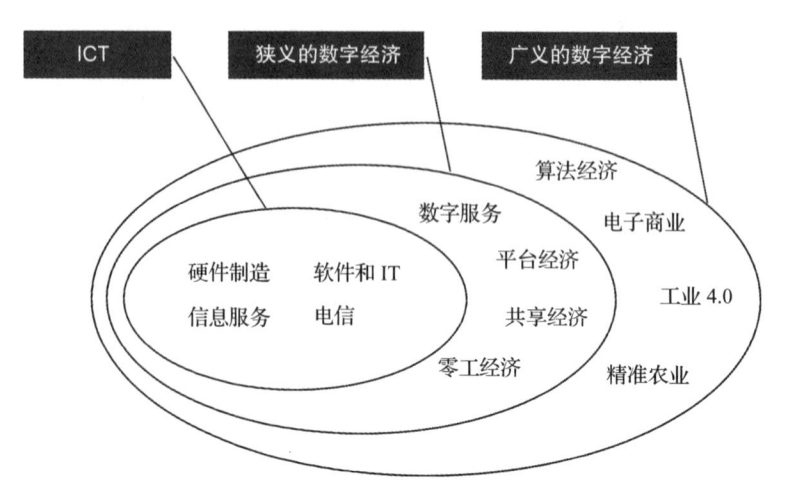

图1-4 数字经济的三重划分（根据彭文生先生的分享整理）

数字经济的生产要素与农业经济、工业经济的生产要素显著不同：

- Y（农业经济产出）$= F(A, L, T)$
- Y（工业经济产出）$= F(A, L, T, K)$
- Y（数字经济产出）$= F(A, L, T, K, D)$

其中，Y表示经济产出，F表示生产函数，A表示技术进步，L表示劳动力，T表示土地，K表示资本，D表示数据。

从经济发展的关键生产要素分析，我们发现生产要素是逐步增加的。

- 工业经济在农业经济的生产要素基础上增加了资本要素。
- 数字经济在工业经济的生产要素基础上增加了数据要素。

生产力由生产要素所构成，而数据要素和数字技术的结合带来了以下影响。

- 数据作为一种无形资产，具备高可复制性，边际成本几乎为零。
- 零边际成本降低创新成本，比如近几年各类互联网金融产品层出不穷。
- 传统生产要素在数据要素和数字技术的作用下迎来了数字化变革，在数字空间里的新形式带来了新价值和新模式，如数字农场、共享单车、网约车、外卖等。
- 数据具有规模经济效应，随着规模增加带来数据的更多沉淀，进而推动降低成本、提高效率，形成竞争壁垒，促使企业规模扩大。
- 数字化独角兽平台的快速崛起和低创新成本，以及新的市场参与者不断出现，带来了生产方式的变革、商业模式的变革、管理模式的变革、思维模式的变革，进而改变了旧业态，创造了新生态。
- 在数据和数字技术的作用下，数字化产业飞速发展，技术、劳动力、土地、资本、数据五大生产要素构成新的生产力，促进了传统生产要素的数字化变革，推动产业数字化转型发展，推动人类社会进入数字经济新时代。

1.1.1.4 数字社会

Gartner 认为"数字社会是参与持续数字互动的人、组织和事物的集合"。因此，数字社会是企业、政府和人之间所有数字互动的结果。在以大数据、人工智能等为代表的新一代数字技术的作用下，物理世界与数字世界高度融合，数字社会的生产方式、生活方式和传播方式发生了革命性改变。《数字中国发展报告（2020 年）》指出，将建设数字中国作为新时代国家信息化发展的总体战略，有力推进核心技术、产业生态、数字经济、数字社会、数字政府建设，深入开展数字领域国际合作，充分利用数字技术抗击新冠疫情、助力脱贫攻坚、保障社会运行。2021 年 3 月发布的《中华人民共和国国民经济和社会发展第十四个五年规划和 2035 年远景目标纲要》对数字化发展做出全面部署，明确提出要加快数字社会建设步伐，适应数字技术全面融入社会交往和日常生活新趋势，促进公共服务和社会运行方式创新，构筑全民畅享的数字生活，通过提供智慧便捷的公共服务、建设智慧城市和数字乡村等，描绘了未来我国数字社会的美好图景。在数字化社会中，数字化基础设施逐步完善，提高了消费者数字素质，拓展了人群，为客户下沉提供支撑。我们从各类统计数据可以看到当前数字化基础设施逐步增强的趋势。

（1）数字产业规模快速壮大

从 2017 年到 2021 年，计算机、通信和其他电子设备制造业营收由 10.6 万亿元增长至 14.1 万亿元，软件业营收由 5.5 万亿元增长至 9.5 万亿元，互联网和相关服务业营收由 7101 亿元增长至 15500 亿元，如图 1-5 所示。

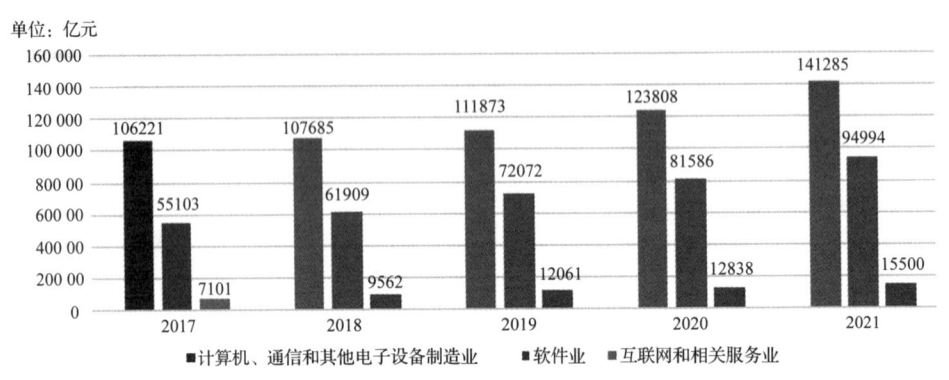

图 1-5 2017—2021 年我国数字产业营收增长情况

（数据来源：《数字中国发展报告（2021 年）》）

（2）ICT 快速发展，数字服务更加普惠便捷

从 2017 年到 2021 年，我国网民规模由 7.72 亿增长到 10.32 亿，互联网普及率由 55.8% 上升到 73%，特别是农村地区互联网普及率提升到 57.6%，城乡地区互联网普及率差异缩小 11.9%，为服务下沉提供了良好基础，如图 1-6 所示。

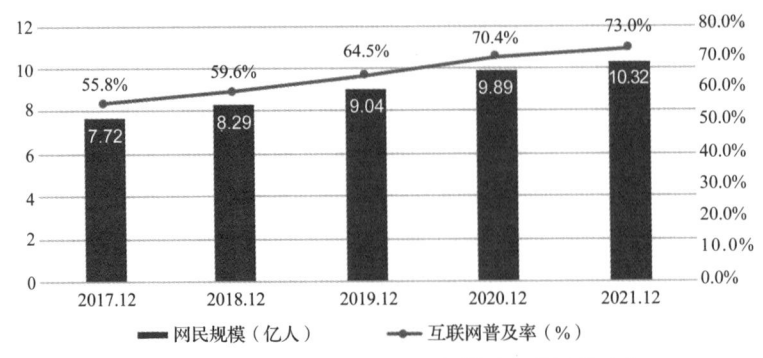

图 1-6 2017—2021 年我国网民规模及互联网普及率

（数据来源：《数字中国发展报告（2021 年）》）

1.1.2 数字化对金融服务基本要素的改变

新零售时代，"人、货、场"三要素在不同情境下的联系与结合重新定义了零售。在数字经济时代，数字化手段很大程度上解决了传统银行业信息不对称和利益冲突问题，促进金融服务业的四大基本要素"人、信、场、资"从强依赖线下营业网点向线上化、自主化方向演进。未来银行的服务方式、功能和金融生态将逐步走向数字化。

1.1.2.1 人

当前，移动互联网已经完全渗透至人们生活的各个方面，人们已经接受和逐渐适应数字化生活。数字技术加快了信息的传播速度，每个人都可以创造可传播的信息，扩大了信息的影响范围。与过去几年相比，用户的被服务意识增强，银行的用户行为呈现出翻天覆地的变化。

- 广泛使用电子现金和移动支付技术，对现金和银行卡的依赖度大幅降低。
- 更倾向于通过手机银行等电子渠道自主办理业务，很少去银行网点。
- 不再单独使用银行的特定渠道或产品，而是以多种方式与银行互动。
- 对银行产品或服务的评价会通过社交媒体发布出去，而面临产品选择时往往也更依赖社交媒体。
- 更多类型的银行或金融服务机构参与竞争，以极致的客户体验分流了传统银行的一大部分客户。

在这样的变化面前，用户眼中的银行只是提供金融服务的机构，不再是必须去的地方。随着金融服务供需关系的改变，银行以往因为金融服务紧缺而建立起来的控制地位正逐渐瓦解。

1.1.2.2 信

进入数字经济时代，伴随互联网技术和金融技术的不断进步，信用得以更全面、更准确地记录和度量。我们看到通过芝麻信用分、微信支付分、小白守约分等信用评分可提升购物和支付体验。在数字世界里，各类信用评分时刻提醒着我们要保持良好的信用状态，以便享受足够的生活便利。

银行基于信用可以构建更好的商业模式，基于大量高质量的信用数据可以开发出覆盖范围更广、精准度更高、相对风险更小的金融产品。银行在消费信贷风控场景可以使用欺诈评分、网贷申请画像、网贷意愿评分、网贷风险评分、征信报告等各类征信产品对客户进行欺诈识别和信用评估，实现在线秒级放贷。在数字经济时代，金融科技对金融业最大的影响是，使信用真正成为一种资本，使金融业的发展建立在信用的基础之上。基于大数据的个体信用评估，银行能够精准地刻画个体的诚信状况及评估未来收入变化情况等，从而做出更为精准的判断。

信用资本由3个维度构成，即诚信度、合规度、践约度。诚信度资本是指信用主体具备诚信的基础道德素质，合规度资本是指信用主体遵守社会行为准则和制度规则，践约度资本是指信用主体在经济交易中履行契约规定，达成信用交易。这三个维度的信用资本构成信用主体的信用总资本，它是社会交往的基础性资源和财富。在现代市场经济中，企业既按传统实物资本配置资源，又按信用这种虚拟资本配置资源，以达到资源配置公平、有效的最优状态。也就是说，没有实物资本，只要有信用，同样能获得资源、财富和机会。从这个意义上说，数字化信用已经成为一种生产要素，与劳动力、土地、资金、技术等共同形成社会生产力，促进经济发展。

1.1.2.3 场

移动互联网延长了场景发生的时间，拓展了场景存在的空间。场景主要包含4个要素：主体（法人或自然人）、时间、空间、事件。场景与需求相伴而生，需求通过场景来实现和激发。从统计报告可以看到，很多银行的离柜业务率超过90%，部分银行的离柜业务率超过99%。在数字经济时代，金融服务正在从场地变化为嵌入场景。

从场景生态的角度来看，银行支持实体经济、G端经营以及中型企业融资服务等。在不同主体的金融需求中，银行需要推动多层次金融服务创新。区别于对公业务，银行在零售业务领域既要依托"数据＋技术"提升金融服务效率，又要以"人"为核心促进场景变革，从原来线上、线下零售终端，向泛零售、多元化场景转移。

1.1.2.4 资

传统资产存在于实际物理空间，而数字资产存在于网络空间。资产数字化可以实现用数字形式展现各种实物、非实物资产的原生信息和全量信息。资产数字化让资源更容易流通、管理，资产在交易过程中实现价值的发现和创造。数字化资产是关于用户的数字化资产，以数字形式进行存储及流转。数字化资产主要包括账号资产、内容资产，囊括消费者从认知、需求、决策到分享的完整流程，具有在线化、可量化、多维度、可记录4个特征。

1.1.3 数字化转型的本质

业务的本质是通过提供产品和服务给客户，获取某种价值。企业的生存法则是业务不断更新迭代、与时俱进、顺应社会。银行也是如此。银行的本质是将用户的"信用"（对未来的预期）转化为当下的资本，通过资金规模、期限和风险转换实现资金优化配置，经营风险，谋求发展，并从中赚取利润。

数字化银行即在以数据为驱动的文化中，以人（用户、客户）为中心、以技术为核心建立自适应组织，以数据为基础辅助商业决策，从而更快地进行业务创新或商业模式创新，应对数字时代的挑战。银行数字化转型升级的本质是通过资源和投资时间的优化，不断提升组织能力，以便适应不断加快的变革。

1.1.3.1 企业商业模式重构

数字化转型的本质是生产力和生产关系的重构。以头部互联网企业为代表的数字化企业构建了平等、公开、扁平、灵活、相互尊重的管理体系，弱化等级之分，让整个组织具有创新精神，宽容失败，营造激情、快速适应的文化氛围。它们最先基于对用户、产品、运营的精准分析，不断推出定制化产品，拥抱数字技术驱动的商业模式创新。银行应该从互联网和金融的本质出发，从金融的全流程、全领域出发，充分考虑用户、产品、运营、管理、投入和安全，运用分布式技术、大数据技术、云计算技术、人工智能技术等创造性地完成工作，开创金融业新生态，在提高社会资源配置效率和效益的同时寻求商业模式的重构。

1.1.3.2 企业文化和组织变革

企业文化是企业中不可缺少的一部分，能起到凝聚人心、提振信心、激发活力的作用，能够清晰地向员工及社会传达企业的目标和战略，能够使企业迅速获得员工和社会的认可、认同。在数字经济时代，银行需要将数据驱动纳入企业文化体系，并将数据驱动上升到战略高度。但目前仍有许多银行缺乏数据驱动科学决策的文化氛围，从高层决策者到一线执行者普遍对数据驱动缺乏应有的认知，对数据驱动的全链路掌握能力也远远不够，导致整个组织在数据的理解上不够深入，这需要银行建立高层有姿态、中层有行动、下层有执行的数据驱动文化。

从组织层面看，过去传统银行为了发挥规模经济的优势建立起以降本增效为核心目标的功能型组织，每个部门承担各自的专业职能，彼此分工合作。这类组织面向传统稳定业务还可以应对，但在数字经济时代面对灵活多变的用户需求时，就会出现沟通慢、难，协调成本高等问题。因此，企业需要进行业务和技术一体化的组织重塑，并通过试点定期进行组织架构调整，建立内部人才流动机制。

1.1.3.3 数字化转型驱动企业架构优化

企业架构始于20世纪60年代，过去10年银行业启动了很多企业架构规划项目，但这类传统企业架构方法论在规划和落地时面临的比较大的问题是过于求大求全，导致整个规划周期很长，建设和实施周期也很长，短则两三年，长则五六年（当然大部分是以董事长或行长任期为参考）。这类规划对于稳定业务还相对合适。但在数字经济时代，业务目标和银行战略可能很快会依照监管或市场动态调整，这就导致规划出来的成果物可能还没有来得及实施就已经过时。因此，企业需要在传统企业架构方法论基础上进行优化，迭代出敏捷的现代企业架构方法论。

1.2 银行数字化转型需要考虑的问题

技术侧的突破和产品创新是过去几年中国企业转型的核心驱动力。在数字经济时代,银行要搭上数字经济的便车,必须依赖数字技术重塑其发展逻辑,即通过数字技术降低交易成本、管理成本、财务成本等各类成本,提高资源配置效率、运营效率和生产效率。特别是随着金融科技的发展与应用,银行服务在技术上可以突破物理网点和营业时间的限制。矛盾的是,银行想要获得技术升级带来的收益,就需要大量的科技集中投入。这对中小银行来说是难以承受的负担。在这种情况下,中小银行进行数字化转型时应避免盲目投资各种技术解决方案,而是要清楚地认识到各项技术投资将如何支撑能力建设,进而推动共性技术和自身核心能力的沉淀。

1.2.1 数字化能力体系

银行的现状是过去所有选择的总和,银行的发展轨迹总是被各种决策驱动着。在决策的塑造下,银行的经营和组织变得更好或者更坏。为了更顺利地推动数字化转型,银行需要打造数据驱动能力、场景融入能力、用户运营能力、产品敏捷创新能力、线上线下精准营销能力、数字化风控能力、数字化管理及组织创新能力、IT投资组合管理能力等。

1.2.1.1 数据驱动能力

传统银行的经营决策多采用因果逻辑的趋势预测方法,或依据经验、认知、小数据推演事物的发展规律。由于经验的局限或小数据的片面及分析方法的落后,预测效果往往不佳,这在需求多变的数字经济时代显得尤为突出,亟须从过去商业智能的成功经验中跳脱出来,转到数据驱动预测、优化的业务智能方向(如图1-7所示)。

NewVantage Partners的调研报告显示,98.6%的高管表示他们所在的组织渴望实现数据驱动文化,只有32.4%的高管称他们获得了成功。IDC研究报告也指出,各种组织已经投入数万亿美元对自己的业务进行数字化改造,但是这些举措中有70%以失败告终,因为它们虽然重视技术投资,但没有通过打造数据驱动文化来应用这些技术。因此，银行业需要参考 DQ 决策模型（如图 1-8 所示），建立适合自己的数据驱动模型和文化，让数据驱动决策成为常态。

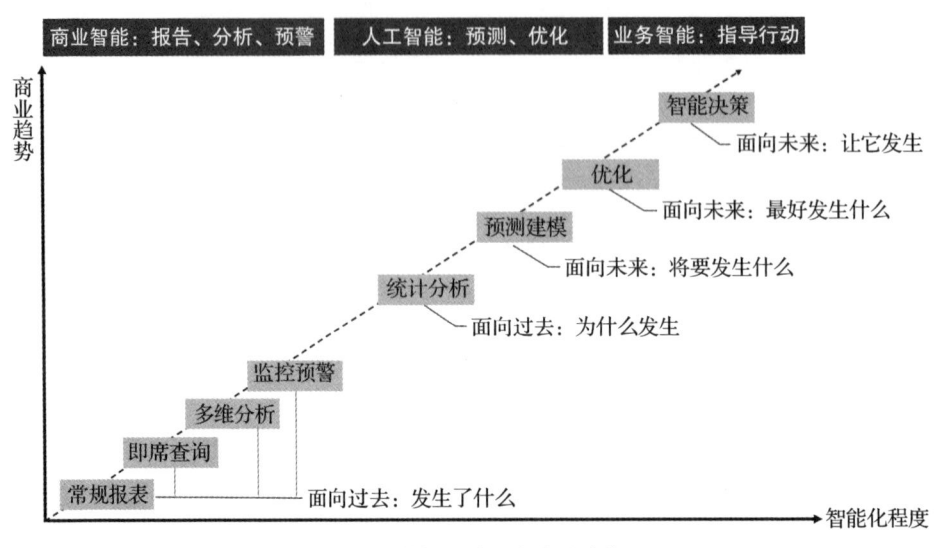

图 1-7　数据驱动业务发展路线

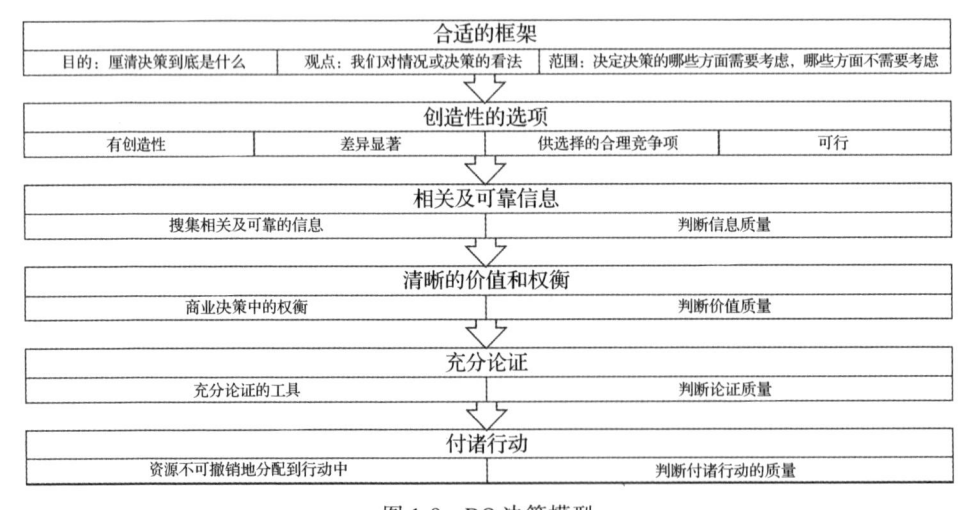

图 1-8　DQ 决策模型

1.2.1.2　场景融入能力

未来银行业将越来越互联网化。近几年，为了追求业务的持续发展，银行业普遍开始强调开发或嵌入非金融高频场景，逼迫自己走向场景。在数字经济时代，银行的服务形态和竞争已发生根本性变化，不再是单一产品销售，而是以数据资产为生产要素在场景与生态中竞争。金融场景从广度和深度两方面提升了数据资产完备性。从广度来看，金融场景提供了用户金融交易数据，以及为准确预测用户需求提供支撑的非金融数据。从深度来看，金融场景从真实有效性、标准便捷性、共享扩展性和合规适用性4个层面提升数据资产质量。

银行应嵌入场景并从用户端出发，深入分析客群价值观、生活方式、兴趣爱好、相近的产品与服务需求，改变过去传统的用户定义和细分逻辑。银行应在场景中重塑为能力型企业，通过开放API构建生态，利用其他企业接入场景，最终抢占市场与业务机会，并在这个过程中形成场景洞察，通过场景模拟、场景复盘、场景进化等，逐步迭代流程和提升能力。

然而，中小银行打造场景融入能力并非易事，外有具备先发优势的互联网平台和具备资源优势的大型银行竞争，内有合规风控等重要防线，再加上金融服务本身不是一个天然的高频场景，在场景获取与互联网运营等方面都需要不断探索。

1.2.1.3 用户运营能力

在前文提到的金融服务基本要素"人、信、场、资"中，人是中心（如图1-9所示）。为了做到以用户为中心，银行首先需要寻找与目标客群一致的流量，然后搭建或嵌入与目标客群需求相匹配的场景，最后提供与之相匹配的产品、服务、权益等，进而达成交易。这个过程中产生携带数据和信息的流量，为用户打标和需求挖掘奠定基础；确保场景触达的延续性，从而保证持续获取流量行为数据，为完善用户画像和深度挖掘用户信息奠定基础。只有这样，银行才能真正实现从以产品为中心到以用户为中心的跃迁，以数据贯穿始终，将场景生态的数据资产打造为全新增长点。当然，银行也要避免因广撒网而浪费宝贵的资源。在初期试点阶段，不建议以所有用户为中心，而是以目标价值最高的用户为中心，逐步打造持续运营的能力，然后扩展到其他人群，通过对客群的逐步了解，达到充分了解市场状况和用户需求的目的，进而为用户营销提供基础。

图 1-9 以人为中心的金融服务基本要素

1.2.1.4 产品敏捷创新能力

产品的本质是满足用户需求或为用户创造价值，是与公司盈利、获客等需求相交的价值交换媒介。产品也是银行基于当前能力和资源等约束条件可操作的工作集合。以用户为中心是按照用户需求，为其提供匹配的产品和服务。在金融产品日益同质化的今天，存量产品属性相差不大，如何打造产品敏捷创新能力成为未来业务制胜的关键。为了实现该目标，银行需要直接面对外部的挑战，适应外部的变化，这不仅仅需要改变软件开发管理方式，还需要业务方参与。业务上对敏捷的需求，才是产品敏捷创新的原动力。毕竟，技术总是服务于业务的。

为了实现产品敏捷管理，银行需要打造产品能力模型（涉及场景、用户、功能、体验等），并培养合格的产品经理，同时从场景、用户、用户模型、决策能力等方面构建和优化产品经理能力模型，逐步打造产品敏捷创新能力。

1.2.1.5 线上线下精准营销能力

银行要想实现业务增长，需要先触达客户，并使其了解产品或服务；要想达成交易，就必须了解用户；要想了解用户，就需要线上线下一体化的营销体系支撑（如图 1-10 所示）。

在营销方面，银行需要通过精准营销实现线上数字化营销获客，运用大数据、人工智能等技术对用户标签和画像进行数据化分析，并向用户投放与其关注度相匹配的产品信息，从而实现精准营销，降低广告投放成本并提升信息传递效率，拉近与用户的距离；通过移动 CRM 实现线下流量向线上转化，并通过数据平台提供不同客群的营销模型和策略支持；从用户体验角度出发，搭建统一的用户触达平台，对线上线下营销及销售触达统一过滤与管理，避免对用户过度营销打扰而引起反感或投诉。

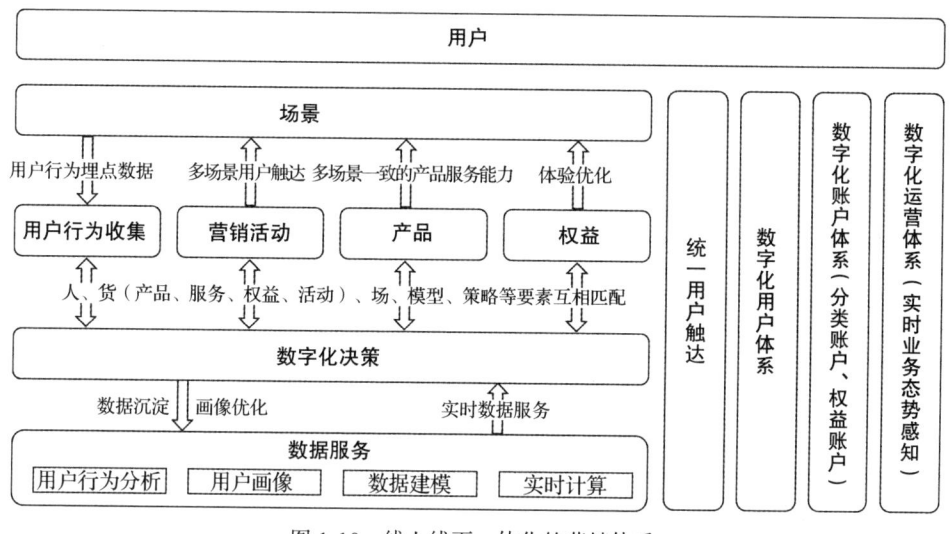

图 1-10 线上线下一体化的营销体系

1.2.1.6 数字化风控能力

传统的金融反欺诈和风控是由专家驱动的，即结合专家的经验积累以及一线各类金融欺诈案件和逾期数据进行梳理和分析。随着银行数字化转型进入深水区，业务呈现渠道多元化、快速创新、交易环节繁杂且链路长、风险感知滞后、为保障用户体验不便设置过多硬性核验指标等特点，黑色产业链呈现人员团伙化、技术专业化、产业成熟化等特点，传统的金融反欺诈和风控方法已经难以有效应对。银行需要通过搭建智能风控体系实现数字化监控、潜在风险感知、智能决策、风险阻断，通过生物探针和智能核验等手段实现风险核验和客户体验的平衡。

打造数字化风控能力需要以数据为核心、以技术为支撑。数据是大数据风控的核心，数据的量级要大，数据的维度要多，数据的迭代速度要快，立体、多维、迭代快才能体现数据的真正价值。消费信贷的本质是风控，风控的核心是数据。数字化风控看两个方面的能力：一个是数据积累，另一个是技术。

1.2.1.7 数字化管理及组织创新能力

数字化转型的本质是在"数据+算法"定义的世界中，以数据的自动流动化解复杂系统的不确定性，基于数字化决策对外部的环境变化做出响应，最终的目的在于提高资源配置效率。这就需要在银行业务运营体系中建立起基于数据决策、数据驱动的模式，激发员工能动性，提升组织管理效率，因此在银行数字化转型过程中，组织管理的数字化转型非常重要。

"数字人才难招、难留、难管"已经成为很多银行数字化转型的痛点。总结来看，比技术升级更难的是组织的数字化转型和团队观念改变，因为技术可以通过投资引进，但组织建设必须依靠人才来打造，如果继续采取传统的组织管理、人员管理、激励管理、文化管理模式，吸引优秀人才进入银行业将愈加困难。需要结合国内银行业以及金融科技生态的数字化现状，找到数字化环境下组织管理的新模式。

1.2.1.8 IT 投资组合管理能力

IT 投资管理诞生于 20 世纪 90 年代，麻省理工学院的 Weill 教授等认为 IT 投资管理是在 IT 应用过程中为鼓励期望行为而明确的 IT 决策权和责任框架。无论银行选择何种 IT 投资策略，在今天快速变化的商业世界都会很快过时，银行需迅速调整 IT 投资策略，以适应这些快速变动，做到灵活和快速地适应市场。IT 投资组合管理为面向未来能力建设或者创新孵化提供了一个健全的方法（如图 1-11 所示）。首先，在规划阶段，利用标准化的投资收益与风险分析数据对银行的未来能力建设进行投资分析和规划，并设立专项创新基金作为创新孵化平台，为创新项目提供全面孵化支持；其次，在执行阶段，针对战略和重要任务评估执行进度和效益，确定继续追加投资或取消投资等对业务和未来能力的影响，并通过复盘将经验传递给投资组合管理委员会或关联项目。

IT 投资组合管理可以让银行掌握哪些项目风险最低，并且确保只有那些有最大潜在效益的项目被实施。有关调查表明，75% 具备技术能力的企业很少或者根本没有正式的程序来确定它们 IT 投资的价值。IT 投资组合管理是一个规范的反复过程，以确定和评估一个企业规划的、已经实施的和运作中的项目的价值。

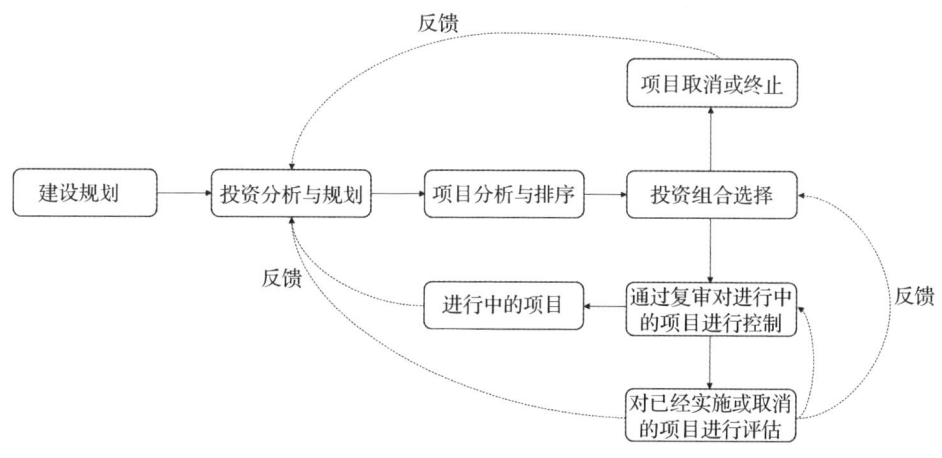

图 1-11　IT 投资组合管理流程

回顾信息化建设不同阶段（如图 1-12 所示）银行 IT 管理需求的演进过程发现，银行科技部门逐渐从过去的成本中心演进为能力中心。银行需要根据技术相对价值进行优先级排序，然后进行投资，以期快速实现阶段性目标。

构建基础设施和系统建设	IT 与业务融合	实现 IT 价值
• 建设 IT 基础设施 • 人员招募与培训 • 系统建设	• 整合 IT 和业务 • 控制成本（TCO） • 支持业务发展 • 打造服务体系	• 支撑企业战略 • 提升效率 • 控制成本（TCO） • 打造数字化能力，支持业务智能决策

信息化建设阶段

图 1-12　信息化建设阶段

银行需要具备什么样的能力，就需要提前做哪方面的投资。为实现对银行业务发展战略的支持，银行需要清楚投资目标，是将大部分资产投于因果关系明确的、问题驱动的项目，还是以愿景驱动的、部分需求不明确而存在未知性的探索型项目，如图 1-13 所示。

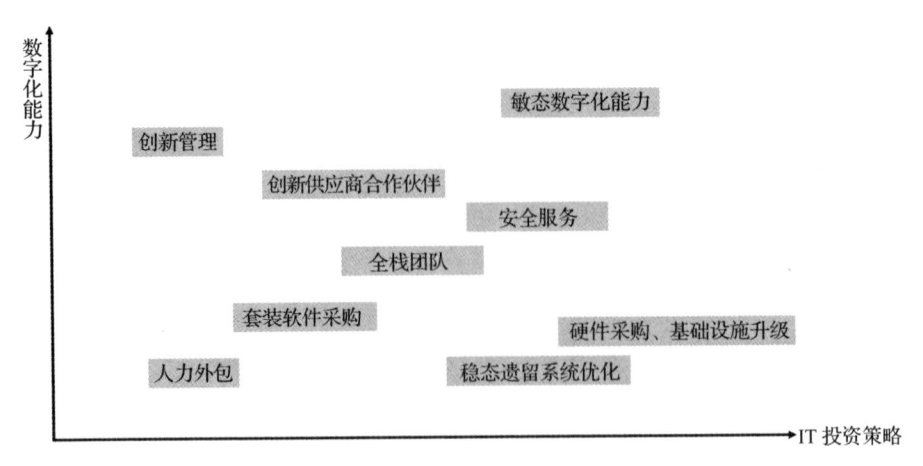

图 1-13　数字化能力建设投资策略选择

三层面理论认为健康的企业增长要综合平衡管理企业的3个层面的业务：第一个层面是维护和拓展现有核心业务，强调扩大当前业务运营的短期投资；第二个层面是布局增长业务并重构与之匹配的组织架构；第三个层面是探索创新型业务。第二和第三层关注的是变革性的商业机会，如数字化转型等，部分投资对银行长期发展来说非常重要，如图 1-14 所示。这一理论给正在寻求增长的银行带来了4个启示：突出核心业务；思考并布局未来的第二和第三增长曲线；梳理现有业务，进而进行投资组合管理；布局的业务必须在投资与收益平衡的前提下支持增长战略。

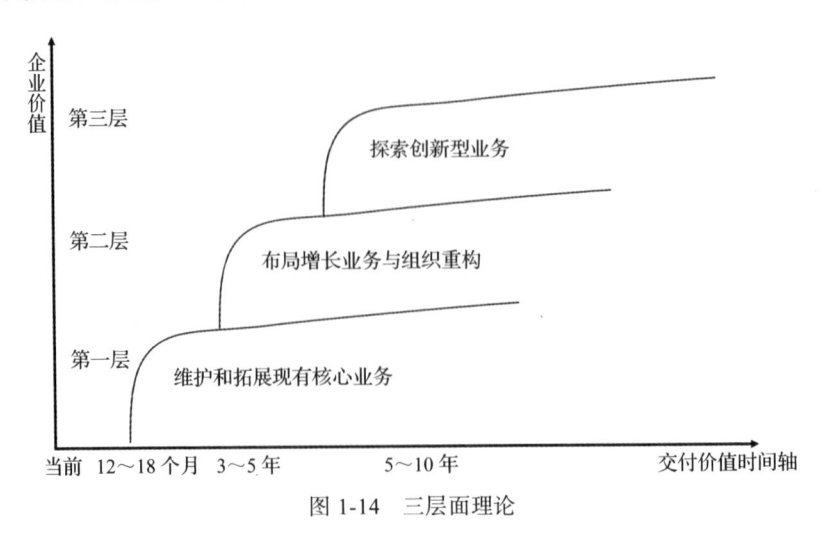

图 1-14　三层面理论

1.2.2 创建数字化转型计划

数字化转型的落脚点还是在业务转型上,因此数字化转型计划应该以业务转型为基础。银行可通过同业或者跨界进入者的差距分析,对数字化转型带来的金融服务供需关系等进行洞察,基于内外部因素明晰未来 3~5 年或者董事长任期内的战略意图,明确数字化业务创新关键、未来业务模式和关键业务目标,并基于此设计业务策略,部署战略,梳理关键任务,提升组织和文化能力。

1.2.2.1 数字化转型战略指导框架

IBM 的业务领导力模型(Business Leadership Model,BLM)适合银行中高层拿来做战略制定与执行,它提供了一套完整的战略规划方法论。BLM 从市场洞察、战略意图、创新焦点、业务设计、关键任务、正式组织、人才、氛围与文化、领导力与价值观等方面帮助管理层在企业级战略制定与执行过程中,形成企业各个层级的战略和组织管理的迭代优化,使全行聚焦于结果明确的过程(没有结果的过程没有价值和必要性,没有过程的结果不可复制和迭代),如图 1-15 所示。

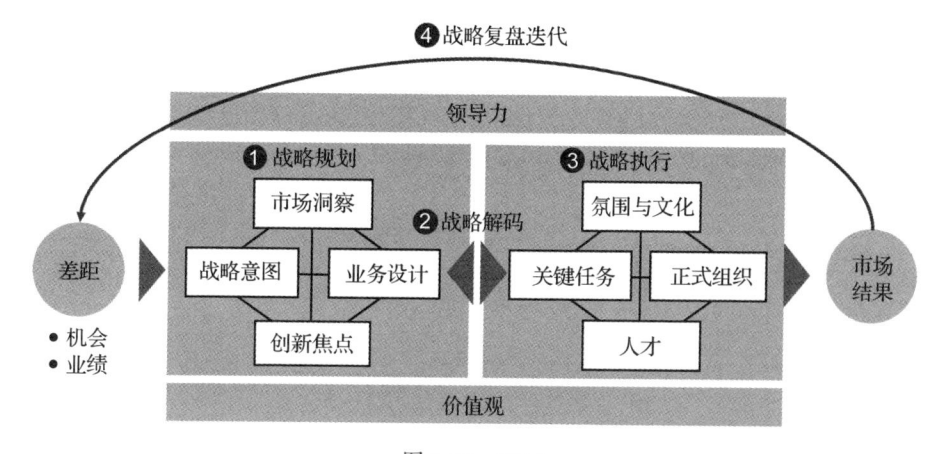

图 1-15 BLM

1.2.2.2 差距分析

银行进行数字化转型多是愿景驱动或问题驱动,问题的本质是现实和期待之间的落差(如图 1-16 所示),因此分析银行的现状与银行发展的期望之间的差距，或分析自身能力现状与挑战者银行能力之间的差距，是发现问题的第一步，也是设定数字化转型目标的前提。

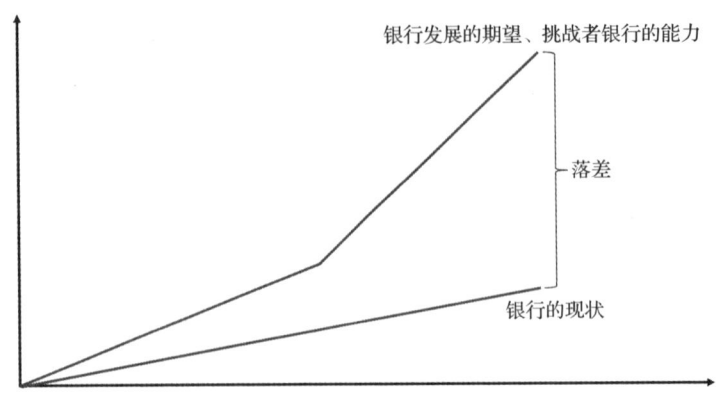

图 1-16 问题的本质

差距分析依赖银行自身或外脑的认知，因为我们不能创造自身不能理解的事物。因此在进行差距分析时，由谁来分析以及分析什么可能都是需要斟酌的问题。在进行差距分析之前，基于认知现状确立议题，然后将落差作为问题。常见的差距分析框架如图 1-17 所示。

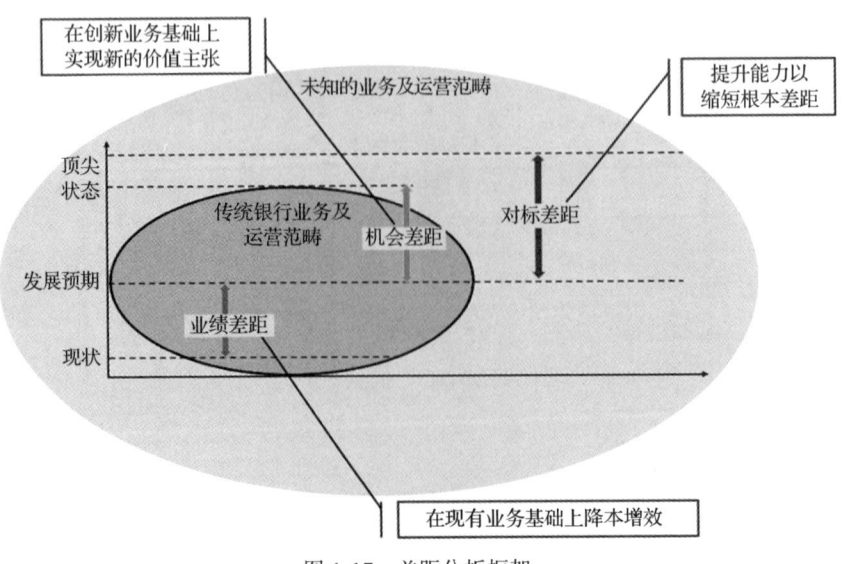

图 1-17 差距分析框架

- 业绩差距：银行近期经营结果与期望值之间差距的量化陈述，如零售AUM、零售客户总数、ROE、资产规模、资金成本、不良率等。
- 机会差距：银行现有经营结果与新的业务设计所能带来的经营结果之间差距的量化评估。如：在过去 6 个月，我们在本地消费信贷市场份额降低了 10%，每一个百分点的降低都代表着几亿元的利润损失，原因是对接互联网渠道少，受疫情影响较大。为了提升消费信贷市场份额，我们的破局点是在未来 12 个月内广泛对接线上场景并提升现有客户的复借率等。机会差距可能体现在资本、技术、人才、运营、生态等一个或几个方面，这里面最容易忽略的是人才和运营，因为企业最根本的竞争优势既不是来自资本、发展战略，也不是来自技术，而是来自团队协作。以笔者能看到的各大银行的年报为例，并不是资本雄厚和科技投入高的银行发展得最好，很多银行科技投入到了外包或购买成熟套件产品上。在行员将思考主动权让渡于外部专家团队时，他们也就停止了对业务和科技发展的深度思考。笔者深切体会到能力是买不来的，需要通过团队协作逐步打磨。
- 对标差距：银行自身的经营成果与行业标杆的经营成果的量化评估。如：在 2015 年前后很多中小银行消费信贷业务面临的问题是能力强的在 2～4 周就能对接一家互联网平台，而能力弱的对接时间是 12～24 周，这还只是信息系统建设能力的差距，不包括风控反欺诈、三方征信替代类数据生态理解等基础能力。我们再回看一些没有抓住消费信贷这一波浪潮的银行，其经营业绩不理想，大部分银行因为错失和互联网平台等金融科技提供方深度合作，导致业务能力发展比较缓慢。痛定思痛，面向未来 10 年，现在与挑战者银行有哪些能力差距可能是大部分传统银行从业者需要思考的问题。

1.2.2.3 市场洞察

金融服务供需关系的改变使得以产品和服务驱动变为以用户需求驱动，因此洞察市场需求对于银行抓住市场机会或实现数字化转型十分必要。洞察市场需求主要从了解用户需求、竞争者的动向、技术的发展和经济状况等为切入点，从中找到机遇和风险，通过分析市场上正在发生什么或即将发生什么对银行的影响，进而制定战略（如图 1-18 所示）。

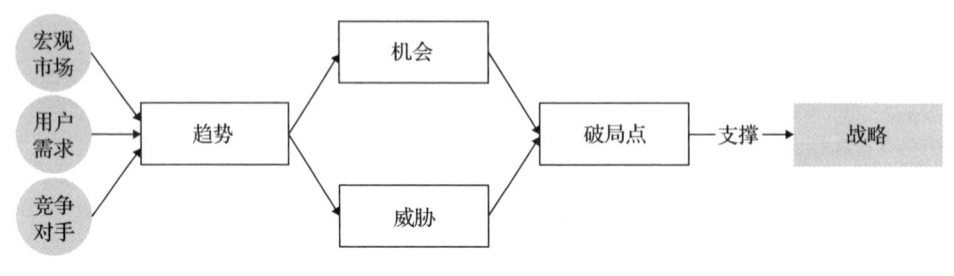

图 1-18　市场洞察过程

随着时代的变迁，县域银行的经营环境正在发生变化。

- 供给侧：大型国股银行业务下沉给城商行、农信社、农商银行带来较大压力；以互联网为依托的线上金融科技平台通过丰富的场景金融模式，也在县域攻城略地。
- 需求侧：金融客户的需求在量和质两方面都体现出新的特征，如线上化、自动化、数字化等。
- 经营模式方面：传统的经营管理模式受环境的影响正在调整，需要拥抱新技术、新模式，以更好地适应未来社会发展的需要。

为了积极应对市场的竞争，建议中小银行从以下几方面入手分析市场变化。

- 从宏观角度分析经营区域内本行有多少市场占有率，未来可能提升多少占有率，通过什么手段提升。
- 一行两会政策对本行产生什么影响，未来，应该如何利用政策的优惠，或如何调整以顺应时代发展趋势。
- 受金融科技影响，银行业的主流技术有哪些，分别给银行带来什么价值；本行是否需要引入这些技术，评估引入之后带来的效益以及风险。
- 随着消费信贷规模增速变缓，供应链金融成为众多参与方的目标第二增长曲线。当前，供应链金融发展迅速，本行区域内的产业链是否发生变化，未来将呈现何种发展趋势，应如何顺应趋势；上下游客户和合作伙伴是否发生变化，未来如何应对这些变化。

建议中小银行从以下几方面入手分析客户需求变化。

- 客户群体的变化。客户群体发生哪些变化，客户有哪些分类，哪些对象是本行的核心客户、重要客户、普通客户、潜在客户。
- 客户需求变化。客户的需求从何而来，客户享受金融服务发生了哪些转变，本行应该以什么样的价值主张创造客户价值，如何持续维护客户关系，保证持续增值。
- 客户体验要求提升。本行所在区域的客户对体验有哪些新要求，是否可以满足客户的体验要求，或者应该如何通过优化客户体验来提高客户黏性。
- 渠道的变化。客户获取金融产品、服务的渠道发生了哪些变化，客户分布的区域是哪里，本行如何构建合理的渠道来满足客户需求或优化客户体验。

建议中小银行从以下几方面入手分析竞争对手的变化。

- 竞争格局变化及趋势分析。全国及本行区域内金融从业主体的竞争态势如何；面对这些行业态势，可以采取什么手段去维持及扩大自身的市场占有率。
- 替代品分析。本行在区域内提供的金融服务是否有替代品，替代品将给本行带来什么威胁，本行将如何应对。
- 竞争对手分析。竞争对手是谁，竞争对手的优势是什么，本行的核心竞争力在哪里，通过什么手段可以打造核心竞争力。
- 潜在进入者分析。银行业务需要持牌经营，行业壁垒足够高，但如何避免成为资金批发商；区域性银行需要分析区域内有哪些新进入者，这些新进入者的优势是什么，对本行有哪些威胁，以及面对这些威胁，本行应该如何应对。
- 供应商分析。供应商对本行是否有制约力，如何摆脱过度依赖供应商的困境，如何构建一套良好的机制或体系来维护与供应商或金融科技公司的良好合作关系。

1.2.2.4 战略意图

战略意图是组织机构的方向和最终目标，与银行的战略重点相一致。在制定战略伊始，我们通过差距分析总结破局点，通过市场洞察发现机会与威胁。但不管我们的破局点分析得多好、机会如何诱人、威胁如何迫在眉睫，中小银行的资源总是有限的，需要根据战略意图进行适当的取舍。在战略意图分析过程中，我们可以采用 SWOT 模型、波特价值链模型、定量战略计划矩阵模型辅助分析，从潜在价值、改进可能性、解决方案难易程度几个维度进行评估，进而获得适合银行现状的愿景、战略目标、近期目标。

1.2.2.5 创新焦点

数字化转型的目标是为银行带来商业模式的创新。实现从 0 到 1 的业务创新需要有目标地广泛探索与实验，并通过 A/B 测试和灰度发布等手段支持创新和尽量降低出错的影响范围，让银行能创新、敢创新，并基于创新实验，谨慎地进行投资决策，以应对快速变化的外部环境。

为了进一步聚焦创新点，银行需要通过差距分析、市场洞察等手段，结合战略意图中创新型、成长型的战略目标，提炼创新点和破局点，根据当前现状与市场同步进行探索与实验，进而摸索适合银行现状的路径，具体思考内容如下。

- 可以达成目标的业务组合。从当前贡献营收的核心业务、快速成长的第二增长曲线业务、行业内尝试的新兴机会 3 个维度分析。
- 达成目标的创新路径与模式。从客户需求和市场角度寻求产品、市场或渠道创新，从运营模式或者生态构建角度寻求模式创新，从组织变革和流程角度寻求管理或者经营创新。
- 资源需求与获取路径。从资金、技术、人才、运营、生态伙伴等角度分析所需资源支持，结合银行现状、基本商业常识和推动事件的逻辑寻找合适的发展路径。

1.2.2.6 业务设计

银行战略规划方面的思考要落脚到业务设计上，业务的本质是完成某个工作或项目，工作者依靠组织的基础设施和财务能力将产品和服务提供给客户，创造新的价值。因此，业务设计者需要以对外部环境的深入理解为基础，以市场机会和用户需求为输入，通过差距分析、市场洞察探寻业务机会，设计出能达成战略目标的业务模式以及应当采取的产品组合策略。另外，业务设计者还可以从客户视角来看对银行业务的需求，整合并利用好内部资源以持续进行业务改进，实现客户价值获取和盈利能力提升。

业务设计一般考虑6个方面：客群、价值主张、利润获取模式（商业模式）、业务范围、战略意图、风险管控。在具体的业务设计过程中，业务设计者可从如下几方面入手。

- 采用由上到下的业务定义与由下至上的需求分析相结合的方式进行业务战略制定。
- 找到负责全行业务计划与汇总的部门，推动业务设计的执行并监督。
- 了解业务设计面向的客群，以及客群的特征及经济状况。
- 分析不同客群需要面临的主要问题，进而得出让客户高度满意的产品和服务。
- 分析产品和服务是否能覆盖提供80%利润的客户，以及细分市场的渗透率如何提升。
- 分析业务的竞争地位，以及利润获取模式是否有足够的竞争力。
- 分析银行对核心利润点的把握能否适应产业链的变化，以及在业务增长和风险承担两者之间是否保持平衡。
- 建设哪些能力以便支持新的业务，如组织、技能、考核标准、文化和对价值网络中合作伙伴的依赖程度等。

1.2.2.7 业务策略

业务设计是战略层面的输出，从战略到战术中间必须经过策略的细化，如果没有业务策略和产品规划，大多数情况下战略与战术会脱节，战略也就无法落地执行了。业务策略与计划的制订、全员参与和知晓很重要。银行应尽量避免做了战略规划后，因为保密要求等让成果物仅掌握在少数人手里，各层信息不对称，这将大大影响战略的执行。尽管保密是必要的，但相信和赋能员工更加重要，因为全员没有在业务策略和业务计划上聚焦，绝大多数情况下战略与战术是会脱节的。

业务策略包括研发策略、采购策略、生产策略、营销策略，这样整个战略规划过程就是从战略到策略再到战术逐步细化的过程。在这个过程中，最重要的是以不同场景和业务线建立业务经营指标模型，以过程指标和结果指标两个维度为导向，确保各业务单元协调一致，牵引银行发展稳定和可持续的业务，管理公司及产业的投资组合，支撑银行战略与业务目标的实现。

1.2.2.8 战略部署及关键任务

制定战略以后，银行需要通过战略部署来协调总行各职能部门、事业部、分行的行动计划和战略部署方案设计，遵守责、权、利对等的原则，将战略分解成关键任务，保障落地效果。在战略分解与战略执行方面，要确保全员"力出一孔""上下聚焦，左右对齐"。

银行根据整体战略进行总行各职能部门、事业部、分行的业务设计，梳理目标市场的关键任务或行动方案，整合形成公司层面、业务单元层面、功能领域层面的关键任务（包括业务增长举措与能力建设举措），进一步从人才、组织、文化氛围三个要素明确执行策略。

在进行战略部署及关键任务梳理时，银行需要考虑以下几方面问题。

- 实现业务设计和价值主张所必需的行动、持续性的战略举措，包括业务增长举措和能力建设举措。
- 具体任务是由哪个部门来完成的。
- 哪些任务可以由价值网中的合作伙伴完成。
- 年度、季度关键任务之间的依赖关系，如组织间、资源间的依赖关系等。
- 在不损害客户利益的前提下，何种方案设计能够保证内部快速交付，实现银行各部门的协同、与外部生态伙伴的合作双赢。

1.2.2.9 组织能力提升

组织能力提升需要通过系统思考，分析出造成组织能力不足的根因，提出方向性的组织变革举措。组织是银行战略任务的承载体，是构建核心能力的基础，是汇聚资源、分工协同实现增长的根本。为了确保战略关键任务和改进流程能有效执行，银行需建立相应的组织架构、管理和考核标准，包括文化、工作流程、人才等方面，涉及更细节的业务单元的大小和人员角色、考评、激励机制等。

1.2.2.10 成功度量标准

因为有太多可以借鉴的成功经验，为了避免项目失败，银行经常在执行阶段沿着经验做事，如何避免这种依赖？而且世界上不存在放之四海而皆准的原则和方法，银行应根据现状总结，大胆摸索实践，不等、不靠，在实践中积累、成长。下面列举一些可以借鉴的成功度量标准供读者参考。

- 我们的成长策略是否正确。
- 我们是否在正确的成长方向上。
- 我们是否领先其他竞争者。
- 我们是否适当追随着领先者。
- 我们是否投资在正确的地方。
- 我们是否留住了人才。
- 我们是否具备适当的技能组合。
- 我们是否有效控制信息科技支出。
- 部门效率是否在提高。

1.2.3 通过数字化运营体系让业务更具竞争力

随着中国互联网行业进入存量竞争阶段，互联网金融市场竞争也从增量用户竞争阶段走向存量用户竞争阶段。在存量用户竞争阶段，银行的数字化运营能力将成为关键竞争力。近几年，部分银行通过数字化运营体系的建设逐步打造以智能化、集约化、精细化为主要特征的数字化运营能力，实现了数字化流量运营的同时探索价值创造新模式。

1.2.3.1 制定数字化运营目标和关键内容

用户运营是数字化转型的重要战场。银行需要转变传统经营理念，从过去以产品为中心转变为以用户为中心。2022年1月10日，银保监会发布的《关于银行业保险业数字化转型的指导意见》第十一条指出，银行应建设数字化运营服务体系，建立线上运营管理机制，以提升客户价值为核心，加大数据分析、互联网运营等专业化资源配置，提升服务内容运营、市场活动运营和产品运营水平；促进场景开发、客户服务与业务流程适配融合，加强业务流程标准化建设，持续提高数字化经营服务能力；统筹线上、线下服务渠道，推动场景运营与前端开发有机融合。

数字化运营体系的建设建议如下。

- 业务线上化。通过线上化用户、产品运营优化传统业务经营，基于用户行为分析洞见需求变化，为智能决策提供基础支撑。
- 平台数字化。打造智能化和生态协同的数字化平台，特别是以数字化营销服务平台为支撑，实现数字化获客、活客和留客。
- 业务和技术一体化。试点业务人员和技术人员一起成立数字化运营团队，推动后台运营职能部门向更高水平的集约化、智能化方向发展，在实现全面业务协同和资源共享的同时，提升一线员工的工作体验和效率，降低风险。

1.2.3.2 建立敏捷数字化运营流程

数字化运营在业务上表现为基于数据的业务智能化，在数据统计上表现为数据智能分析与应用，在风险管理上表现为基于数据的业务智能反欺诈、风控预警、实时的风险处置。为了实现这一目标，银行应设立数字化运营等复合型部门进行小范围试点，建立以数据为基础的数字化运营流程，用数据的方式提高业务创新水平和迭代效率，让员工将重复和机械的工作交给数字化平台处理，集中精力做更有创新的工作；逐步建立数字化运营意识，用数据的方式进行业务创新；搭建数字化运营体系，通过预测、预警、监控、协同、调度、决策和指挥等机制，逐步扩大业务线上化范围；统一银行运营架构，通过线上治理实现业务流程自动流转，这样既可以提升数字化平台内的数据准确性，也可以大幅提升银行的整体运营效率。

1.2.3.3 打造数字化运营能力

数字化平台提供了数字化运营所需的基础能力和数字化运营载体，具体来说，需要具备以下能力。

- 以用户为中心，提升体验。
- 个性化推荐，实现千人千面。
- 全渠道整合，协同一致。
- 统一用户触达，实现触达效果的同时避免过度打扰客户。
- 行内多平台集成，敏捷开发，支持业务快速 MVP 验证。
- 支持互联网金融业务的数字用户、客户、账户体系，建设一套具有互联网特性的围绕用户、客户生命周期的Ⅰ类、Ⅱ类、Ⅲ类银行账户及权益账户体系。
- 通过业务数据化和数据业务化，实现业务态势实时感知，通过规则实现自动化处理或实时预警，提升银行的响应能力。

1.2.4 如何解决数字化转型过程中遇到的问题

银行投入数字化转型的资源总是有限的。如何用有限的资源支持逐渐复杂的数字化业务，同时在这个过程中不被各种突发问题所牵引，银行需要根据战略进行资源分配并保持定力和方向，在业务能力建设、技术能力建设、问题驱动常规优化等方面取得平衡。

1.2.4.1 降低遗留系统和新建平台对 TCO 的影响

随着银行业务的开展，为了实现业务连续发展和满足监管合规要求，信息科技部门不断对 IT 系统进行建设和升级，导致 IT 系统规模日益扩大，复杂性提高，承载业务量增加，支持用户数增加。过去为了支持业务快速发展，中小银行引入了太多成熟的解决方案和套装系统，而且因为是项目制，重建设、轻维护，系统由多家供应商支持，普遍存在重复建设和性能冗余，未形成统一的规模化平台，导致总体拥有成本（Total Cost of Ownership，TCO）长期居高不下。为了解决该问题，银行需要改变倾向于基础投入的观念，加强技术和数据人才的引进和培养，逐步培养独立开发系统的能力，以减少在新系统建设和后期运维方面对供应商的依赖。

1.2.4.2　打造数据驱动文化

银行数字化转型需要打造数据驱动文化，营造数据驱动氛围，以推动从单纯基础数据平台建设向具备数据分析和应用的数字化能力培养的转型。如何打造数据驱动的文化？Gartner给出的答案是："企业使用数据来组织活动，做出决策和解决冲突。"银行内更多是基于基层的层层汇报和领导经验决策。要在银行内打造数据文化和推广数据驱动理念，首先需要向业务人员开放数据，通过实时数据服务解决过去业务人员查看数据还需要层层打"生产数据提取单"报告的问题。其次，让业务人员参与到数据项目建设中，以业务场景为驱动，以IT部和数据资产部紧密配合为支撑，在行内建立展现业务价值的数据应用标杆。随着银行内管理者和执行者看到的问题被快速解决，大家对数据驱动的信任会提升，随之而来的是数据驱动组织文化的建立，随着数字化能力的逐步提升，业务、科技、数据将从战略层面得到重视。

中小银行的数字化平台建设时间短，平台基础能力等比较薄弱。大部分中小银行普遍存在边污染、边治理的情况，导致数据根基不稳，数据治理较难。为了解决该问题，建议以业务场景为切入点，打造业务与技术强融合的数据服务流水线；通过业务应用和场景拓展，逐步提升平台成熟度，打通数据壁垒，实现数据价值；通过先用起来再逐步强起来的建设路线，规避过去强规划、项目制、技术与业务分离等问题。

1.2.4.3　打造人才引进和培养体系

中小银行一直受科技人员能力欠佳、自研平台成本高、主要依靠购买成熟套件等问题的困扰。2022 年 1 月 10 日，银保监会发布《关于银行业保险业数字化转型的指导意见》，多处强调自主能力提升的重要性，具体如下。

- 在大力引进和培养数字化人才方面要鼓励选聘具有科技背景的专业人才进入董事会或高级管理层。
- 在提高新技术应用和自主可控能力方面要坚持关键技术自主可控原则、加强自主研发技术知识产权保护。
- 在防范模型和算法风险方面要做到模型管理核心环节自主掌控。

中小银行不管地处核心城市还是偏远地区，都难以与大型银行和领先科技公司等争抢人才，再加上科技投资限制等，自主科技能力短板难以有效解决。因此，中小银行多靠构建科技生态，借助外部科技服务商解决平台建设问题，但要认识到买得到工具和服务，买不到能力，因此员工要在合作过程中强化自身能力，形成正向沉淀，然后再通过提高自主开发平台比例来提升整体金融科技应用和数字化经营能力，也可以通过引进科技背景人才，形成从高管到中层，再到业务条线人员立体式的科技人才队伍。

1.2.4.4 避免思维陷阱

中小银行在数字化建设过程中要避免以下几个思维陷阱。

- 外包思维：不要盲目听取供应商或专家的意见或方案，需要全面、深入地了解自身现状、行业现状和行业发展趋势，制定解决方案、服务采购评估或选型原则。
- 乙方思维和伪工作者：避免脱离真正的用户需求，以完成任务为导向，只关注任务和领导的满意度而不关注结果，要通过数据了解用户的真实需求，培养对结果负责、关注贡献价值、有担当、有胆识的员工，形成良好的工作协同文化。
- 本位主义：避免多做不如少做等心态，通过引进新人淘汰低价值或负面价值的职场"老油条"，建立公开、公平的绩效考评机制，鼓励通过伯乐机制招聘，引进活水形成鲶鱼效应。

1.2.4.5 打破"路径依赖"束缚,支持业务创新

路径依赖是指人类社会中的技术演进或制度变迁均类似于物理学中的惯性,即一旦进入某一路径(无论是好还是坏)就可能对这种路径产生依赖。这将是银行数字化转型的最大障碍,因为路径依赖中有利益的存在,每一次变更都是利益的再分配和权力格局的重构。

因此,银行数字化转型需要突破固有思维的束缚,提升对数字化的认知,认识到过去成功并不能代表未来次次成功,因为人、环境、工作范围都在快速变化,要跟得上时代的变化。

1.3 建立数字化能力框架

银行在进行数字化转型过程中,首先要明确数字化转型将带来哪些差异化的业务能力。这是在数字化转型过程中设计具体工作流程、业务架构、IT架构等的前提。建立一套符合银行自身现状和未来需要的数字化能力框架,不仅能够有效支持银行转型过程中经验的总结,而且能够为未来长远的竞争打下坚实的基础。

1.3.1 能力框架的定义和数字化能力评估原则

能力框架定义了组织内人员所需的知识、技能和属性。在数字化转型过程中,一些通用原则已经被实践检验过对关键改进点有效。常见的能力框架定义指导原则如下。

- 业务与IT融合,并把业务和IT战略细化成业务参与者和IT系统建设者能够理解的语言。
- 把业务流程所达成的业务价值具体化并与业务或者KPI指标相对应。
- 验证企业架构规划和管控是否满足业务要求。

数字化能力框架是不断变化和发展的,因此需要总结一些原则,以便按照一定的周期对数字化能力进行评估,找到差距,持续改进。常见的数字化能力

评估原则如下。

- 坚持以顶层设计方式规划数字化转型蓝图，在向下分解执行过程中要做到战略与执行上下聚焦、左右对齐，将数据要素注入金融服务全流程，将数字思维贯穿业务运营全链条。
- 总行通用能力和各事业部、分公司的自定义能力层级关系要清晰，并通过平台赋能实现业务与技术层级之间的良好协同。
- 以用户为中心，由外而内进行能力框架设计，如用户或客户服务能力、用户全渠道数字化体验提升能力。

数字化能力建设是一个长期的过程，不是一蹴而就的，需要明确数字化能力框架演进的方向。

1.3.2 业界数字化转型思路及框架参考

数字化转型已经成为银行业提高服务质量和竞争力的共同选择。近年来，互联网和银行业在数字化转型方面开展了许多有益的实践。通过分析各界数字化转型思路和数字化能力框架，银行可找出做得好的地方，提炼出可以借鉴的经验和方向性内容，供以后开展数字化转型工作时参考。

1.3.2.1 企业数字化转型发展思路

中国电子技术标准化研究院发布的《企业数字化转型白皮书（2021版）》中指出，企业数字化转型需围绕整个价值体系重构逻辑从以下几个方面推动工作（如图1-19所示）。

- 推动战略转型，提出新的战略价值主张。
- 构建业务价值变革的能力体系，明确用什么能力承载预期的业务变革的价值主张。
- 针对每一项能力制定系统性解决方案，即构建技术支持体系。
- 打造数据治理体系，提供数字化转型保障，即构建业务变革所需的组织管理保障体系。

- 基于能力体系的持续完善，不断赋能业务创新和转型。

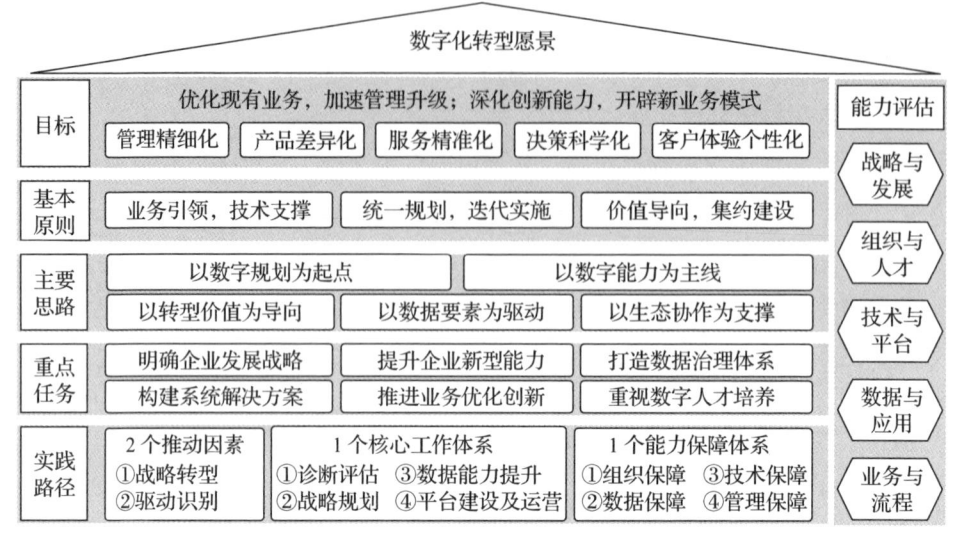

```
                          数字化转型愿景
        ┌─────────────────────────────────────────────┐
  目标  │ 优化现有业务，加速管理升级；深化创新能力，开辟新业务模式 │ 能力评估
        │ 管理精细化 │ 产品差异化 │ 服务精准化 │ 决策科学化 │ 客户体验个性化 │
  基本  │                                             │ 战略与发展
  原则  │ 业务引领，技术支撑 │ 统一规划，迭代实施 │ 价值导向，集约建设 │
  主要  │ 以数字规划为起点    │    以数字能力为主线          │ 组织与人才
  思路  │ 以转型价值为导向 │ 以数据要素为驱动 │ 以生态协作为支撑 │
  重点  │ 明确企业发展战略 │ 提升企业新型能力 │ 打造数据治理体系 │ 技术与平台
  任务  │ 构建系统解决方案 │ 推进业务优化创新 │ 重视数字人才培养 │
  实践  │ 2个推动因素    │ 1个核心工作体系         │ 1个能力保障体系    │ 数据与应用
  路径  │ ①战略转型     │ ①诊断评估 ③数据能力提升 │ ①组织保障 ③技术保障 │
        │ ②驱动识别     │ ②战略规划 ④平台建设及运营 │ ②数据保障 ④管理保障 │ 业务与流程
```

图 1-19　企业数字化转型发展思路

1.3.2.2　数字化能力框架

2019年8月30日在上海举办的世界人工智能大会上，第四范式携手德勤管理咨询发布了双方联合研究并撰写的《数字化转型新篇章：通往智能化的"道法术"》白皮书，总结了包含六大方面的数字化转型能力框架，具体如图1-20所示。

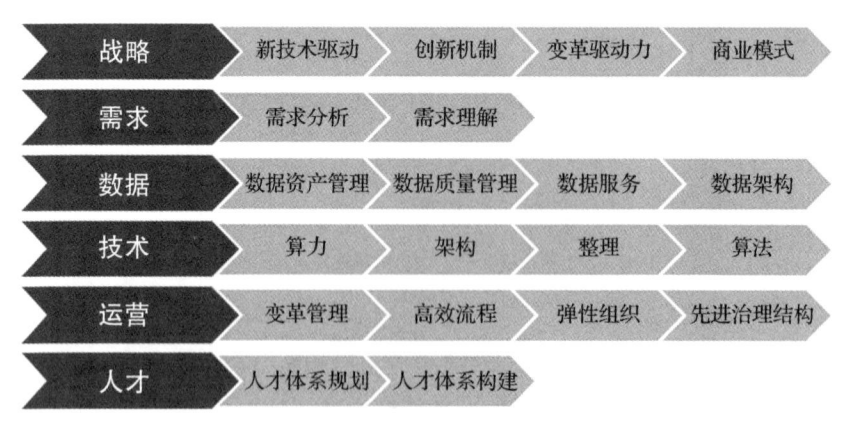

战略	新技术驱动	创新机制	变革驱动力	商业模式
需求	需求分析	需求理解		
数据	数据资产管理	数据质量管理	数据服务	数据架构
技术	算力	架构	整理	算法
运营	变革管理	高效流程	弹性组织	先进治理结构
人才	人才体系规划	人才体系构建		

图 1-20　数字化能力框架

（1）在战略方面，银行主动识别对自身发展有利的新技术，提早布局，通过技术驱动业务发展和创新。业务转型和变更一直伴随着所有银行，也是银行年报中战略定位的高频词汇，可见银行历年来一直坚持通过变革驱动商业模式转型升级。

（2）在需求方面，银行逐步推进体系化的数据、技术能力建设，通过对同业或者跨界参与者的差距分析，了解自身的差距和不足，并通过一系列项目落地来补齐相关能力。

（3）在数据方面，银行通过业务数字化将业务实现过程中产生的各种痕迹或原始信息记录下来并转变为数据，通过数据资产管理将结构化和非结构化数据进行整合、优化，通过数据质量管理机制推进相关数据治理，再通过数据业务化将数据进行产品化封装，由专业团队按照产品化的方式进行商业运营，服务于内外部业务或产品。

（4）在技术方面，银行通过云计算为数字化应用提供算力保障；通过智能化技术架构规划推动内部系统进行数字化和智能化升级；通过技术治理实现技术标准化的引入、完善、升级迭代；通过打造 AI 平台提升可视化操作能力，降低人员技能要求，同时，沉淀算法、数据、工程化架构等的最佳实践，推动行内员工使用。

（5）在运营方面，银行设立变革管理组织并制定相应的机制，保障数字化转型顺利推进，在运营流程中引入 RPA 等平台，形成适配经营与业务发展的标准化流程；通过积木式组织和对错误的容忍，给予团队试错空间；通过引进先进的治理结构，针对创新业务或创新技术应用提供更灵活的决策机制支持，激发员工积极性。

（6）在人才方面，银行制定人才体系规划，引入或培养与数字化发展需要匹配的人才，搭建人才体系，通过招聘、培养、管理等措施，按照"学习、实践、反思、总结、行动"路径落实人才培养机制。

1.3.2.3 数字化转型方法论

华为是国内少数将咨询理论与自身实践结合得比较好的公司，在《华为行业数字化转型方法论白皮书（2019）》中，总结了数字化转型的整体过程和框架（如图 1-21 所示），其核心要点如下。

- 企业数字化转型需要从企业级战略角度出发进行全局谋划。
- 创造组织和文化保障条件，通过组织转型激发组织活力，通过文化转型创造转型氛围。
- 贯彻战略与执行统筹、业务与技术双轮驱动、自主与合作并重 3 个核心原则于转型全过程，保障转型始终在正确的轨道上。
- 推进顶层设计、平台赋能、生态落地、持续迭代 4 个关键行动，控制转型关键过程。

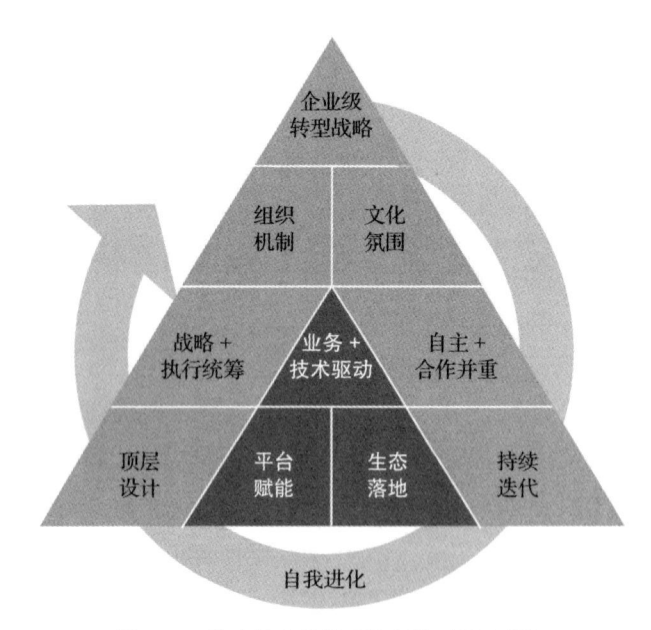

图 1-21　华为数字化转型的整体过程和框架

1.3.2.4　组织变革

在数字经济时代，消费者的需求瞬息万变，银行在构建以用户为中心的运营体系过程中，必须锤炼支撑快速迭代和创新的能力。阿里云发布的《数智化转型升级的企业组织变革白皮书》中提到，在企业转型过程中围绕战略这一核心，在业务模式、组织与技术 3 个方面动态互联、协同推动并实现数智化建设。很多银行在与阿里云进行交流或合作时会调研阿里的组织文化，希望通过系统化思考，分析自身组织能力不足的根因，提出组织变革的方向性意见，然而受限于股东基因等，往往难以有效推进组织变革。

1.3.3 银行数字化能力框架

数字化转型是一个摸着石头过河的过程，而银行业又不允许有大的失误，因此在构建数字化转型框架过程中，银行需要博采众长地分析同业验证过的部分，然后基于自身现状，找到适合自己的业务创新点。通过分析代表性机构发布的数字化转型框架，我们可以看到战略、组织与人才、业务与技术融合、数字化平台等被较多提及，同时发现顶层设计是全局有效协同的基础，组织与人才是关键，业务与技术融合的数字化平台是业务价值创造的抓手，如图 1-22 所示。

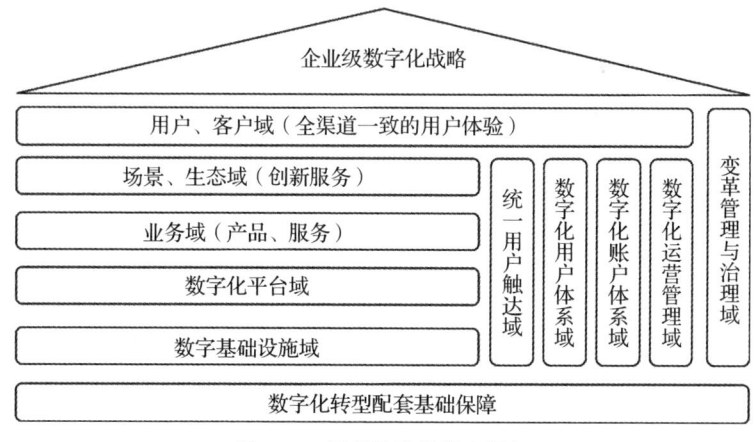

图 1-22 银行数字化能力框架

银行数字化转型需要以企业级数字化转型战略为指引，进行全行级布局，积极布局但又不能当成一个技术项目推进。银行可以在数字化转型战略指引下，搭建数字化基础设施和数字化平台，打造基础支撑能力，进行业务产品、服务的数字化改造，并在开放生态策略指引下，开放金融服务走进场景，引入权益和服务等场景化运营能力，促进手机银行 App 活跃，打造开放生态，为构建全渠道一致的用户体验做准备；同时配套统一用户触达机制、数字化用户体系、数字化账户体系、数字化运营管理机制、变革管理与治理机制等。

1.4 数字化银行能力评估模型

德鲁克说过："如果不能衡量，就无法管理。"这句话也同样适用于数字化转型。随着数字化转型的实践积累以及深入研究，众多金融机构和银行开始探索建立数字化银行能力评估模型，并基于此来衡量银行数字化能力建设水平，评估银行数字化成熟度。

1.4.1 银行业数字化发展阶段评估模型

2022 年 1 月，中国人民银行印发《金融科技发展规划（2022—2025 年）》，提出金融业数字化从多点突破迈入深化发展新阶段，银行业数字化正处于多点突破的起步阶段。按照《数字化转型参考架构》团体标准中的描述，数字化转型共分为 5 个发展阶段（如表 1-1 所示）。

表 1-1 以数据为关键驱动要素的数字化发展阶段要求

数字化转型发展阶段	数字化级别	发展战略	新型能力	系统性解决方案	治理体系	业务创新转型
初始级发展阶段	L1：规范级	尚未明确	尚未有效建立主营业务范围内的新型能力	初步开展信息（数字）技术应用	经验驱动型管理模式	尚未实现基于数字化的业务创新
单元级发展阶段	L2：场景级	单项应用	支持主营业务单一职能化的单元级能力	工具级数字化	职能驱动型管理模式	业务数字化
流程级发展阶段	L3：领域级	综合集成	支持主营业务集成协同的流程级能力	流程级数字化+传感器	流程驱动型管理模式	业务集成融合
网络级发展阶段	L4：平台级	数字组织（企业）	支持组织（企业）全局优化的网络级能力	组织（企业）级数字化+产业互联网	数据驱动型管理模式	业务模式创新
生态级发展阶段	L5：生态级	生态组织	支持价值开放共创的生态能力	生态级数字化+泛在物联网	智能驱动型管理模式	数字业务培育

国内银行因规模和地域的差异，数字化转型进展存在较大差异。通过分析近几年的调研报告，我们不难发现我国银行数字化发展状况。

- 大部分中小银行处于初始级发展阶段，已经启动数字化转型工作或已经开始布局数字化转型，通过与金融科技公司合作开展数字化项目。
- 少数中小银行处于单元级发展阶段，在个别业务领域（如在消费信贷领域）开展数字化应用实践并取得一些成效。
- 仅少数几家银行从流程级发展阶段向网络级发展阶段过渡，在行内各个业务领域均已开展不同程度的数字化应用实践，组建了与互联网企业相近的数字化团队，打造了开放能力和产业场景融入的数字化平台。
- 少数数字原生银行从网络级发展阶段向生态级发展阶段过渡，在建立之初便以数字化驱动为宗旨，打造面向产业的数字化生态平台，并在 IoT 领域不断探索，数字化能力处于行业领先位置。

尽管国内大部分银行数字化转型刚刚起步，但随着监管引导、同业标杆案例多点突破、内部转型意识增强、"一把手"重视等，未来一段时间银行将推进更多的数字化能力建设，进入数字化能力建设高速发展期。

1.4.2 银行数字化转型评估模型

为了保证数字化转型的方向正确，银行需要建立一个评估模型来衡量数字化转型成效，以便客观地评估各方面数字化能力建设的价值。可从企业级数字化战略转型决心、技术重构、关键数字化能力、业务重构、数字化转型配套基础保障等方面进行银行数字化转型评估，如图 1-23 所示。

数字化转型是"一把手"工程，所以，银行管理层要下决心，充分认识到这件事情的重要性、复杂性和必要性，并且通过建立数字化转型评估模型，把决心透传到企业的每一个个体，形成上下同欲的格局，才能力出一孔，一起面对转型过程中各种复杂挑战和协同风险。

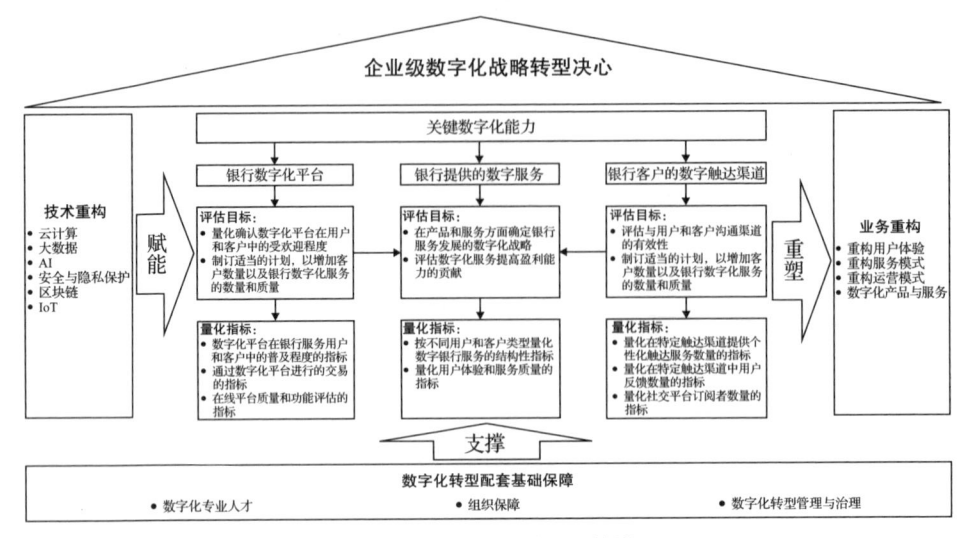

图 1-23　银行数字化转型评估模型

随着数字技术的发展，银行需要对技术重构，引入云计算、大数据、AI、安全与隐私保护、区块链、IoT 等技术，并打造驾驭技术的团队。技术重构可以赋能数字化平台、数字化服务、数字化触达渠道几方面的关键数字化能力建设。

技术重构加上数字化能力建设可以推动业务重构，从重构用户体验、重构服务模式、重构运营模式等几个方面进行数字化产品与服务转型，进而推动商业模式创新。在数字化转型配套基础保障方面，银行需要配套数字化专业人才、组织保障、数字化转型管理与治理等，以保障数字化转型的顺利推进。

1.5　银行数字化能力框架再思考

银行的数字化能力是会随着用户的变化、技术的发展而动态变化的，那么，应该有相应的原则或者方法论能够让银行像数字化原生企业那样，快速扩展业务并进行创新，以优化用户体验为使命，以技术和数据为命脉，不断优化运营模式，提高用户忠诚度，以适应不断变化的环境，同时利用利益相关者生态系统，实现产品、服务和战略的动态发展。

1.5.1 数字化转型关键特征

数字化转型的 4 个特征为以用户为中心、在线互联、数据驱动智能决策、时刻保持"敏捷"。这四个特征是区分数字化与传统信息建设的根本所在。

1.5.1.1 以用户为中心

要做到以用户为中心，银行需要以第一性原理为基础，考虑用户需要的是什么而不是能提供什么产品。在买方市场中，用户体验和利益优先于银行自身的商业利益，银行才能长久发展。技术的进步改变了金融服务的提供方式，过去 5 到 10 年金融科技公司采用数据反馈方式优化服务和用户体验，提升了金融服务的便利性，获得了用户认可。这一点银行需要向互联网企业学习。

在数字世界里，用户从未属于哪家银行，而且流动性越来越大，不受迁移障碍的阻挡。一旦挑战者银行利用新技术提供了更优质的服务和更好的体验，那么用户就再也无法挽回了。

1.5.1.2 在线互联

随着金融科技的不断渗透，银行柜面交易替代率不断上升，全国性商业银行的柜面交易替代率普遍在 90% 以上，部分国有股份银行的柜面交易替代率达到 99%。受疫情影响，各银行纷纷加大网银、手机银行等线上服务推广力度，打造丰富的金融应用场景，引导客户使用线上产品和服务，同时推进自助设备布置，加强营业厅的引流，促进客户服务能力进一步增强，不断提升金融服务满意度。

因为在线化，用户和客户的所有操作产生的数据都将被记录下来，更利于银行以较低成本、更高效率覆盖更广的用户。

1.5.1.3 数据驱动智能决策

数据驱动智能决策可以有效提升业务吞吐量，缩短响应时间。以消费信贷为例，人工审核的客户响应时效仅能保证 24 或 48 小时，而且每人每天审批几十到一百单，如果换用数字化决策引擎，可以在几毫秒内响应，根据业务量调整应用系统部署规模就可以支持日进件几万或更多，而这种工作强度在纯人工处理时代是不可能达到的。

1.5.1.4 时刻保持"敏捷"

银行业务规模逐步扩大、业务更加复杂，导致 IT 系统繁多，IT 架构研发、测试、投产等难度增加，交付周期越来越长。然而，银行数字化转型需要业务和技术团队一同面对快速变化的市场需求和用户需求，做到持续缩短研发周期，提升研发效率和研发质量，以便业务方进行低成本的快速验证，提前发现商机。因此，银行需要打造敏捷型组织，以较低的成本快速适应外部变化。

银行打造敏捷能力，需要从金融产品、服务价值流层面考虑，真正围绕用户价值来驱动软件开发，打通业务方和研发团队，促进双方紧密高效地合作。

1.5.2 数字化能力建设路径选择

随着金融科技带来数据变化、流程变化、用户和客户角色变化等，数字化正以其独特的方式和速度给银行业带来前所未有的变化。数字化能力，尤其是业务数字化设计能力，成为银行能否在当前赛道继续保持竞争力的关键。但面对历史债务和未来冲击，构建轻量化、弹性化、适合自己发展需要的数字化能力，成为银行最大的诉求。然而，数字化能力打造需要聚焦于成效，根据自身情况逐步演进，而非建立一系列项目就可以习得，更确切地说，数字化能力建设项目只是开始，不能受项目的目标、范围、资源投入和时间要求等限制，拘泥于已经计划好的路线，持续运营、迭代优化才是重点。

数字化能力建设的第一步是进行能力拆解和识别。首先，以银行发展战略中的竞争合作优势、业务场景、价值主张、商业模式等需求为输入，分析并确定数字化价值体系优化、创新和重构的总体需求。其次分析价值创造过程、服务对象、内部协同部门（或外部合作伙伴）、产品与服务等，识别并确定数字化能力建设的总体需求。最后，参考组织主体、价值活动、信息和物理空间等数字化能力分解的主要视角（如图 1-24 所示），对数字化能力建设的总体需求进行逐级分解和细化，将各新型能力及相对应的价值需求分解至不能或不必再分解为止。这些细分的数字化能力应对应明确的组织边界、价值活动、基础设施与资源环境。

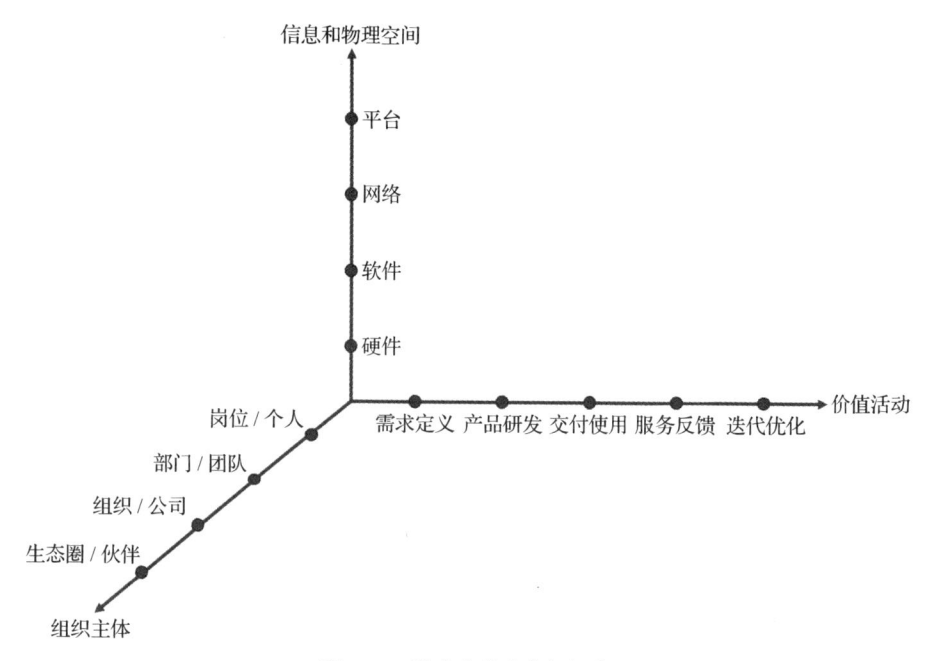

图 1-24　数字化能力分解视角

数字化能力建设的第二步是分析路径依赖，毕竟数字化能力建设是银行自己的事情，同业的成功案例仅能用于参考，因此，银行需要根据自身现状分析数字化能力建设可能存在的问题，构建符合自身的数字化能力建设体系。同时，银行需评估当前处于数字化能力培育、数字化能力提升、数字化能力拓展三个数字化能力建设体系中的哪个层次，分析数字化能力建设路径依赖关系，注意不要被路径依赖束缚，而导致创新困难。

数字化能力建设的第三步是路径选择，即是沿用传统的购买套装解决方案还是引入社会力量，联合开展技术攻关。综合分析目前银行业数字化能力建设案例可知，大多数银行遵循金融科技规律，找准数字化能力建设的关键发力点，多方合作、共同参与，与先进科技企业、同业、高校、科研院所等共建专业化金融科技生态。同时，银行需要设计金融科技指标体系，通过系统自动获取资源投入、科技收益、科技风险三大类指标，形成可视化统一视图，以识别变动，为管控风险、优化资源配置提供支撑。

数字化能力建设路径选择需要考虑的 6 个关键问题如下。

- 谁主导数字化能力建设？
- 如何分析数字化能力依赖关系以及如何评定能力建设优先级？
- 数字化能力是基于现有体系迭代，还是抛开现有体系从零开始建设？
- 谁是数字化能力建设的出资方，是占用现有预算还是新增独立预算？
- 数字化能力是自己构建还是找供应商合作？
- 如何评估数字化能力水平，如何保证自己在正确的方向上？

数字化能力建设需要考虑的 6 个方面包括：数字化变革和治理战略化，业务数字化与数字业务化相结合实现数智化运营，强化数据治理和数据服务化能力实现数据资产化，智能化数字化平台，业务、管理、技术融合化，风控反欺诈与数据安全合规化。

第 2 章 CHAPTER

企业架构方法论

过去，不管是为应对监管的被动调整，还是为适应不断变化的环境主动求变，银行持续转型一直在发生。由于银行组织架构和业务的复杂性，规划和指导转型是一项艰巨的任务。企业架构作为一种规划和治理方法论已被银行广泛采用，用来管理其业务和 IT 系统，以保证银行内各组织朝着共同目标前进。2022 年 1 月中国银保监会办公厅发布的《关于银行业保险业数字化转型的指导意见》强调银行等金融机构需要加快推动企业级业务平台建设，加强企业架构设计，实现共性业务功能的标准化、模块化。一时间，企业架构又在金融行业重新热了起来。

2.1 企业架构基础理论

企业架构是针对企业的业务能力、基础设施和企业治理的整体描述，体现了企业内管理、业务、信息、技术相关人员的共同愿景，方便企业内不同人员对企业现状（As-is）和企业愿景（To-be）有一个整体理解，为企业的业务转型提供了理解、沟通的基础。随着企业从 0 到 1 再从 1 到 n 的发展，产生了大量历史遗留系统，这些历史遗留系统往往是跨领域或领域边界不够清晰的，支撑的业务流程往往是割裂的，需要操作人员跨系统进行操作，才能完成业务处理。对于这些不知道如何处理但对组织至关重要的历史遗留系统，我们可以通过企业架构方法论进行通盘修改和演化，以满足新的业务需求，并支持业务交付。

2.1.1 企业变革需要企业架构指导

在当今这个瞬息万变的商业环境中，银行需要不断调整业务活动，以适应不断变化的环境。然而，由于银行当下的组织、流程和 IT 系统是为了适应过去传统业务模式而设计的，经过多年发展已经变得极其复杂，规划和指导其转型是一项艰巨的任务。银行需要通过企业架构指导整体转型（如图 2-1 所示），实现业务和科技相融合。企业架构可以帮助银行梳理整体图景、相互依赖等，并结合转型需要指导银行战略规划、产品和运营管理、业务流程改进、IT 管理、财务管理、项目管理等。银行业越来越普遍地将企业架构作为数字化转型或业务变革的整体规划和指导方法论。

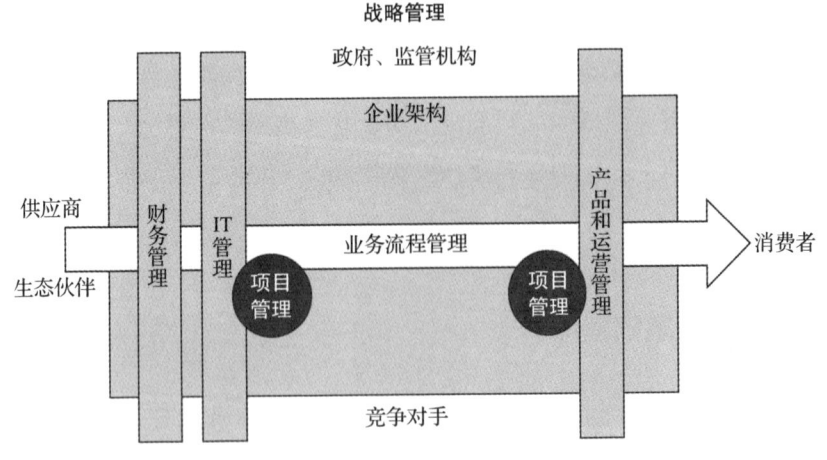

图 2-1 企业架构在数字化转型中的位置

缺少企业架构指导，银行在业务能力和应用建设方面容易关注短期业务发展。缺少长期价值主张将导致银行关键能力建设不成体系或系统建设比较分散，多采用竖井式建设，难以演进为模块化、服务化的企业级业务平台，经常出现业务领域和系统边界不清、系统重复建设或部分功能冲突的情况，对体系化、差异化业务的发展支撑不足。有些银行刚开始启动企业架构建设，在规划和落地过程中经常受到质疑或挑战。因为企业架构的好处难以剖析，有时我们会听到这样的声音"企业架构无非是变革过程中掌握话语权的人进行资源再分配的抓手；咨询专家也不过如此，并不能完全指导我们实施；企业架构无非是把我们各自的观点更有逻辑地梳理和展示；企业架构做之前和之后好像没有太大的变化……"。之所以有这样的疑问，其一是因为没有树立变革意识，更多基于自身视角，个人和团队更多优先考虑自己利益或需求，没有站在银行全局看待问题，其二是银行员工所掌握的知识受制于过往经历和从事领域，很难跨部门或站在更高的层级来看待问题和解决问题，忽视了企业架构作为衔接业务与IT的桥梁的作用，未有效通过企业架构规划，铸造业务落地的数字化能力框架，指导未来有序建设系统和数字化转型。所以，银行进行变革时需要有外部专业人士或"内部的外部人"（对银行内部情况特别熟悉、对组织有足够忠诚度、具有批判精神，就像是一个外来的人）站在全局从客观角度，解决复杂的商业问题，思考我们在哪里？我们要去哪里？我们是否在正确的方向上？接下来，我们应走哪条路？我们如何到达目的地？

在银行变革过程中，我们逐步总结出一套适合自己的企业架构方法论（如图 2-2 所示），并将其作为大纲来指引数字化转型，具体如下。

1）数字化转型是为企业级数字化战略服务的，并基于企业级数字化战略制定业务战略和IT战略。业务战略是企业架构规划的基础，明确了数字化能力建设方向或转型目标。IT战略是在理解业务发展战略和评估企业IT现状的基础上，明确企业信息化的愿景，制定企业信息化指导纲领和信息化的总体目标、分阶段目标。业务战略和IT战略为什么这么重要，是因为理解"怎么做"并不能改变团队，只有知道"为什么"才能调整团队心态、改变行为。

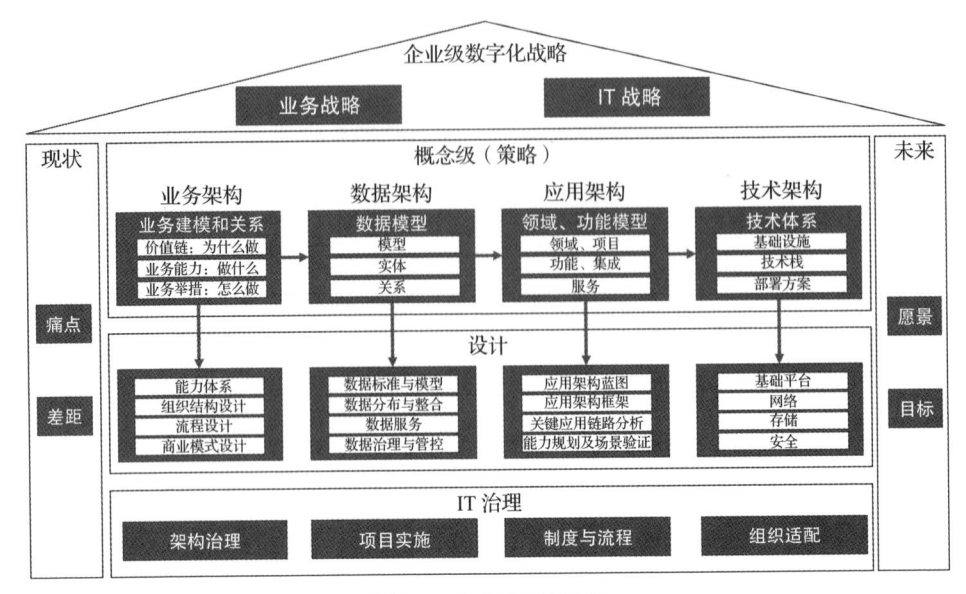

```
                    企业级数字化战略
          ┌──────────────┬──────────────┐
          │   业务战略    │    IT战略    │
          └──────────────┴──────────────┘
现状                  概念级（策略）                    未来
     ┌─业务架构──┬─数据架构──┬─应用架构──┬─技术架构─┐
     │业务建模和关系│ 数据模型  │领域、功能模型│ 技术体系 │
     │价值链：为什么做│  模型   │ 领域、项目 │ 基础设施 │
     │业务能力：做什么│  实体   │ 功能、集成 │  技术栈  │
     │业务举措：怎么做│  关系   │   服务    │ 部署方案 │
痛点 └──────┬──┴──────┬──┴──────┬──┴──────┬─┘  愿景
                           设计
     ┌─────────┬─────────┬─────────┬─────────┐
     │ 能力体系  │数据标准与模型│应用架构蓝图│ 基础平台 │
差距 │组织结构设计│数据分布与整合│应用架构框架│  网络   │  目标
     │ 流程设计  │ 数据服务  │关键应用链路分析│  存储   │
     │商业模式设计│数据治理与管控│能力规划及场景验证│  安全   │
     └─────────┴─────────┴─────────┴─────────┘
                          IT治理
     ┌─────────┬─────────┬─────────┬─────────┐
     │ 架构治理  │ 项目实施  │ 制度与流程 │ 组织适配 │
     └─────────┴─────────┴─────────┴─────────┘
```

图 2-2　企业架构方法论

2）梳理痛点，以及现状与未来愿景、目标的差距。一般问题是由不满意激发的，而不满意是对现状和期望之间业绩差距与机会差距的一种感知。业绩差距是现有经营结果和期望之间的落差，机会差距是现有经营成果和新的业务设计所能带来的经营结果之间的落差。业绩差距通常可以通过改进执行来获得改善，而机会差距则需要通过业务创新、新的业务设计以及自身能力提高来改善。

3）基于企业架构框架从业务架构、数据架构、应用架构、技术架构等方面进行企业级架构全景图设计，在企业级数字化战略指导下，在策略层面实现对战略的支撑。其中，业务架构主要是通过业务建模和关系梳理，明确价值链（为什么做）、业务能力（做什么）、业务举措（怎么做）等，并对业务、流程、组织、服务、领域和模式六大部分进行设计；数据架构主要是通过数据模型设计明确模型、实体以及它们之间的关系；应用架构主要是通过梳理业务和功能模型，定义企业面向业务部门提供的整体IT应用系统和功能，统一企业相关应用系统的种类和逻辑分组，明确业务需求是由哪些应用承载，它们与用户如何交互，它们之间的关系以及如何交互等；技术架构主要是梳理基础设施、技术栈、部署方案等，并形成解决方案。

4）基于企业架构全景图进行体系化设计，以实现全面、系统地指导企业信息化建设，满足企业可持续发展需要。

5）制定从现状到未来的路线，在架构治理、项目实施、制度与流程、组织适配等方面从落地实施和长远运营视角进行治理。

2.1.2 企业架构的作用

组织能力、应变能力、创新能力、变革能力和路径依赖等进化对企业成长的影响至深。"市场选择"类似于进化论中的"适者生存"，倒逼企业对各项能力进行调整，并通过不断演进适应市场变化。

企业架构就像是企业的 DNA，决定了企业发展的方向和结果。企业的"DNA 进化论"在 20 世纪 80 年代被提出，它认为企业具有类似生物进化的规律。企业的战略、创新、执行力、文化等无不植根于企业 DNA 的不同特征之中。通过对企业 DNA 进行剖析可知，企业的 DNA 可以分为 7 种类型（如表 2-1 所示），即韧力调节型、随机应变型、军队型、消极进取型、时停时进型、过度膨胀型和过度管理型。其中，前 3 种类型企业的 DNA 尽管各有优缺点，但都属于比较健康的；后 4 种类型的企业的 DNA 属于亚健康，甚至不健康。

表 2-1　企业的 DNA 分类

企业 DNA 类型	特　性
韧力调节型	非常灵活，能够迅速适应外部市场的转变，同时又能始终坚持清晰的经营战略，并围绕它开展业务。具有前瞻性，能经常正确预测市场变化，并未雨绸缪地做好准备。能够吸引积极进取、具有团队精神的人才，不仅向他们提供相互竞争、激励的工作环境，还提供有效解决各种困难所需的资源和权力
随机应变型	对变化不能始终做到预见和谋划，但仍然具有必要时随机应变的能力，而且不会脱离企业发展的大方向。尽管它不能提供相互竞争、激励的工作环境，但能留住好员工，财务状况亦不错
军队型	通常由少数有经验的高层团队领航，主要借助企业领导层的意志和远见卓识取得成功。有能力制定并执行极好的战略，有时候还会反复执行。但该类企业最重要的课题是做好充分的准备，以便在现任领导任期结束之后继续保持增长
消极进取型	看上去好协调，好像没有任何冲突，是一类"决策一致，但无法得到实施"的企业。由于缺乏必要的权威、信息和激励措施来开展有意义的变革，一线员工很容易忽视来自总部的指令。高层管理者因花了很大精力却不能实现预期价值而感到痛心疾首

（续）

企业 DNA 类型	特　性
时停时进型	企业内有许多人聪明能干、才华横溢而且积极进取，但由于缺乏相应协调制度，常常不能一起朝同一个方向努力，往往是大家各行其是，机构几乎处于失控的边缘
过度膨胀型	扩张超出组织负荷，导致运转不灵，总是出现无法有效执行的情况，少数高层管理者已经不能再有效控制企业
过度管理型	企业受多层管理的拖累，易陷入分析性瘫痪的困境。管理人员通常捡了芝麻丢了西瓜，把时间花在相互检查工作上，而不是探索新的机会或防范潜在威胁

面对灵活多变的市场，企业如果能合理整合各类资源，应对环境的变化，将具有领先同业的竞争优势，获得持续发展的机会。企业规模、战略方向、组织架构、部门和人员之间的利益、流程、系统等互相影响，发生级联效应，使得企业越来越复杂。为了应对企业的复杂性挑战，我们需要通过企业架构从不同的维度去观察、分析，进而提升决策质量和解决问题的效率。当相对正确的决策累积到一定程度就会由量变发生质变，进而改变企业的 DNA，与同时代其他企业拉开差距。

从方法论角度看，企业架构是对企业数字化的建模，是业务敏捷性的关键促进因素。企业架构分别从业务流、数据流、应用系统、技术及基础环境等角度用结构化的方法描述企业业务及数字化的集成关系。

从系统工程角度看，企业架构描述了企业的关键业务、信息、应用、技术、战略以及它们对业务和流程的影响。关于信息技术和数字技术应该如何在企业内实施，企业架构提供一个整体视角，以使数字化能力建设、IT 项目实施、业务和战略一致。

从变革角度看，企业架构提供了整体、长期的视图，以使企业的变革和市场变化一致，因此各个实施项目不仅是满足眼前的业务需求，还是在构建支撑未来的数字化能力。需要注意的是，企业架构是手段不是目标，不能因为追求全面，阻碍对企业规划和管理的探索。基于企业架构推动数字化转型可以在以下几方面获得收益。

- 企业架构帮助企业更加全面、直观地了解企业的业务流程、业务规则、IT 资源、数据流转、业务演进路线、应用和服务演进路线等，方便业务和 IT 人员达成共识，以收获更好的财务成果和客户成果，提升企业的生存能力。
- 企业根据数字化转型和战略发展需要完善业务布局，通过规划企业架构蓝图，提升业务和 IT 能力融合程度，明确未来需要重点建设的平台，并定义相关系统或平台的功能，打造数字化运营、客户管理、创新等核心竞争力。
- 企业通过引入先进的企业架构设计和变革管理理念，以平台化的建设思路，满足企业差异化、特色化业务发展需要，支持业务敏捷创新、更快做出优质的决策、增加知识积累等，驱动未来增长。
- 企业架构可以提升不同业务场景下业务和 IT 人员的交互和协作能力，使得企业可以更好评估新业态、新兴技术等，通过结构化、灵活、可迭代的方法推动创新。创新是数字化转型的关键。
- 企业通过梳理数字化转型目标和现状之间的差距，建立现状基线架构、未来目标架构，并定义数字化转型过程中的过渡策略及执行规划。
- 企业架构支持在管理当前 IT 项目的同时，对项目实施进行指导，以实现效率提升、成本优化和风险降低等。
- 企业架构可以沉淀无形资产，通过云原生基础技术平台，实现企业级应用、数据、流程等的集成，为未来复杂业务场景下的实时、非实时业务处理提供支撑。

2.1.3 企业架构的主要内容

企业架构概括起来可以分为业务架构与 IT 架构两部分，业务架构与业务战略相对应，IT 架构与 IT 战略相对应，层次关系如图 2-3 所示。

企业战略分为业务战略与 IT 战略两部分，业务战略是依据外部市场环境分析和内部能力、潜力对照选择要投注的市场，明确企业未来业务发展、客户定位、市场定位、业务定位、相应业务能力建设方向、转型目标；IT 战略是在理解业务战略的基础上，站在 IT 视角明确企业信息化的愿景、目标和战略，制定企业信息化建设指导纲领、信息化的总体目标和分阶段目标，以促进企业战略的实现。传统的观念认为 IT 战略是对业务战略的支撑，随着信息化时代的来临，特别是互联网金融、移动支付、大数据分析、社交网络的出现，对传统金融服务模式产生了深远影响，IT战略也被视为企业战略实现和企业创新发展的核心动力。

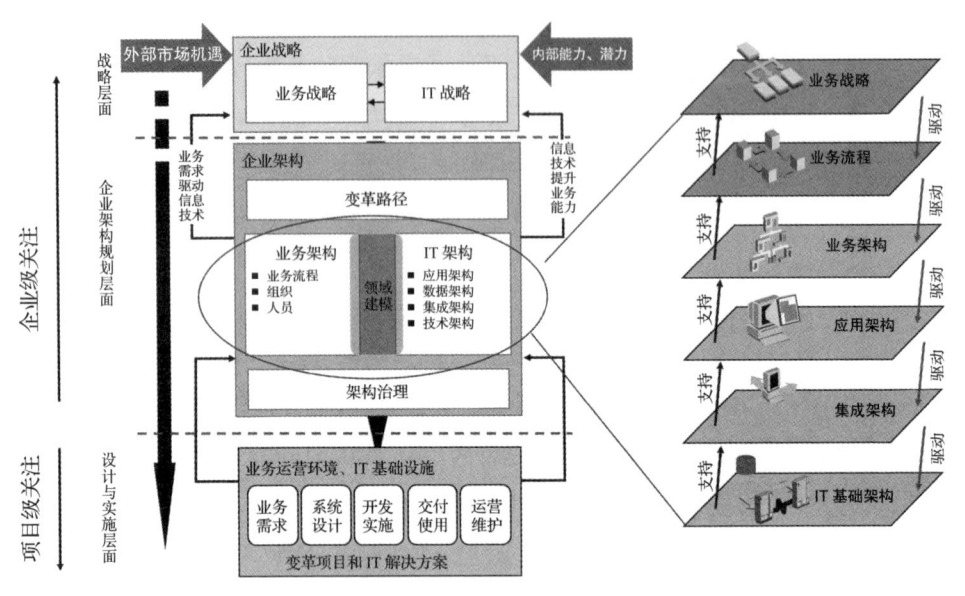

图 2-3　企业架构层次关系

企业架构主要内容如图 2-4 所示。

图 2-4　企业架构主要内容

2.1.4　企业架构的 6 个关键趋势

2.1.4.1　企业架构覆盖范围越来越广

企业架构覆盖业务、组织、技术等多个层面，并且让业务、组织、技术等实现了协调统一、相互贯通。企业架构是一个覆盖业务和IT的企业蓝图设计工具，可以帮助企业管理者厘清企业运行机制、发现问题并不断改进。

2.1.4.2　企业架构动态变化

科技的快速发展消灭了传统的竞争壁垒，行业边界和竞争壁垒的消失为企业在数字时代发展创造了机会。在行业边界消失的同时，企业内各部门之间的边界也越来越模糊，更多需要跨部门或跨集团下子公司协同，业务与IT人员职责的边界也越来越模糊，业务人员需要懂IT技术，IT人员更需要懂业务，这样才能贡献更大的价值。组织边界的模糊，导致IT架构的边界也逐渐模糊。过去一套系统的生命周期可达5～10年或更长时间，随着服务化系统架构更多变，企业架构需要不断应对业务和技术的变化，在动态变化中寻找平衡。

2.1.4.3　集成范围越来越大，分布式生产关系趋势渐显

从21世纪80年代企业通过系统集成消除数据孤岛到2000年初以服务为中心的体系架构（Service Oriented Architecture，SOA）通过服务的交互来打通企业的IT资源，帮助企业IT部门将老旧且不灵活的系统集成起来，提升可重用的功能或数据利用价值；再到2020年左右提出的跨企业间系统集成形成产业互联网，集成范围越来越广，从最初的企业内部数据集成逐步发展到以产业场景为中心的业务、技术、数据各层面全面互联和集成。因为集成范围变大、集成技术更复杂、集成后稳定性和扩展性要求更高，企业关注点逐渐从技术集成向数据集成转变，多数头部企业逐步通过平台化支撑生态的建立，形成由多个具有对等地位的商业利益共同体所建立的新型分布式生产关系。

2.1.4.4　在线化和数字化驱动的平台化趋势明显

移动互联网驱动企业在线化和数字化的发展，推动企业沟通在线、协同在线、业务现在线、生态在线，因为在线所以历史行为会被记录，在线让数据的价值体现变得非常容易。随着产业互联网和生态在线的发展，企业协同形成平台生态。平台生态的首要目标是匹配用户，通过产品、服务为所有参与者创造价值。因为平台生态的参与主体的需求千变万化，我们需要将平台化软件可变

和可复用部分分离，通过可组合业务理念，帮助企业驾驭对业务韧性和增长至关重要的变化，专注于自己的核心业务发展。

2.1.4.5 云原生

2022 年 1 月 Gartner 发布的《2022 年重要战略技术趋势》预测到 2025 年，云原生平台将成为 95% 以上新数字项目的基础，远高于 2021 年 40% 的比例。云原生基础架构是运行云原生应用的必要条件。云原生应用运用云计算的核心能力，为面向客户的快速流动、促销场景、高并发场景等提供可扩展的 IT 能力，从而加快业务交付速度并降低运营成本。但从另一个角度看，如果没有正确的设计和实践来管理基础架构，再好的云原生应用也可能被浪费，因此云原生应用应与企业架构相结合以使其价值最大化。

2.1.4.6 从支撑功能建设向能力打造方向发展

随着外部环境对企业产生的影响，在面对不确定的未来，IT 建设预算被不断削减，同时企业也比以往更加审慎地评估 IT 系统和应用系统投资组合。在这样的背景下，过去基于单独业务场景或 IT 系统痛点而发起的功能完善型项目，正随着业务变化而逐步被替代或停止使用，如此重复建设，未真正积累起可迭代能力，这将面临更多挑战。因此，企业可通过建立能力组件库，基于匹配业务需要的能力组件检索、评估、应用、反馈的正向循环，进而实现业务能力 PaaS 化。未来，通过业务和技术融合的方式构建可迭代的能力，通过平台化弹性支持业务迭代将成为趋势。

2.1.5 企业架构规划方法

企业架构是一套成熟的方法论，从整体视角帮助企业识别架构利益相关者并让其参与进来，帮助确定关键问题，以便与业务、市场战略一致，并被广泛运用于企业战略目标的分解、企业架构的基线建立。

2.1.5.1 企业架构规划的 5 个阶段

企业架构提供了系统化、条理安排企业信息化建设工作的指导方法。企业架构规划从启动到落地大致可以分为 5 个阶段（如图 2-5 所示）。

启动准备	规划范围确认	规划目标	企业架构规划原则	规划团队及组织保障体系	可调配预算评估
现状分析	战略及价值主张	行业调研	同业最佳实践整理		现状分析
业务规划	业务战略及方向	业务价值链	业务领域及组件		差距分析及转型举措
IT蓝图规划	IT 战略	应用和数据架构	技术和安全架构		集成架构
实施规划	项目群和项目依赖	阶段实施和价值评估	架构演进路线		年度工作计划

图 2-5　企业架构规划的 5 个阶段

- 启动准备阶段：该阶段主要确认规划范围、规划目标、规划应遵循的原则、规划团队及组织保障体系、可调配的预算。
- 现状分析阶段：该阶段主要以企业战略和价值主张为指导，对外分析打破竞争平衡的驱动因素、新进入者、监管环境的变化以及竞争激烈程度，形成行业调研报告和同业最佳实践案例，对内厘清企业内部业务和 IT 建设现状，形成企业架构基线。
- 业务规划阶段：该阶段主要确认业务战略及方向、分析业务价值链、构建业务模型、设计业务组件、分析业务现状与业务目标的差距，分析与同业的差距，并围绕差距重点解决。
- IT 蓝图规划阶段：该阶段基于企业战略和业务战略制定与之匹配的 IT 战略，基于清晰的 IT 战略和现状评估进行应用架构、数据架构、技术架构、安全架构、集成架构规划，形成企业架构 IT 蓝图总体规划。
- 实施规划阶段：该阶段建立在前期已对现状分析和 IT 蓝图规划的基础上，

依据对业务需求的支撑能力和总体实施原则，定义未来实施项目。实施规划是将联系紧密、提供同一或相近业务的多个项目划分为项目群，分析项目间依赖关系，并基于此划分前期急用先行奠定基础、中期整合提升完善布局、远期全面发展3个实施阶段。当然，分阶段实施不是独立的竖井式建设，需要从现有基线过渡到未来目标蓝图架构。实施阶段最重要的是基于阶段实施计划、年度费用预算等，明确各年度需要启动的项目，以及项目实施周期和目标结束时间等。

2.1.5.2　企业架构规划需与企业成熟度匹配

虽然有企业架构方法论和框架的指导，但企业进行企业架构规划不总是那么顺利。我们在进行企业架构规划时经常能听到一些对企业架构的疑惑，如：如何将各种理论和框架变成适合自身的一套可落地的方法？简单地说，企业架构就是把企业价值创造模式从不同视角进固化。然而，企业的业务模式通常是动态变化的，随时可能进行调整，所以在进行企业架构规划时，不能将其视为一个项目或一项工作来完成，而应将其作为能力培养并逐步迭代优化。因此，规划企业架构时，我们需要根据企业成熟度和具体场景进行调整，根据企业成熟度（如图2-6所示）确定企业架构成熟度目标，根据不同的目标确定采用的工具和采取的行动。

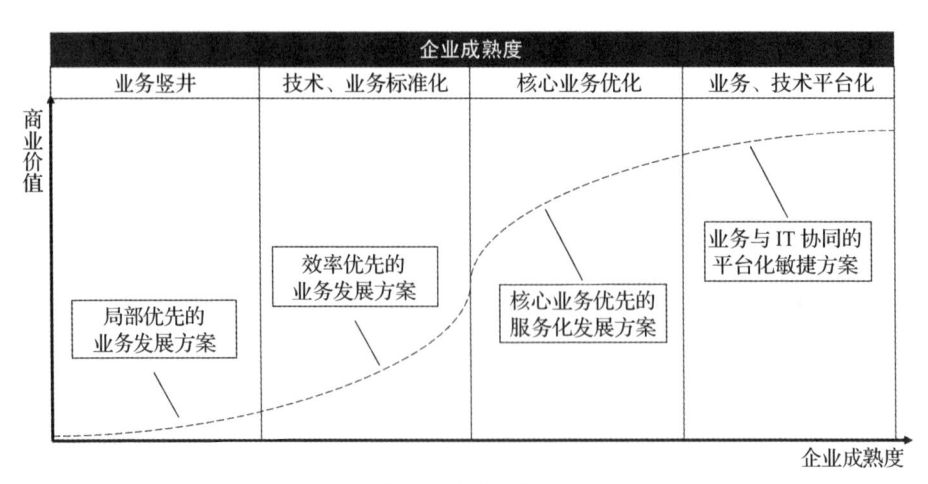

图 2-6　企业成熟度

在建设初期，为了快速展业，企业更多采用局部优先的业务发展战略，采用核心骨干主导采购成熟的商业套件方式，补齐业务团队内部人员能力不足，但也因此产生了很多竖井式IT项目。随着业务初具规模，企业关键IT能力基本建设完成，进入以业务流程标准化、IT技术栈和组件标准化为主要任务，以降本增效为先的IT建设阶段。随着业务流程和IT技术栈标准化的推进，企业业务和IT团队能力得到了进一步提升，企业战略也进一步聚焦，这时进入以产品标准化和技术服务化为主的核心业务优化阶段。大多数传统企业将在此阶段停留很长时间，仅有少部分企业因为战略清晰、文化和组织能力足以支撑战略落地，进入业务和IT能力有效协同的业务和技术平台化阶段。处于该阶段的企业以能力平台化实现业务敏捷，通过开放平台对上下游赋能，引进外部场景能力，进而形成开放的平台生态。

在企业架构规划过程中，我们要考虑企业架构成熟度与业务敏捷相关性（如图2-7所示）。在企业成立初期，业务方向还未最终确定，局部敏捷优先级高于架构标准化，随着企业业务流程标准化和技术标准化等达到一定程度，才能过渡到企业架构成熟度优先。笔者曾参与某数字银行事业部业务从0到1的建设，在业务初期，因为产品需求个性化程度高，更重要的是需要快速通过市场验证产品线是否成立，所以这个阶段最主要的任务就是用尽量短的时间验证所做的事是否正确，而不是怎么把这件事做对。其间作为一个企业架构师是纠结的，一方面如果没有积累正确做事的流程制定、机制制定、平台构建等能力，就很难很快验证；另一方面业务紧急，经常基于厂商的成熟套件支撑产品快速上线，导致产生很多竖井式应用，系统集成、后续维护及平台整合困难重重。这种模式明显不可持续。面对这样两难的境地，笔者并没有放弃企业架构规划和设计，而是做了一个从0到1建设一家数字化零售银行规划（如图2-8所示），之后深入一线，与产品、研发、运营等团队将企业架构设计的一些原则和能力建设融入项目建设，避免竖井式建设应用，同时基于业务组件模型梳理组织能力、业务组件、IT组件，画出热力图，在潜移默化中增强同事对企业架构的了解，影响业务方和IT部门领导并逐步获得支持。因为唯有了解才会关心，唯有关心才会行动，唯有行动才有希望。

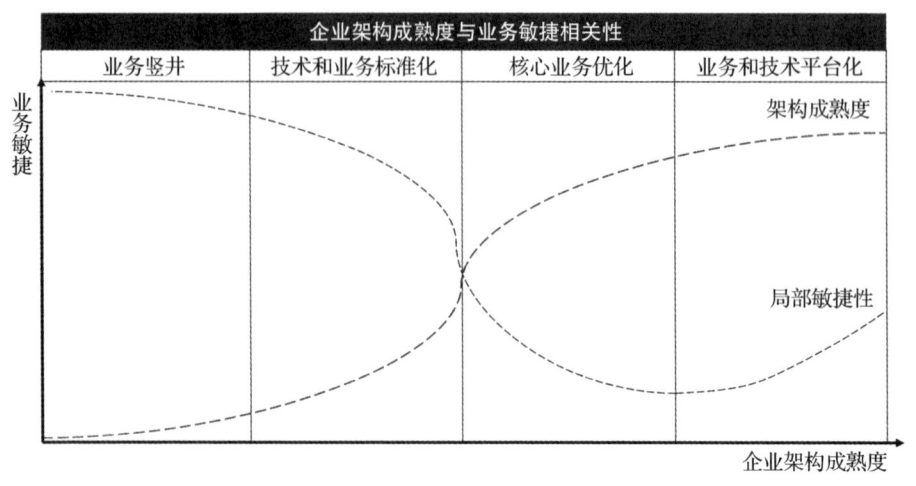

图 2-7 企业架构成熟度与业务敏捷相关性

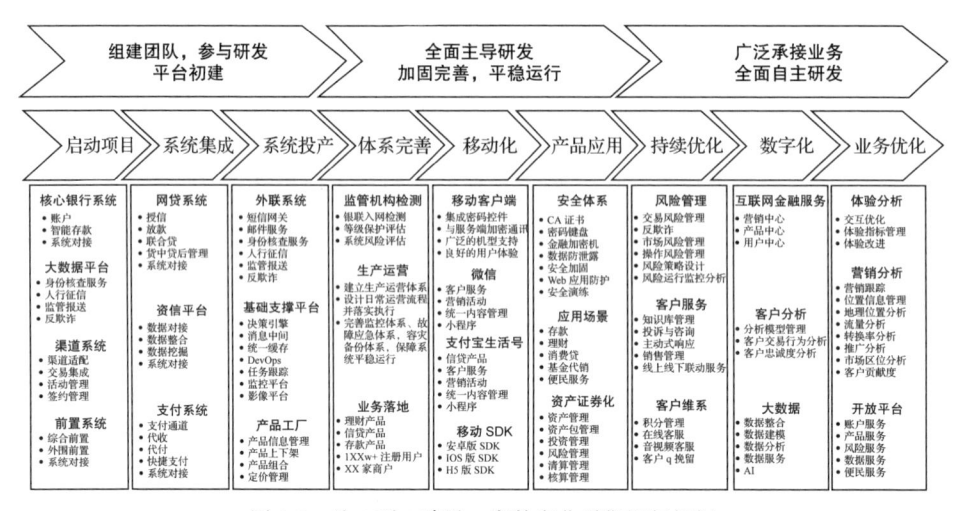

图 2-8 从 0 到 1 建设一家数字化零售银行规划

2.1.5.3 企业架构规划需要以企业级建模方法为指导

成熟企业的架构规划更加完整，一方面因为自身团队积累了大量业务和技术实践经验，另一方面因为有更多的资源投入。比如建设银行从自身愿景和战略出发，通过企业级建模方法进行顶层设计（如图 2-9 所示），基于业务需求设计流程模型、数据模型、产品模型、体验模型，基于整体架构和相关模型重塑每个子渠道的服务流程、产品发布与投放标准、客户体验标准、数据共享标准，基于标准化、结构化的方法描述银行业务流程、数据与产品全貌，统一渠道用户体验标准，奠定了流程再造与革新的基础，从根本上改变过去部门主导业务需求、竖井式系统设计所导致的业务运营效率不高、界面风格迥异、客户体验差等问题。

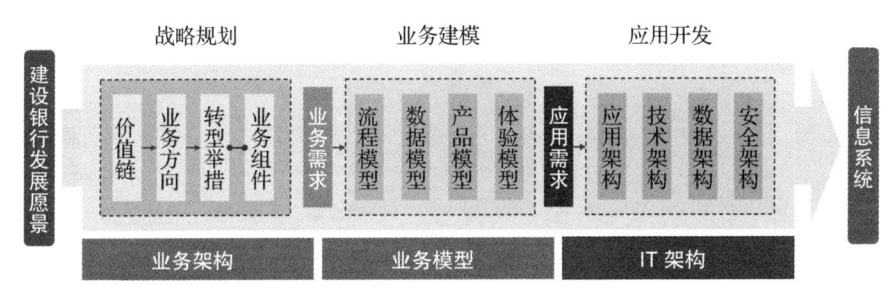

图 2-9　以企业级建模实现企业架构规划——基于《建设银行打造新一代智慧银行》整理

从上面的案例可以看出，根据企业成熟度确定企业架构成熟度目标的重要性，在进行企业架构规划时，需要基于企业架构成熟度模型（Enterprise Architecture Maturity Model，EAMM）对企业架构的现状进行分析，并评估企业架构成熟度，进而提出有效的企业架构规划，协助企业进入下一个企业架构成熟度阶段。常用的企业架构成熟度模型包括 GAO、E2AMM、NASICO 以及 OSIMM。

2.2　企业战略设计方法论

战略管理的三大问题是：我是谁？到哪去？如何去？战略管理的原则是沿着组织的层级自上而下，通过团队的努力将企业的目标和战略统一起来（如图 2-10 所示）。使命重在描述企业为什么存在，为企业相关人员提供方向指导，为组织决策提供依据。愿景重在描述我们希望的是什么，定义现在或未来一定时期内企业的业务构成，描绘出长期路径并以一种令人激动和鼓舞人心的方式表达出来，为相关人员提供指导。战略是列出的一系列举措和选择，随着市场分析、消费者洞察和实践经验而不断完善。战略解码是对战略的诠释，使企业上下聚焦、左右对齐。组织目标与行动方案决定一个团队要做什么，涉及制定作战地图、指标。员工个人目标是根据组织目标与行动方案确定个人需要做什么。

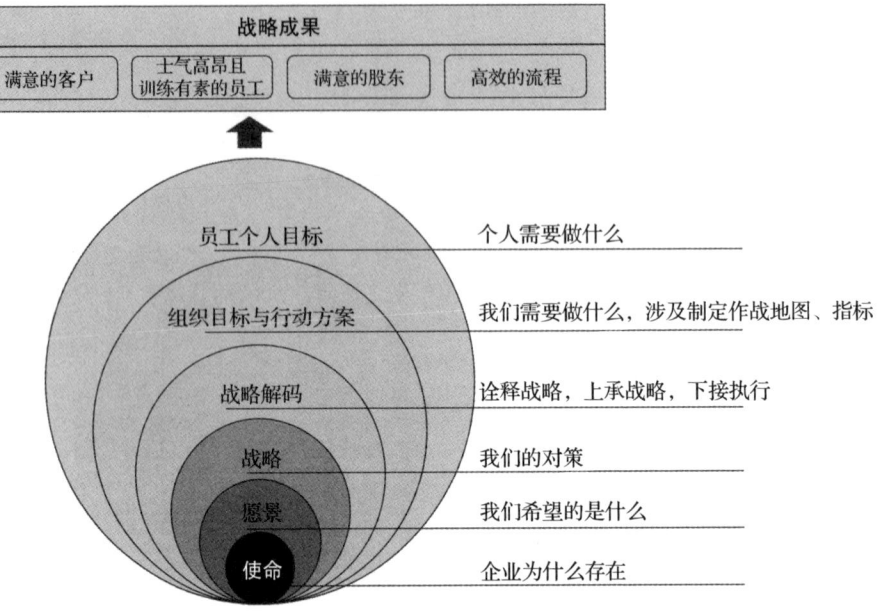

图 2-10 战略成功的关键要素

2.2.1 使命、愿景和战略

战略在企业管理范畴中并没有统一的定义，被广泛接受的是明茨伯格归纳总结出的"五 P"定义。这五个 P 从不同角度对战略进行了充分阐述。

- 战略是一种计划（Plan），强调企业管理人员在有意识、正式地进行领导，有预计的行动程序，计划在先，行动在后。
- 战略是一种计策（Ploy），强调战略是威胁和战胜竞争者的计谋和谋略，以及为威胁或击败竞争对手而采取的一种手段，重在达到预期竞争目的。
- 战略是一种模式（Pattern），强调战略重在行动，明确企业已经做什么和正在做什么。
- 战略是一种定位（Position），强调企业应当适应外部环境，找到一个有利于自己生存与发展的位置，着力形成一个产品和市场的"生长圈"。

- 战略是一种观念（Perspective），强调战略是人们思维的产物，是深藏于企业内部、企业主要领导者头脑中的战略过程的集体意识，要求企业成员共享战略观念，形成一致的行动。

业务战略和IT战略是企业战略中最重要的组成部分。业务战略制定的依据是企业的使命、愿景。使命与愿景就是把空想、梦想、理想当成目标（如图2-11所示），在上下一心实现梦想的过程中，推动企业飞速发展。业务战略的制定涉及竞争对手的新举措、产业的本量利经济属性的变化、顾客需求的变化和期望、新的技术发展、市场增长的步伐。

图 2-11　使命与愿景

IT战略主要是站在IT建设视角看待信息化建设如何促进企业战略和业务战略的实现。IT战略的目标是针对企业转型，聚焦面向客户的数字化创新战略实施，通过进一步整合集中、持续优化，建成行业领先的IT技术体系与专业化的IT管控体系，形成与企业战略相适应的数字化能力，支撑企业信息共享、高效运营，实现企业数字化与企业运营模式的有机融合，将企业IT建设作为企业的核心竞争力之一，有效支撑企业战略的实现。

IT战略规划是指在企业发展战略目标的指导下，通过诊断、分析、评估企业业务发展和数字化建设现状，优化企业的管理模式和业务流程，结合所属行业在数字化方面的实践经验和对最新数字化技术发展趋势的理解，提出企业IT战略蓝图，制定企业信息系统架构，确定信息系统各部分的逻辑关系，以及具体信息系统的业务能力、功能。

随着数字经济时代的来临，特别是金融科技、云计算、大数据、社交网络的出现，对传统金融服务模式产生了深远影响，IT技术也被视为企业战略实现和企业创新发展的核心竞争力，一方面业务需求驱动IT技术的更新换代；另一方面通过IT技术和数字化技术提升业务能力。业务战略和IT战略作为企业战略的核心，只有并驾齐驱，相互依托，相互融合，才能促进企业的发展。

2.2.2 战略框架

2.2.2.1 五种通用战略框架

HBR的一篇新文章概述了近年来战略框架的迅速发展，如表2-2所示。可见，我们并非缺少制定战略的有效方法，根本问题在于不能有效针对愈发多变的商业环境选择合适的战略。

表2-2 历年战略框架发展

年份	战略框架代表	年份	战略框架代表
1958	Ansoft 矩阵	1993	生态系统战略
1962	创新传播 情景规划 战略与结构	1999	持续战略过程 德拉模型 数字战略 动态策略 利润模式
1979	波特五力模型	2015	硬球战略 战略地图 价值创新
1982	麦肯锡"7S"管理模式	2009	商业模式创新 没有设计的战略
1986	渗透率曲线 S-Curve 模型 六西格玛	2013	算法策略 瞬态竞争优势
1992	大规模定制		

商业环境在3个容易辨别的维度上有所不同：不可预测性（企业是否能预测未来商业环境变化趋势）、可塑性（企业是否能单独或与其他企业合作重塑商业环境）和严苛性（企业是否能生存下来）。这些维度组合成一个矩阵可揭示5个

不同的商业环境（如图 2-12 所示），每个商业环境都需要不同的应对策略。

- 经典型：商业环境能够预测且无法改变，需要在做大规模过程中沉淀关键能力。
- 适应型：商业环境无法预测且无法改变，要通过提高适应速度获得暂时优势。
- 愿景型：商业环境能够预测且能够改变，要成为行业第一获得领先优势。
- 塑造型：商业环境不能预测且能够改变，要通过协同和平台支撑成为生态建设的促进者。
- 重塑型：企业资源严重缺乏，要节省资源并寻求持续发展的办法和转型的机会。

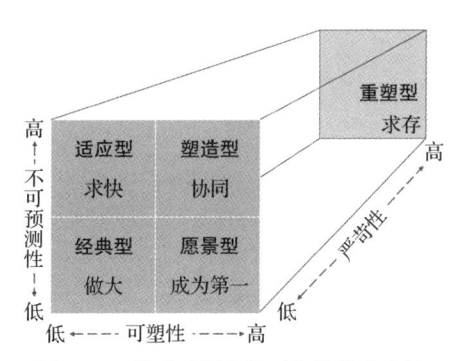

图 2-12 针对不同商业环境的策略选择

2.2.2.2 制定分层战略，上下聚焦，左右对齐

战略制定需要组织的各个层级都参与其中，可以自上而下，但要避免成为少数人拍板的精英战略。自上而下制定战略容易做成精美的 PPT 汇报，流于形式或过分强调工具和模型框架，大部分人缺少参与感，仅作为战略的执行者。因此，建议采用民主集中的方式进行战略制定，实现上下战略聚焦、左右执行目标对齐，进而有效协同，最终达成战略目标（如图 2-13 所示）。企业级战略主要由企业管理层牵头制定，主要包括战略目标（应该做什么业务或退出哪些存量业务，在资源有限的情况下如何投注）、实现目标的计划和关键行动（怎么管理和运营这些业务，各业务的优先发展顺序）、组织架构和人员配备（为了保证战略可落地和业务发展而采取的措施）等。业务战略主要由业务部门总经理牵头制

定，主要包括对总体战略的支撑、市场/行业/竞争对手分析（在哪类市场发展业务）、差异化实施举措（通过何种途径发展业务）、产品和服务竞争举措（采取什么措施促成业务发展）、关键业务的度量指标（如何衡量业务的发展阶段及是否正常发展）、业务保障计划（如何保证业务正常发展）等。职能战略主要由职能部门或事业部领导牵头制定，主要包括对总体战略和业务战略的支撑、本组织职能战略目标、本组织职能岗核心工作、本组织职能政策等。经营和运营战略主要由分公司领导或更底层主管牵头制定，主要包括对总体战略和业务战略的支撑、职能战略的履行，基于经营目标，通过转型、渠道优化、业务组合等突破发展瓶颈，实现数字化运营和降本增效等。

图 2-13　上下战略聚焦、左右执行目标对齐的分层战略制定

2.2.3　战略规划流程

战略规划的关键流程为识别变化、定义核心问题、发现问题本质形成战略判断、找到杠杆解、构思战略、明确战略规划达成方案，最终构建解决问题的能力和流程（如图 2-14 所示）。

- 在愿景和使命的指引下，根据企业发展现状对内部资源和能力进行评估，对外部环境、行业结构进行分析，当然分析内外部环境是手段，目的是通过识别内外部变化确定企业未来 3~5 年中长期发展目标。

- 基于未来 3~5 年的战略展望圈定目标范围并聚焦核心问题，基于第一性原理挖掘问题本质形成基本的战略定位，以及为支持战略定位而设计财务目标。
- 基于战略定位进行战略和战术的选择，并制定 3~5 个必赢之战。
- 基于战略选择进行战略实施设计，如整体业务模式设计、客户细分与客户定位设计、产品和服务设计、渠道与合作伙伴选择、支撑体系与能力要求设计、基于资源和业务能力建设目标进行组织架构调整、基于必赢之战和财务目标设计预算决策及奖励机制、打造支撑战略实现的文化、行使战略领导权利等。
- 如果不能衡量，就无法管理，因此需要设计战略评价体系，具体为根据企业未来几年的战略与展望，与项目战略进行对比，制定考核指标，以便考察目标完成情况，并通过定期复盘监测结果、调整战略。

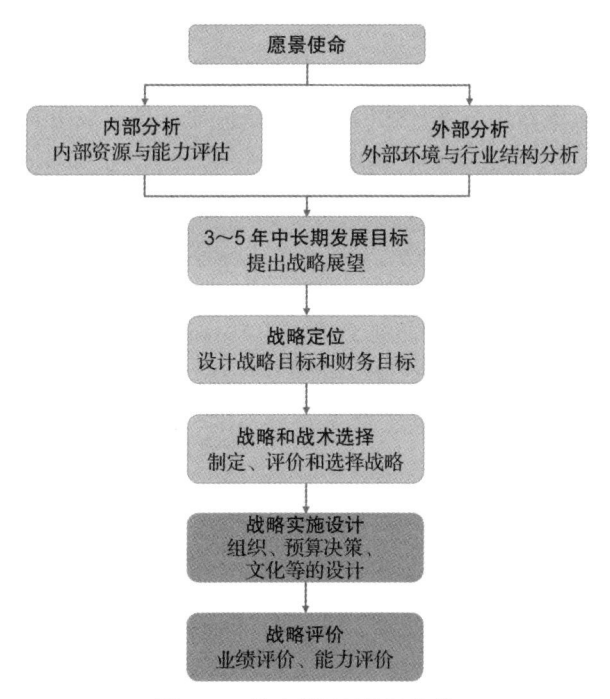

图 2-14 战略规划的关键流程

2.3 企业架构框架

中国企业在过去二三十年的信息化建设过程中培养了大量需求分析师或懂应用

架构和技术架构的系统架构师，但真正能从 0 到 1 搭建企业架构的架构师很少，而既懂业务又懂技术和数据，能基于数字化转型背景根据需求轻重缓急来规划企业建设蓝图并指导实施项目建设的企业架构师就更少了。企业不能仅依赖外部专家和外脑通过抄作业来构建企业架构，要通过内部团队梳理组织现状和能够支持的资源，找到一种适合自己的企业框架进行企业架构规划。企业架构框架在标准化方面发挥了重要作用，可以降低架构开发风险。企业架构框架提供最佳的实践框架，是一个以提升价值为目的，并使组织快速应对业务问题、可行且经济的解决方案。

2.3.1 TOGAF 企业架构框架

银行业大量应用 TOGAF 企业架构框架进行企业架构规划，因为 TOGAF 提供方法和工具，有助于使用者增强对企业架构的认可、构建、使用和维护。TOGAF 是基于众多最佳实践迭代的过程模型，是一套可复用的现有架构资产。TOGAF 10 标准的内容如图 2-15 所示。

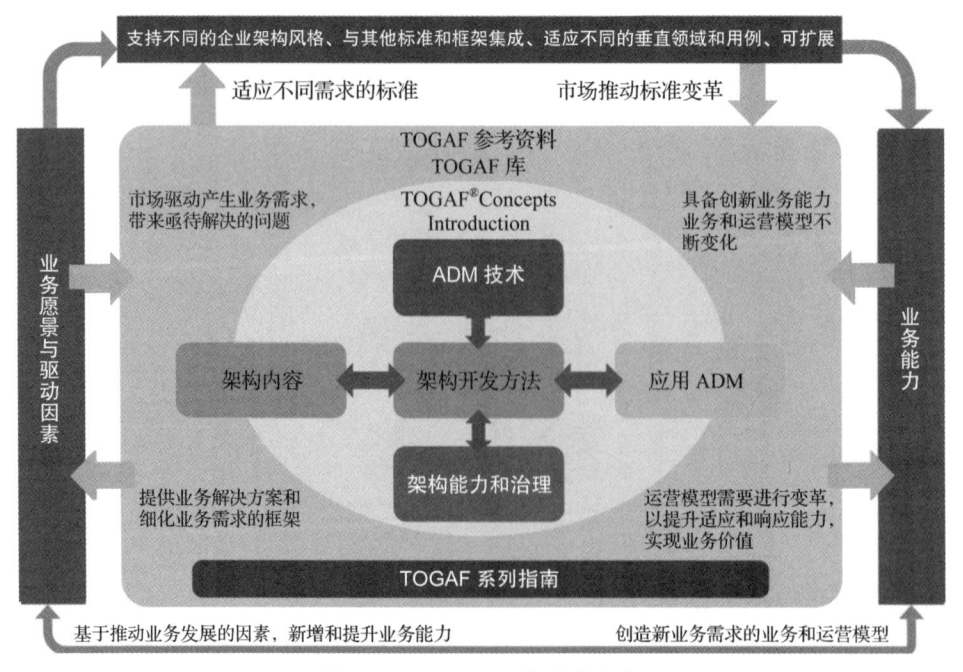

图 2-15 TOGAF 10 标准的内容

ADM 提供用于架构开发的经过测试、可复用的流程，包括建立架构框架、开发架构内容、架构转换及对架构实现进行管控。所有这些活动均在一个连续的架构定义与迭代周期内实施，使得组织能以一种可控的方式实施转型，以完成业务目标，如图 2-16 所示。

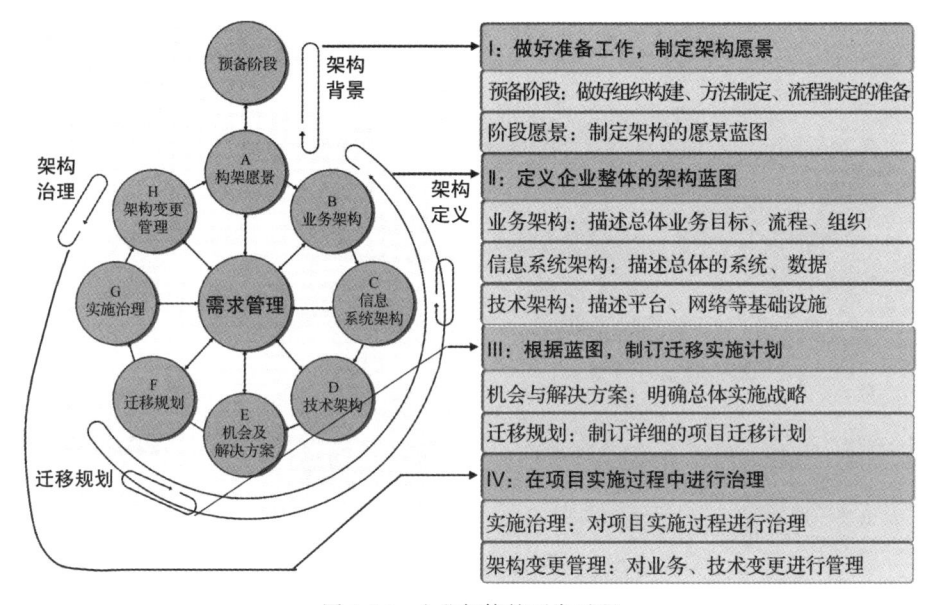

图 2-16 企业架构的开发过程

架构师在开发特定架构时可利用企业连续统一体系和架构存储库中所有相关架构资源和资产。在这种情况下，TOGAF 中的 ADM 可以被视为描述了一个流程生命周期。该流程在组织内的多个层级中运行，在整体治理框架内运行并产生驻留在架构存储库中的对齐输出，如图 2-17 所示。

架构存储库中的主要组件如下。

- 架构元模型：描述了架构框架的组织定制应用，包括一个架构内容元模型。
- 架构景观：在特定时间点部署在运营企业内的架构资产的表现形式，这种全景很可能存在于符合不同架构目标的多级抽象中。
- 标准库：提供了新架构必须遵守的标准，其中可能包括国际标准、供应商提供的产品和服务、组织内已部署的共享服务。

- 参考资料库：提供了指导方针、成果物模板、参考模式等资料，以加速企业架构的构建。
- 治理存储库：记录了整个企业的治理活动。
- 架构需求存储库：提供了架构委员会认可的所有授权架构需求的视图。
- 解决方案景观：提供了解决方案构建块（SBB）的架构表现形式，支持企业规划或部署。

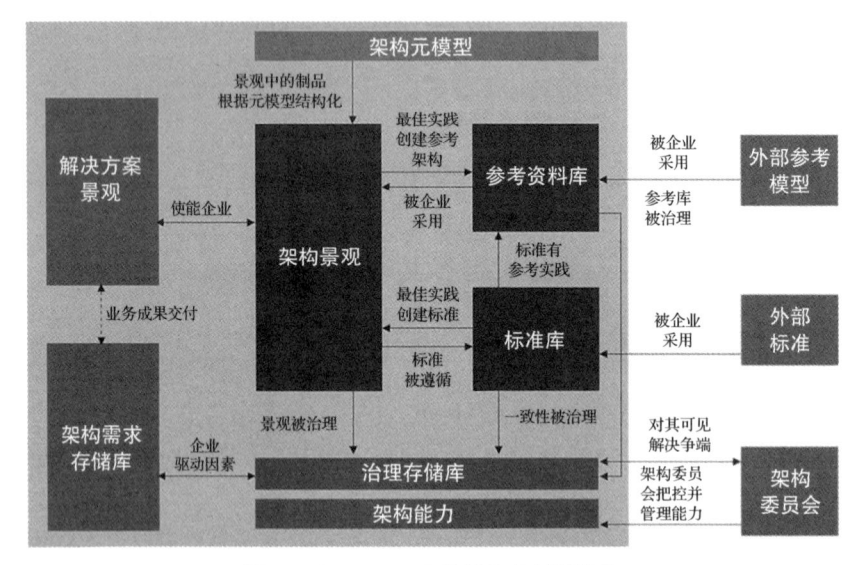

图 2-17 TOGAF 中的架构存储库结构

为了在企业中有效实施架构活动，我们有必要通过组织结构、角色、职责、技能和过程构建适当的业务能力。TOGAF 架构框架的业务能力如图 2-18 所示。

2.3.2 SOA 框架

面向服务的架构（Service Oriented Architecture，SOA）从诞生到现在已有 10 多年历史，其服务化技术和工程化体系也在不断演进。从集成架构视角看，SOA 是从最初应用级的服务生命周期管理，到企业级的 API 和流程集成，再到产业级的多企业间 API 和流程集成（如图 2-19 所示）。

第 2 章 企业架构方法论

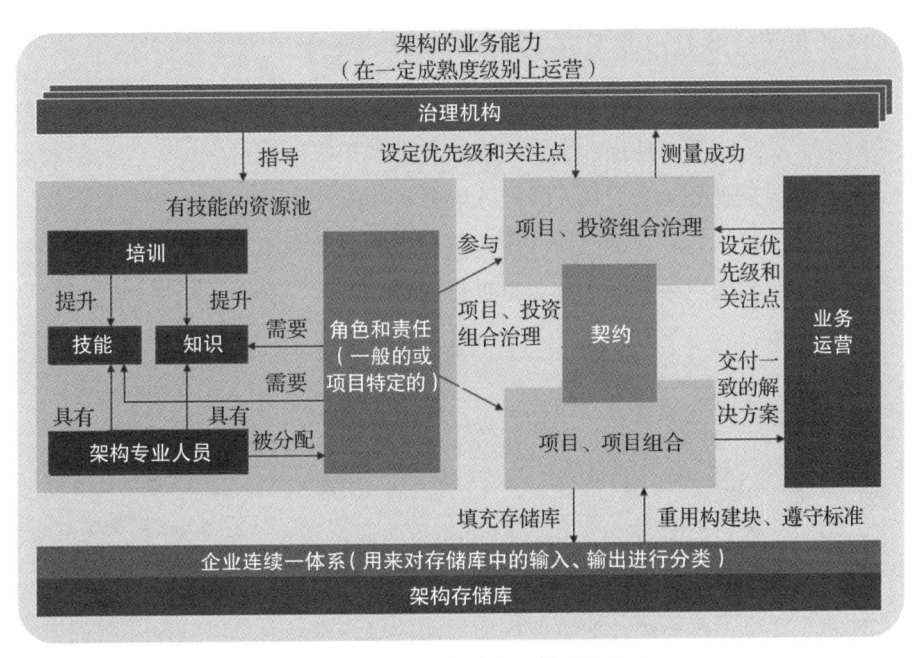

图 2-18 TOGAF 架构框架的业务能力

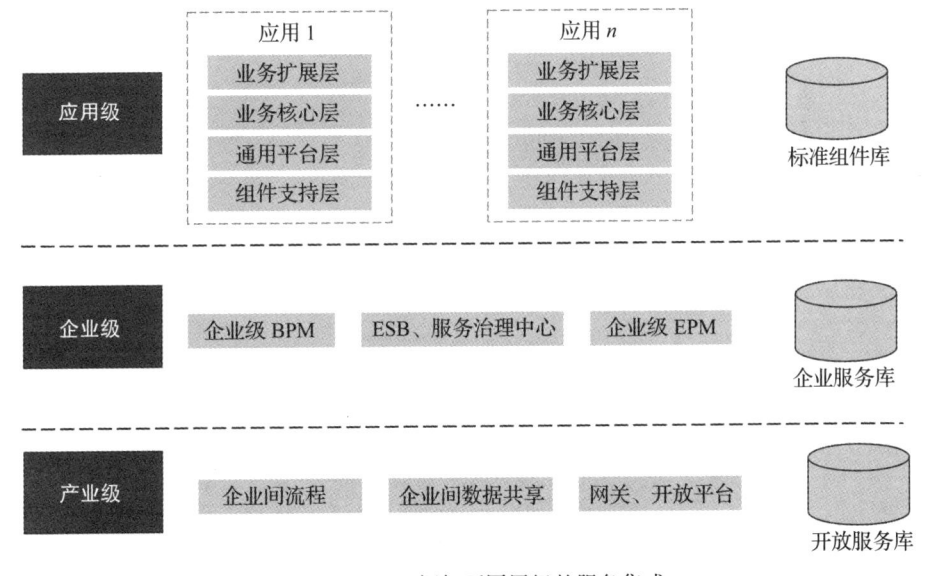

图 2-19 SOA 框架不同层级的服务集成

SOA 框架层次与 TOGAF 企业架构框架层次映射关系如图 2-20 所示。

071

SOA 框架的第 1~4 层对应 TOGAF 的应用架构。

- 第 1 层由运行的存量基础应用组成，这些存量基础应用可被服务组件层调用。
- 第 2 层是服务组件层，负责实现功能和维护服务质量。
- 第 3 层是服务（原子服务和服务组合）所在的位置，支持通过注册中心实现服务提供方的自动注册和服务消费方的自动调用。
- 第 4 层实现对第 3 层中的服务进行编排。

SOA 框架的第 5 层对应 TOGAF 的业务架构。

- 第 5 层为服务消费方，包括渠道、B2B 及其他业务。

SOA 框架的第 6、7 层对应 TOGAF 的技术架构。

- 第 6 层通过智能路由、协议中介和其他通常被称为企业服务总线的转换机制实现服务集成。
- 第 7 层提供维护服务质量所需的功能，包括服务安全、监控管理。

SOA 框架的第 8 层对应 TOGAF 的数据架构。

- 第 8 层为 SOA 中的其他层提供了数据架构和商业智能（如果适用）的考虑因素。

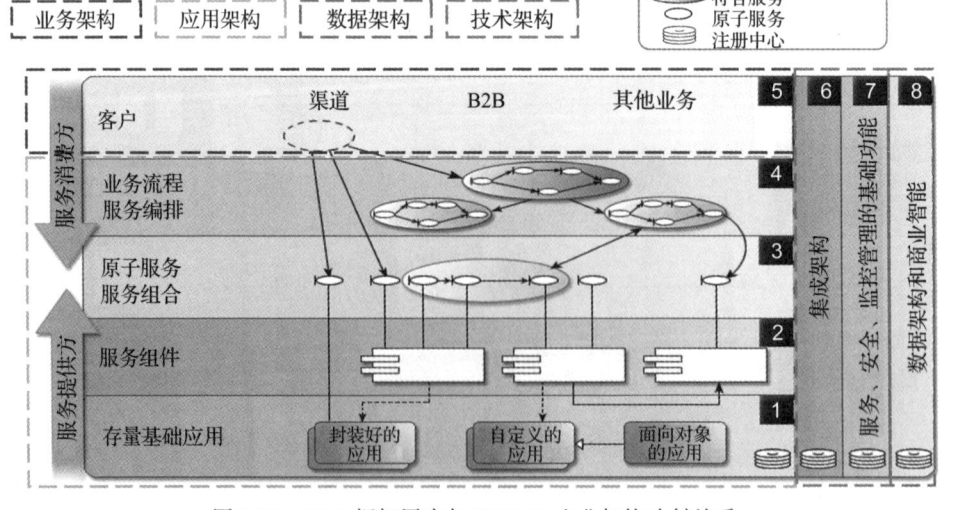

图 2-20　SOA 框架层次与 TOGAF 企业架构映射关系

在 SOA 框架层次的基础上进一步细化，我们可以看到从业务层到 IT 层的抽象关系，如图 2-21 所示。

- 在业务层：业务的划分，需要一系列功能来支持。
- 在业务和 IT 融合层：功能分散于各子系统中，形成功能内聚。每个子系统代表一种机制，定义了内聚服务组件集的边界。子系统弥合了业务（由功能区域定义）和 IT（由服务组件实现）之间的差距。
- 在 IT 层：服务组件不仅提供了子系统所需功能的抽象行为，还提供了子系统协作和相互依赖的契约。服务组件是企业级资产。通常，服务组件是封装了许多功能组件和技术组件的大粒度单元，并且可能依赖外部其他服务组件。

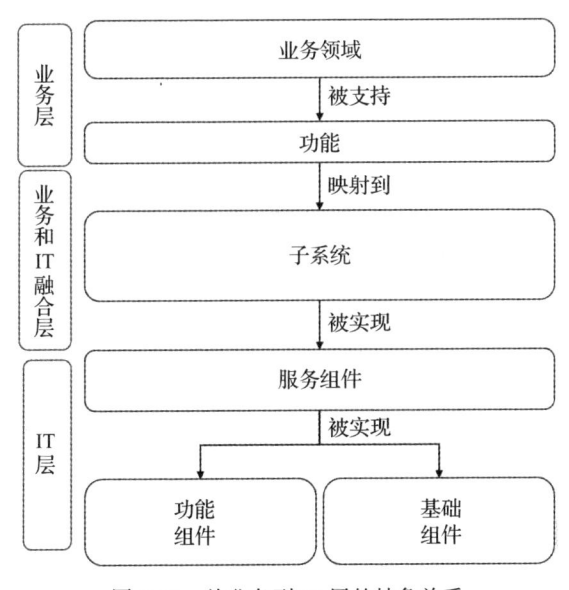

图 2-21 从业务到 IT 层的抽象关系

2.3.3 其他企业架构框架

银行业还会采用 BIAN 架构框架。BIAN 架构框架是一套综合模型，涵盖银行及其他金融服务机构使用的业务功能、业务场景、服务领域和业务对象。这里不做过多展开。企业架构框架还有 Zachman、FEAF、FEA、DoDAF、Etom 等。因为企业架构框架是高度抽象的方法论，所以我们在实施企业架构规划过程中要学会变通，而不是照搬照抄，要通过不断研究和深化构建适合自己的企业架构。

2.4 业务架构规划

业务架构是从企业业务视角扩展企业治理结构、业务语义和价值流的蓝图。通过企业级建模方法进行顶层设计，业务架构从能力、治理结构、业务流程和信息流等方面阐明了企业的结构。业务战略描述了"为什么"，解答了如何创造价值，如何实现业务增长等方向性问题；业务架构描述了支撑业务战略的执行能力、业务流程等，是组织"如何做"的指引；业务能力描述了组织"做什么"，构建从战略到执行的通路，可从根本上解决过去部门主导业务需求、竖井式系统设计所导致的业务运营效率低、界面风格迥异、客户体验差等问题，如图 2-22 所示。

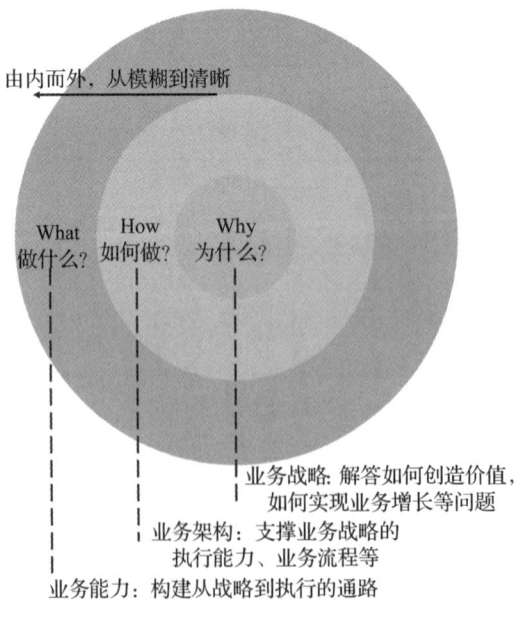

图 2-22　业务架构

2.4.1 业务架构规划框架

业务架构（Business Architecture，BA）是对企业如何利用其基本能力来实现战略意图和目标的正式蓝图。业务架构在定义企业架构时涉及客户、财务和市场，以使战略目标和有关产品（和服务）、合作伙伴（和供应商）、组织、能力和关键举措的决策保持一致。被验证的业务架构框架可以更好地指导业务架构规划。业务架构框架由业务架构概念模型、业务架构方法论、业务架构工具、业务架构模型组成（如图 2-23 所示），在需求和各种约束下形成端到端的解决方案。

- 业务架构概念模型是一种元模型或建模语言模型，提供完全或部分覆盖企业业务的建模结构。业务架构概念模型的核心可以在业务能力和高级业务流程模型中呈现，以业务目标和战略作为输入，以 IT 战略和应用程序组合内容作为输出，目的在于构造应用于真实企业环境的业务架构模型（即概念模型的实例）。
- 业务架构方法论描述了业务架构模型设计及使用的技术。业务架构方法论从企业业务视角构建了企业级业务架构、要执行的活动、设计原则、最佳实践、参考模型和用例场景等。
- 业务架构工具描述了业务架构构建过程中所需的工具。这些工具提供业务架构开发、可视化分析和模拟业务架构等功能。
- 业务架构模型是一种概念工具，包含一组业务元素及其关系。

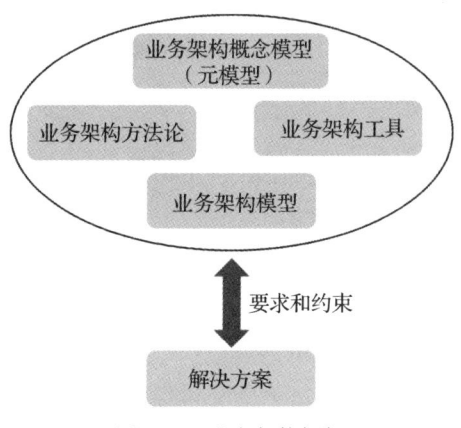

图 2-23 业务架构框架

2.4.2 业务架构全景图

业务架构全景图是快速理解业务运作方式的重要工具。在规划业务架构时，我们需要一个业务架构全景图（如图 2-24 所示）做指引。业务架构规划涉及企业业务建模、分析和设计。业务架构包括企业运营环境、提供的产品和服务、利益相关者、价值链、业务功能、流程和组织结构等。在规划业务架构时，我们还需要考虑成本、风险和质量问题。在企业数字化转型过程中，我们还需要考虑如何成功实现业务转型，以迎接挑战和机遇，并将战略思维传达到业务的实施和运营层面。业务架构构建步骤如下。

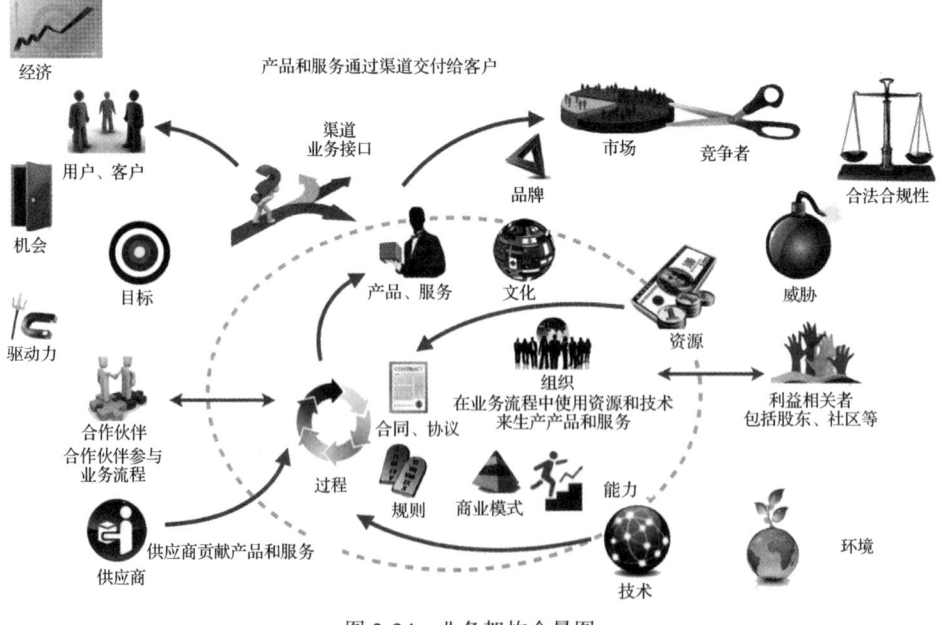

图 2-24 业务架构全景图

- 第一步：以战略目标为出发点，分析目标用户（或客户）、经济环境、可能的市场机会，以及我们做这件事的驱动力是否足够。
- 第二步：基于对目标和市场的理解设计产品和服务。
- 第三步：产品和服务是通过渠道交付给客户的，所以需要分析可触达客户的渠道和业务接口。

- 第四步：分析市场、竞争者、潜在的替代者等，进行市场拓展合法合规分析及品牌策略制定。
- 第五步：分析利益相关者并盘点可以调配的资源，分析组织和文化的支撑程度，分析当前企业的能力现状，预测技术趋势，基于以上分析进行商业模式设计。
- 第六步：如果要建立平台生态，我们还需要分析合作伙伴和供应商，设定合作的边界和规则。

业务架构全景规划最重要的是梳理清楚完整的业务流程和场景，进而规划需要具备哪些业务能力来支撑业务。

2.4.3 业务架构规划的 7 项关键工作

一个完整的业务架构规划实践应该包含以下 7 项关键工作。

1）确定业务目标、治理和参与模式。

业务架构在企业架构中的位置（如图 2-25 所示）决定了业务架构向上承接企业级数字化战略，向下细分满足应用架构、数据架构和技术架构的需求，各项内容协同统一，通过架构治理与转型规划不断迭代打造企业能力。

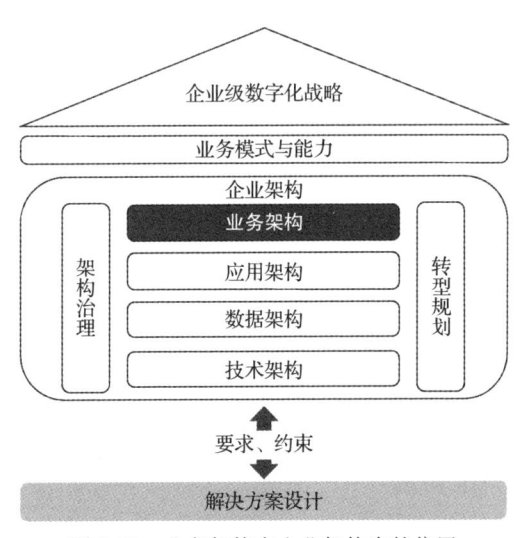

图 2-25 业务架构在企业架构中的位置

通过分析业务环境、梳理业务支撑现状、探索未来业务模式，并结合考虑战略、运营和技术，我们可规划出整体业务视图、明确业务目标（如图 2-26 所示）。

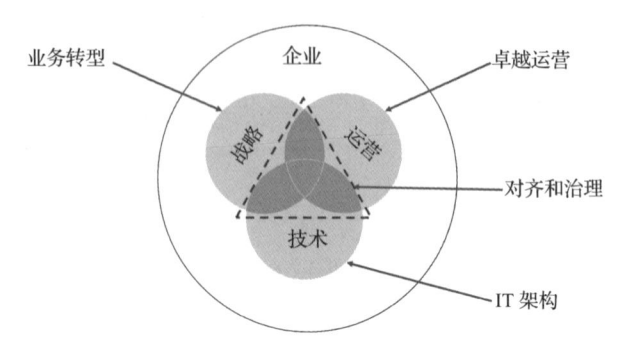

图 2-26　战略、运营和技术的整体视图

2）根据商定的治理结构部署团队。

在确定业务战略和业务目标后，我们就应部署能够支撑战略落地的团队，其中具有业务分析背景的业务架构团队应是横跨各业务领域的专家团队。业务架构团队应不受任何业务部门或特殊利益的约束，且独立于 IT 部门。业务架构师应紧密与各业务团队合作，并与 IT 部门的企业架构团队的应用架构师和数据架构师密切合作。

3）建立基础知识库。

建立业务架构知识库所需的存储库模板，以实现业务知识、业务模式、交易结构等成果物收集、聚合和分享。基础知识库可以帮助新员工更快地融入团队，更有效地帮助老员工完成新工作，让他们专注于自己的任务和真正重要的事情。

4）关注重点业务。

业务架构师能够结合外部环境、企业愿景、战略意图、战略重点等为业务转型或变革决策提供业务需求实现优先级的参考。企业的资源往往是有限的，因此聚焦重点业务进行投资布局是很重要的。

5）启动项目、沉淀知识库。

在做完以上前期准备工作后，我们就需要通过项目进行能力建设。在能力建设期间，业务架构师参与到项目中或主导完成解决方案设计，以传达架构目标并监督业务架构与企业架构目标的一致性，定期将业务知识、专业经验沉淀于知识库中，提升知识传播效率，让资讯在成员间高效流转，让思维碰撞和创新不断回馈到企业知识体系。

6）微调参与模型。

业务架构是原则驱动的，每个主要部分都有一套与各个业务相关的行动的指导原则。业务架构师通过与利益相关者互动、沟通，在维持战略目标不变的前提下，修订指导原则、最佳实践，进而优化业务架构模型和用例场景。

7）通过迭代项目细化工作。

因为业务架构是可迭代和可重用的，所以在项目实施过程中，我们应通过复盘等方式逐步迭代和完善业务架构最佳实践所需的组织文化和治理结构。

2.5 IT 架构规划

IT 架构规划是企业信息化的指导纲领，使 IT 建设与企业战略紧密结合。IT 架构规划建立在企业核心战略的基础上，要求对业务流程、需求及管理模式充分了解，最终目标是提升企业竞争力。IT 架构规划包含信息管理、应用架构、IT 基础架构和 IT 组织四个层面，可以明确 IT 投资方向，以可控的 IT 投资成本促进高水准 IT 基础设施建设，保障对业务和管理决策的支持，并能有效管控信息化有关风险。

2.5.1 IT 与业务的关系

近三年，银行业飞速发展，客户服务能力、创新能力不断提升，与此同时，银行 IT 建设经历了从无到有、从小到大、从单机到联网、从分散到集中、从集中到分布式之路。但与互联网头部平台从技术引领业务差异化过渡到以技术为核心逐步打造平台的核心竞争力（如图 2-27 所示）不同，银行因为资源禀赋、组织机制和文化等的限制大多数还处于技术与业务协同阶段，少数互联网银行走出一条技术引领业务差异化之路。

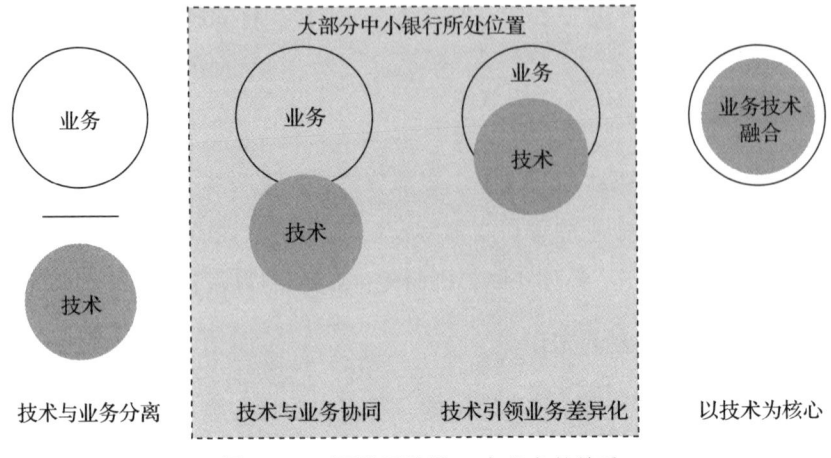

图 2-27　不同发展阶段 IT 与业务的关系

随着银行 IT 能力的提升，IT 系统支持银行业务经历了从手工处理过渡到电子化处理，从单机应用过渡到全国联网，从业务分散处理过渡到集中处理，从柜面人工服务为主过渡到离柜业务率超过 99% 的互联网金融之路。在快速发展过程中伴随有技术和业务融合的矛盾，如何有效地使业务与技术相互支撑受到管理层的高度关注。近几年，业务发展呈现以下趋势。

- 业务模式快速变化。
- 覆盖全国、全渠道用户。
- 快速响应用户需求。
- 个性化的产品和服务。
- 开放生态和协同。

业务的快速发展对 IT 能力提出了新要求（如图 2-28 所示）。

- 速度：从过去 6 个月交付缩短到周计或天计。
- 敏捷：产品快速迭代，MVP 验证，以应对快速变化的用户需求。
- 灵活：多模式覆盖全渠道，利用千人千面，提升用户体验。

- 规模：改变基础技术架构，应对海量用户、海量数据、交易高并发的挑战。
- 成本：通过数字化度量实现降本增效，通过云服务实现灵活扩缩容。

| 快速变化的业务模式 | 全国、全渠道的用户 | 快速响应用户需求 | 个性化的产品和服务 | 开放生态和协同 |

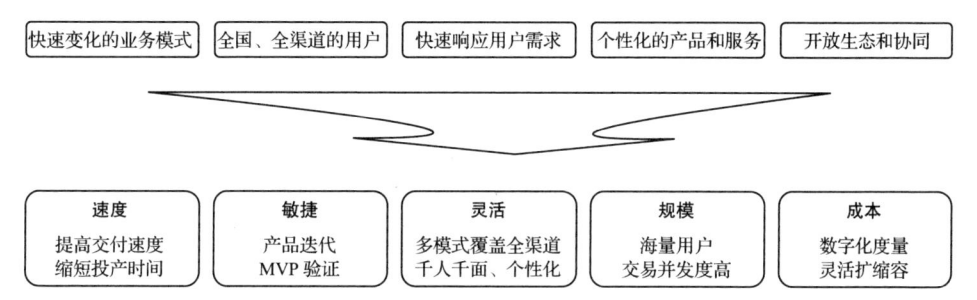

速度	敏捷	灵活	规模	成本
提高交付速度 缩短投产时间	产品迭代 MVP验证	多模式覆盖全渠道 千人千面、个性化	海量用户 交易并发度高	数字化度量 灵活扩缩容

图 2-28 业务的快速发展对 IT 能力的要求

业务与技术融合过程中常出现以下矛盾。

- 业务人员不懂技术、技术人员不懂业务：缺乏业技复合型人才，业务部门对 IT 建设的重视程度不足，技术人员对战略导向、业务发展策略、资源配置方向等缺乏了解，导致重任务完成、轻业务效果。
- 业务与技术难匹配：技术发展往往先行于业务，但是先进的技术未必能找到与业务契合的场景。
- 缺乏协同机制：业务部门任务重、IT 团队项目时间紧，汇报关系不同，绩效目标和激励机制各不相同。
- 金融科技未能有效推动业务转型：对业务发展有较为清晰的规划，但投入较少，部分银行甚至未做过 IT 规划。数字化并不是单纯的产品、服务线上化，而是产品、营销、运营、管理和服务的全面数字化、精准化、智能化。

基于以上矛盾，一些银行开始寻求策略改变，常见策略如下。

- 组织架构调整：实现业务和 IT 部门一体化，设立数字化转型推进小组，设立数字化运营等复合型部门，加强业务与技术的融合。
- 协同机制：联合办公或将研发人员派驻到业务部门实现产研一体化，共担 KPI，解决传统架构的"慢、贵、难"问题。而这种新的机制也正呼应了 MIT 斯隆管理学院首席研究科学家 Joe Peppard 撰写的"是时候砍掉 IT 部了"，其核心思想是：公司内设置"独立 IT 部门"的组织模式，阻碍了公司业务的创新、敏捷、以客户为中心和数字化转型。一些先进公司已经将 IT 部解散，选择把 IT 人员分散在业务上。

- 岗位设置：设置首席信息官、业务架构师、数据分析师、策略产品经理等岗位。
- 人才培养：组织跨知识领域的培训、推动跨部门轮岗、设立金融科技创新实验室等。

2.5.2 IT 架构规划框架

IT 架构规划是在 IT 战略指导下开展的，旨在制定并管理符合 IT 战略的标准、规范和相关政策。IT 架构规划框架包括企业级战略目标、战略阶段目标、技术体系、治理与管控体系、实施策略和基本原则（如图 2-29 所示）。

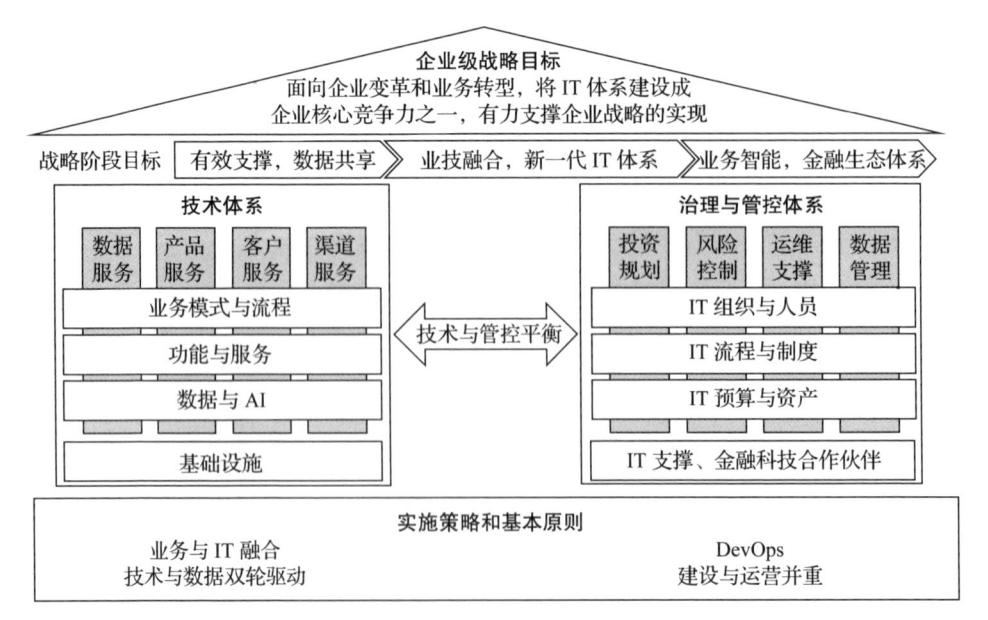

图 2-29　IT 架构规划框架

IT架构规划的企业级战略目标为，面向企业变革和业务转型，将IT体系建设成企业的核心竞争力之一，有力支撑企业战略的实现。IT架构规划战略目标的实现可以分为3个阶段：有效支撑，数据共享阶段通过提升现有系统的能力，支撑业务稳健发展与变革，加快数据体系建设，奠定数据应用与共享的基础，不断完善数据应用，实现数据在企业内的充分共享；业技融合，新一代IT体系阶段全面提升技术与业务融合，以及技术对业务、运营的支撑能力，通过新一代IT体系建设，实现IT服务的流程化、平台化、标准化、规范化；业务智能，金融生态体系阶段充分发挥IT技术和数字技术的作用，提升业务智能运营和管理水平，提高企业的运营效率和执行能力，实现企业智能化与企业运营模式有机融合。

技术体系从业务模式与流程、功能与服务、数据与AI、IaaS基础设施角度进行规划和设计，包括数据服务、产品服务、客户服务、渠道服务。对于技术体系，我们应继续按照平台化、标准化、规范化、数字化的思路，重视数据体系的建设、完善和应用，提高企业内数据共享水平，充分发挥企业数据的价值和作用。

治理与管控体系从IT组织与人员、IT流程与制度、IT预算与资产、IT支撑与金融科技合作伙伴4个层面进行规划和设计，包括从投资规划、风险控制、运维支撑、数据管理等角度进行规划和设计，贯穿整个IT建设生命周期。治理与管控体系应按照和技术体系平衡发展的思路，为企业IT体系建设的持续、健康、稳定发展提供保障。

随着企业数字化转型的不断深入，IT部门的职能由IT支持向业务赋能转换。在实施策略和基本原则方面，我们应遵循业务与技术融合、技术与数据双轮驱动、建设与运营并重的原则，通过引入DevOps寻求内生途径以提高IT部门运营效率，构建与企业级战略目标相适应的IT运营支撑体系。

企业级战略目标定义了企业信息化发展的愿景、目标和战略。IT架构规划是规划技术体系、治理与管控体系的未来构架。IT架构规划框架全面、系统地指导企业信息化发展，直接指导企业的3年滚动规划，并提供愿景、目标。企业信息化战略规划如图2-30所示。

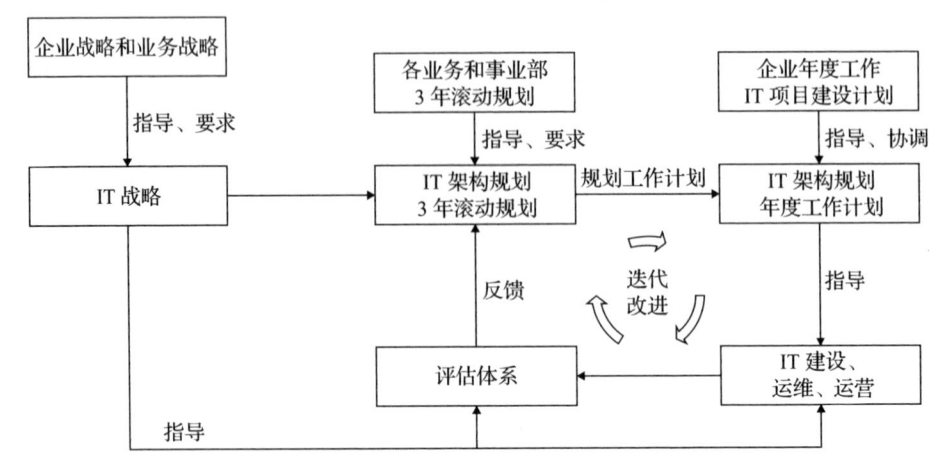

图 2-30　企业信息化战略规划

2.5.3　IT 架构实施路径规划

为了让 IT 体系建设思路更为清晰，我们还需要做好 IT 架构实施路径规划，确保 IT 架构规划落地。IT 架构实施路径规划需依据对业务需求的支撑能力和总体实施原则，定义未来实施项目，根据业务重要性、实施难易度和项目依赖关系等，评估不同任务的优先级，最终确定分阶段实施计划以及分年度费用预算等，为未来 3～5 年信息化实施工作提供有效的指导。在 IT 架构实施路径规划时，我们需要考虑资产复用和资源节约原则，确保业务的连续性和系统建设的协调性，同时在 IT 架构实施工作中建立明确、有效的实施保障机制，对整个实施进程进行管控，确保达到预期目标。

IT 架构实施路径规划包含项目规划、投资分析、实施规划、实施路线图绘制 4 个部分，如图 2-31 所示。

- 项目规划：评估未来为了实现企业愿景所需要开展的 IT 建设项目，选择最合适的项目组合。
- 投资分析：IT 架构实施需要各方资源，大量费用支出不可避免。调研与分析每个项目的目标、范围、实现路径、成本、效益、风险、实施周期及项目之间可能存在的依存关系等是IT架构实施成功、业务目标达成的关键。
- 实施规划：确定项目实施优先级，制定过渡方案，明确组织保障的重要性，建立有效的决策机制，建立有力的执行团队，建立有效的协调机制，以对实施有效管控。
- 实施路线图绘制：记录IT规划与实施策略，并与关键决策者进行交流与确认。

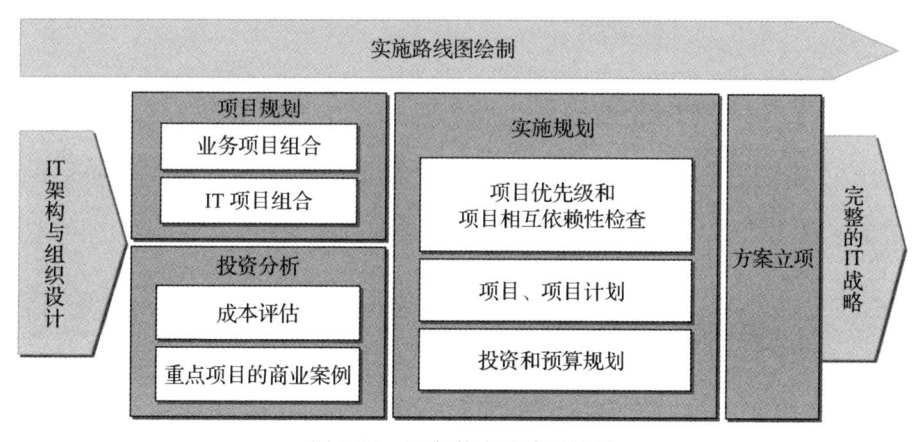

图 2-31 IT架构实施路径规划

2.5.4 IT架构治理与管控

IT架构治理与管控是IT战略中很重要，但常常被忽视的一个部分。IT架构治理与管控涉及IT部门的业务流程、IT部门的组织模型、IT部门与人员的业绩目标和考核方法、各种IT业务规范和业务标准。IT架构治理与管控通过规范的企业信息化管控流程，确保业务部门和企业信息化部门更好的协作。

IT架构治理与管控内容包含组织、人员、流程与制度3个方面（如图2-32所示）：组织方面包括组织结构与协作机制的建立、职责定义；人员方面包括能力评估、培训和职业发展规划等；流程与制度方面包括定义的一系列行为、活动等，以达到某种目的。

图 2-32　IT 架构治理与管控内容

2.6　企业架构落地路径

企业架构作为衔接业务与技术的桥梁。通过企业架构规划，企业可构建业务落地的数字化能力框架，这对成功实施数字化转型有至关重要的作用。

2.6.1　企业架构与组织转型

平台型组织已经成为企业转型的趋势。企业数字化转型必然涉及对组织架构进行重构，这就会打破原有的企业运营机制和沟通机制。良好的企业架构能够让组织转型和持续运营效率达到平衡。企业可以在组织变革过程中引入企业架构行业标准模板、工具、行业最佳实践等，让组织成员迅速明确行动标准，并快速行动，不断践行和优化执行动作和标准，提升组织行动力，打造跨组织共享的业务能力。企业架构结合数字化运营机制、沟通机制、业务运营管理在线化，可打造更加敏捷的组织。

2.6.2　企业架构与 ITSP 的关系

信息技术战略规划（Information Technology Strategic Planning，ITSP）是指在理解企业战略和评估企业 IT 现状的基础上，通过分析业务战略、业务流程，结合 IT 架构规划评估企业 IT 应用、IT 集成架构和基础设施环境，优化企业的管理模式和业务流程，同时结合所属行业信息化实践和对最新信息技术的认识，提出企业信息化建设的愿景、目标和战略，制定企业信息化系统架构设计、选型和实施策略，全面系统地指导企业信息化建设，满足企业可持续发展需求。

2.6.3　企业架构落地保障机制

架构治理是企业架构落地的保障，可以确保各项企业架构规划任务有效展开。根据康威定律的第一定律描述可知，组织沟通方式决定系统设计，同时影响着企业架构规划的执行，因此我们有必要建立正式的组织架构来支持企业架构从规划到落地的各个环节，如图 2-33 所示。

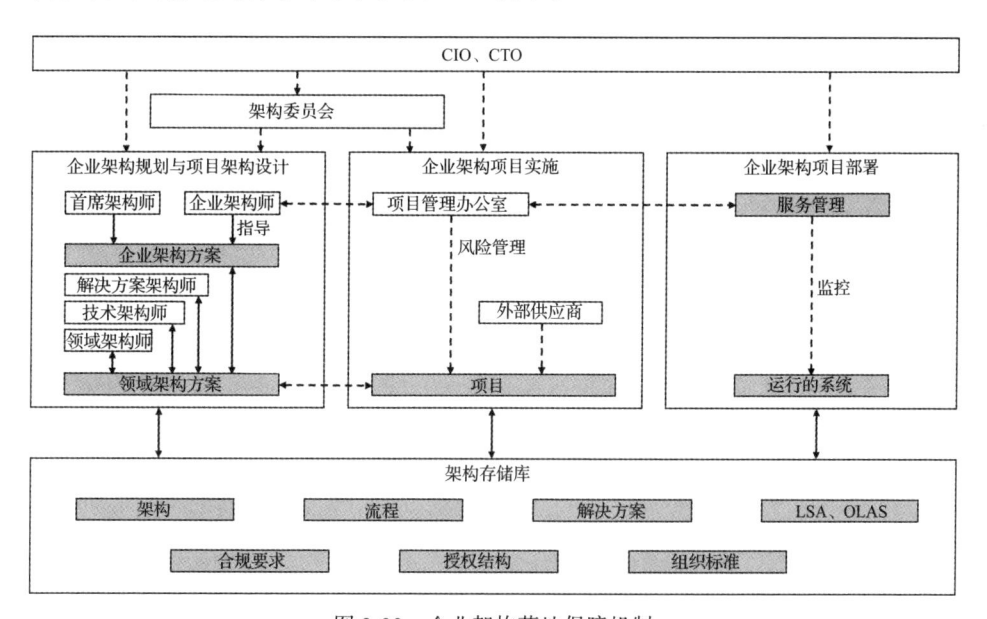

图 2-33　企业架构落地保障机制

为了支持企业架构落地，相关参与方应该做好负责领域内的工作并相互协同。各参与方的主要职责如下。

- 首席架构师：负责建立并传达技术与业务协调的技术路线图，属于技术人员角色，通常向 CIO 或 CEO 汇报工作，过去他们向首席财务官报告。
- 企业架构师：负责描述架构的当前状态和未来规划，处理技术与业务的一致性，与管理层、项目经理、其他企业的架构师交谈，处理财务状况并将架构中的更改传达给组织内的其他人。
- 技术架构师：负责研究并展示当前应用技术和新兴技术，进行技术预测、技术升级，处理架构运行中出现的技术问题。
- 解决方案架构师：负责设计系统层级、分析技术栈如何协同工作，记录问题解决方案的举措，为解决方案实施制定计划和流程。
- 领域架构师：作为领域专家，通过丰富的业务经验和架构规划经验为业务领域划分和领域内架构方案设计提供支持。

第 3 章 CHAPTER

银行数字化转型战略

随着新一轮互联网科技的冲击和金融行业迅猛变革，银行业环境日益复杂多变，国内外银行发展面临多重不确定性，需不断深入推进金融科技和经济的深度融合，努力提升运营效率、降低运营成本，以数字化转型推动线上和线下融合，制定数字化转型战略。

制定数字化转型战略是数字化转型的重要工作。数字化转型所提出的愿景、使命、目标和逐步落地蓝图，需要系统设计数字化转型战略，有效串接起业务、技术和管理等，支撑银行总体发展。银行的数字化转型涉及全行商业模式调整、网点转型、线上线下渠道整合、组织变革、流程再造或优化等。数字化转型的战略分析包含了银行业务运营的所有要素。

银行数字化转型不是一个有始有终的一次性项目，而是一个持续变革的长期项目。持续的数字化变革会面临很多问题。接下来，我们从业务、运营、技术等多个维度来分析数字化转型过程中遇到的种种困境。

3.1 银行产品分析和渠道分析

银行的业务渠道包括网点和电子银行,细分系统包含柜面业务系统、自助终端(含 ATM)、网上银行、掌上银行、短信银行、微信银行、智能终端等,它们面向不同的业务场景,解决各类客户的不同需求。银行的基本业务包括存款业务、信贷业务、中间业务、支付结算业务、个人外汇业务、国际业务、证券代理业务和基金业务等。

3.1.1 银行产品价值分析

银行的业务主要分为三大类:负债业务、资产业务、中间业务。具体业务包括支付、交易、储蓄、管理财务、投资、借款、保险、其他第三方服务。

产品高度同质化一直是银行竞争和发展面临的最大问题,也是一些中小银行提高市场竞争力和市场占有率最核心的问题。实际上,国内银行一直在差异化发展和错位竞争方面努力,也初步形成了一定的发展特色,但是由于发展环境和发展方式趋同性,战略上差异化竞争和发展困难重重,产品差异化并不明显。在数字化转型过程中,以新的方式介入银行业务将给现有的银行体系带来新的挑战,而新的业务模式不断涌现将颠覆传统的银行生态,并且由于转型的选择不同和数字化应用的体系不同,银行的产品体系和服务方式越来越丰富,形成差异化发展。

数字化转型需以客户体验为中心,提供全渠道、无缝式、定制化的银行产品和服务,颠覆传统银行业务模式,打造以银行业务为核心、融合科技创新的一体化新兴金融生态圈。

3.1.1.1 银行产品结构

在数字经济时代,银行转型需要提升数字化服务能力,并且打造数字化产品体系,以手机银行为核心优化特色应用,嵌入生活服务,不断推出定制化的新产品。用户与银行之间发生关系的窗口是产品和服务。银行产品如图 3-1 所示，主要包括账户管理、资金汇划、代理业务（基金、保险）、理财、存款、信贷、票据、实物售卖、保管、业务咨询等。

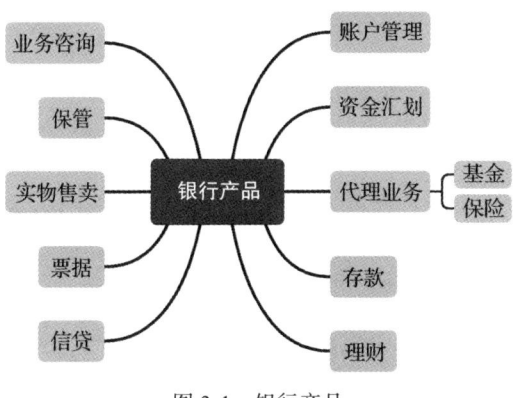

图 3-1 银行产品

3.1.1.2 产品价值结构

数字化转型战略规划需要对产品进行经营结构分析，这是梳理银行产品的重要方法。我们在做战略规划前需要知道不同的产品对银行的价值：什么产品最赚钱，什么产品最具潜力，什么产品比较鸡肋。我们对产品经营结构分析的常用工具是波士顿矩阵（如图 3-2 所示）。

图 3-2 波士顿矩阵

波士顿矩阵将产品分为4类。

（1）问题产品：高增长但是市场份额低，发展前景好但市场开拓或营销投入不足，需要谨慎投入。

产品举例：财富管理、宝宝类基金。

运营目标：持续提高用户留存率和扩大交易规模。对于这类产品，银行除了需要关注高净值用户外，还需要考虑针对长尾用户推出高性价比产品，提高平台内互联网用户体量、交易频次，进一步提高用户黏性。

（2）"明星"产品：高增长且市场份额高，发展前景好，在市场上竞争力强，需要加大营销和运营投入。

产品举例：消费信贷、小微金融。

运营目标：拉新、促交易、增加信贷余额、提高收入。随着非持牌金融机构的陆续退出，市场越来越规范，银行可以通过数字化平台提供给用户快捷便利的互联网信贷产品。

（3）"瘦狗"产品：低增长且市场份额低，利润低甚至亏损，应该减少投入或者下架。

产品举例：存款业务、保险类产品。

4个象限中的产品并不是固化的，各家银行需随着市场、监管、用户和资源的变化而调整产品结构，从运营角度考虑，有时需要引导和促进这种调整，有时需要延缓调整。

（4）"金牛"产品：低增长但市场份额高，成熟市场的行业领头羊，保持一定比例的营销和运营投入，保持市场份额。

产品举例：信用卡业务。

运营目标：提高用户活跃度、用户使用率。信用卡业务可以通过年费、刷卡手续费、利息和违约金等方式给银行带来多项收入。近几年，很多银行的信用卡授信使用率较低，增长潜力大，可以通过线上、线下相结合的运营手段提高用户使用率和使用频次。

以上 4 种产品类型是银行里每一个产品发展的必经之路，按照正常发展趋势，问题产品会经"明星"产品成为"金牛"产品，为银行创造利润，但是这一趋势发展的快慢会影响所能创造的利润。在产品结构调整中，产品运营负责人不是在产品到了"瘦狗"阶段才考虑如何撤退，而应在"金牛"阶段就考虑如何最小化风险、最大化利润，掌握产品结构的现状及监测、预测未来市场的变化，进而有效、合理地分配银行运营资源。

3.1.1.3　产品创新能力

在经历了电子银行、网络银行和移动银行发展阶段后，目前银行业已经全面步入数字银行阶段，数字化转型将成为下一个十年的战略重点。

网点线上整合、产品数字化是银行近些年发展与创新的方向，例如招商银行在数字化转型和科技创新领域大力投入，全面转型手机银行，以招商银行 App 和掌上生活 App 为阵地，探索和构建数字化获客模型。这两大 App 已经成为招商银行产品创新和用户运营的主要平台。据 2021 年招商银行发布的半年报，招商银行 App 累计用户数达 1.58 亿，掌上生活 App 累计用户数达 1.17 亿，展现了"零售之王"AUM 破十万亿背后的强大增长能力。

数字化转型过程中涉及产品创新的工作，几乎要获得全行的支持和配合，更依赖"一把手"和高层的协调和推动。

银行产品创新不等同于金融创新，也不太可能像支付宝一样横向拓展，需要在用户和场景上纵向拓展。

（1）营销和服务创新：银行在线上和线下网点直接面对用户，拥有较高信任度的用户及用户的详细数据，可以集中在用户端营销、服务和体验方面创新，同时洞察新的消费需求，提升交易转化率。

（2）场景和资源端创新：拓展支付应用场景，利用技术打通线上、线下场景，降低用户产品使用门槛，提升使用体验。

数字化转型浪潮将推动技术创新，如人工智能、云计算、大数据、物联网、边缘计算等技术，为银行带来新的服务、交互模式，催生金融服务新业态，助推对客服务、运营模式、金融生态发生巨大变革，推动银行创新。

3.1.2 全渠道分析和生态链

银行的渠道是产品销售的平台，负责产品宣传、展示、售卖、支付、售后，需要关注风险防控、客户服务体验，以及产品销售效率。近些年，许多新的概念如 B2B、B2C、C2C、B2B2C、渠道转型、网点转型、智能网点、开放银行、社区网点、全渠道客户体验等在驱动银行业务和网点的发展，整个行业被移动互联网和数字化转型推向创新的浪尖。

3.1.2.1 渠道的现状

银行渠道是逐步建设起来的，先有网点，再有自助银行，然后是电话银行、网上银行，智能手机出现之前还有短信银行，后来才有了现在的手机银行、掌上银行和微信银行等。渠道建设有先后，又分属不同部门管理，很多渠道都有单独的运行规则，甚至各渠道保留的客户信息都不一样，渠道各自为阵，互相拼抢业务。每个网点柜员面对各渠道的考核压力，往往不知所措，这不仅仅是资源的浪费，更给客户服务带来困难。

数字化转型最重要的变化就是渠道变革。随着移动互联网的迅速扩展，客户偏好和行为发生了极大变化，线上渠道逐渐替代线下渠道。 银行新设的物理网点逐年减少，而关闭的网点逐年增加。近些年，银行网点由净增变成净减，随着线下渠道的关闭，各银行都在加大移动渠道的建设，并且通过数字化平台重新设计运营流程。全渠道的数字化产品从根本上改变了银行与用户接触的方式，并且对用户体验、用户营销和运营产生了深远影响。

图 3-3 展示了数字化产品将银行服务高便捷与低成本、低门槛、低价格、个性化进行了统一。银行电子分流率已超过 95%，业务离柜化与线上化并行，转账、结算、信贷、理财等用户交易行为加速互联网化。

一键操作　　　　指尖上的金融服务　　银行电子分流率已超95%

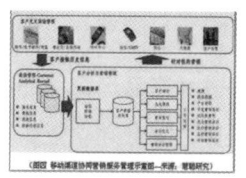

离柜化　　　　　　离行化　　　　　　线上化

图 3-3　数字化挑战

银行线下网点面临三大挑战。

- 线上服务普及导致去网点的客户减少，且在部分网点客户体验不佳、互动差。体验差降低客户到网点的意愿，造成客户流失。
- 银行传统商业模式的营销成本较高、营销不够精准且营销范围仅限于周边，服务客群有限，大量长尾客群无法获得服务。
- 银行网点引入智能系统、设备，缩减柜台，网点的业务办理流程、岗位职责、服务营销模式都发生了变化，导致网点管理模式需要重塑。

国内很多银行开始尝试将前台、中台、后台进行进一步分离，部分银行成立了跨业务、跨线上和线下的全渠道部门，但是仅针对部门的变革还是远远不能达到转型的目标的。全渠道面对用户首先需要考虑的是渠道差异下如何保证最优的用户体验。目前，银行会针对不同的渠道发布和上架不同的产品，但更多时候在交付产品时并未考虑线上和线下渠道的差异性和便利性。

全渠道产品运营会导致客户交易触点增加，如何保持和提高客户满意度成为银行重大挑战。 银行内外部数字化产品以及线下网点很容易让用户对交易路径产生混乱，也会让整个交易流程变得复杂，不可避免地会有很多重复和冗余的步骤。在很多银行中，用户想要了解业务办理的进度也很难，因为众多渠道没有打通。每个渠道独立运作，客户在不同的系统间切换，使得单个触点的服务无法获得客户满意。

全渠道的产品运营核心是提升客户体验，这需要打通渠道。为了从根本上达成这一目标，银行必须依赖客户旅程管理，即对客户体验的优化不只是停留在某个触点而是要走向整个客户旅程，对全渠道、多触点的客户体验进行管理，这将帮助银行保持持久竞争力。很多种情况下，客户与银行的联系不仅仅是通过某个固定渠道，比如贷款业务涉及线上和线下多个触点，这些触点都是银行可以优化的空间，包括客户可以联系客户经理，客户经理可以指导客户在线上完成所有申请，尽可能把流程优化成客户一次性完成所有申请和材料提交，客户经理后续在线下和线上完成审批流程，最后提醒客户提款，同时客户经理可以把客户拉进微信群，以便后续服务和推荐产品，逐步将其转化为银行的私域流量。

3.1.2.2 渠道的价值定位

银行全渠道转型首先需要明确渠道的价值定位，内部要打通各分/支行、各业务线之间的渠道，包括所有的线上和线下渠道、人工和虚拟渠道，同时打通外部与生态合作伙伴之间的渠道。银行渠道如图 3-4 所示。

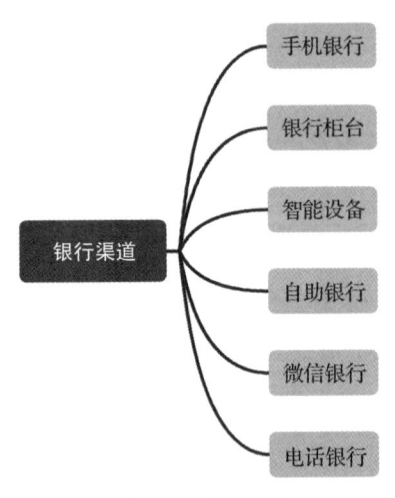

图 3-4　银行渠道

银行进行全渠道转型首先要明确渠道的价值定位，明确 3 个核心方向。

（1）一体：打通线上、线下各渠道，让用户在所有渠道都有一致的体验。

（2）智慧：全渠道的核心是实现智能化，通过智能化实现渠道无缝衔接，这是全渠道和过去跨渠道、多渠道概念的差别。

（3）开放：用户行为是与生态和场景联系在一起的，银行应适应开放的市场竞争环境。

全渠道的核心是一体、智能和开放，一体是偏内向的渠道整合；开放是偏外向的生态融合；智能是要通过数字化手段打通各渠道。

3.1.2.3 手机银行构建全场景生态

银行在全渠道流程设计过程中需要对各渠道进行融合，让用户在各渠道的业务办理过程中无缝衔接，做好产品功能、业务处理流程统一。

1. 全渠道业务融合

无论网点柜台还是线上 App 或者微信等渠道，产品种类、对客流程、业务规则、收费标准等保持一致，这就要求银行对全渠道进行统一管理、制定统一标准、梳理和消化内部各渠道的特点和差异。在数字化转型项目中，银行可以通过数据中台和业务中台打通渠道数据和业务。

随着移动互联网的冲击和渠道的快速发展，银行面临两大挑战。

- 渠道营销成本高。由于不同渠道分属不同部门管理，跨部门沟通成本高，银行比较难集中所有渠道资源。
- 用户体验碎片化。由于缺乏统一的渠道管理系统，银行在各渠道实施营销方案的周期长、成本高、效率低，造成不同渠道用户体验不一致。

典型案例如大额预约取款，客户通过手机银行进行大额提款预约，然后到线下网点取款，再比如对公开户，客户通过手机银行预约并自助填写开户信息，然后带上开户证件到网点进行线下核实，这样可以大大减少网点业务办理的时间，提高效率。

2. 中台建设

传统银行烟囱式系统建设，导致业务无法有效协同。业务流程长，用户体验差，客户反复临柜等成为无法根除的顽疾。传统银行业务流程是高度复杂和冗长的，目的是提升客户反馈信息的准确性、降低信息不对称带来的金融风险。这也正是渠道交易流程需要改进的地方。敏态模式要求尽量减少流程，尽可能多利用中台所提供的用户金融信息。

数字化转型不仅可简化业务流程，还可提高可信度。银行可以围绕客户价值主张优化业务流程，让客户有更多的自主决策权，将主动推荐业务流程转化为真正需要客户做出决定的流程。这才是业务流程优化的关键。业务流程应该向顾问化、智慧化、服务化转变。

比如我们在做渠道交易流程优化过程中，需要在无数单个交易的基础上，对客户的高频业务流程进行抽象，将多个单交易组合到一个流程中，简化交易环节。比如对开卡环节的组合，客户来办理开卡业务时，一般要做信息建立、账户建立、联网核查、开卡、电子银行签约、安全介质绑定、开办短信通知、开办网上银行、掌上银行、开立电子现金账户等一系列操作，如果按照单交易流程一个一个去做，填多个单子，刷多次银行卡，输多次密码，签多次协议，打印多个回单，估计半个小时都不一定做完，网点排队的客户也会怨声载道。如果通过业务中台和数据中台来整合交易，客户一次填单，刷一次身份证件，一次性勾选需要开立的产品，输入一次密码，签名一次，整个交易可在 5 分钟内完成，大大提升业务处理效率。

3.1.2.4 基于手机银行构建全场景生态

从国外银行业数字化转型看，2012 年**花旗银行提出了"移动优先"战略**，2017 年又进一步提出以"简单化、数字化、全球化"为主线的"打造数字银行"的新数字化战略，强调要重视客户核心需求、强化自身数字化能力、积极拥抱外部合作伙伴等战略重点。摩根大通银行则按照"移动第一，数字渗透"的数字化创新战略，推进数字化转型，突出打造领先的数字化体验、布局生态圈、创新数字产品、打造技术型组织和能力等。

从国内银行业数字化转型看，2016 年招商银行提出金融科技战略，推动从

"卡时代"向"App时代"跨越。大多数银行依托手机银行拓宽服务半径，优化用户体验，打造核心竞争力。手机银行包括个人端手机银行及企业端手机银行，可类比于微信银行和电话银行等渠道，主要满足用户移动端基本操作需求，提供便捷操作。企业端手机银行业务范围主要是提供账户管理、电子对账、综合汇款、企业团队等功能及产品。个人端手机银行业务范围主要围绕基本账户信息查询、转账汇款、购买理财产品、支付消费、贷款等。

一部手机就相当于一个线下网点。目前，各家商业银行平均95%的零售业务可以通过手机银行来办理，越来越多的用户偏爱数字化、移动式的服务体验。手机银行已经成为银行服务客户的第一触点，而且已经不只是银行服务客户的一个渠道，而是核心渠道。各家银行的手机银行功能和服务越来越丰富，普及率、渗透率不断提高。在数字化转型浪潮的推动下，手机银行呈现出个性化、开放化、情感化和互动化等特点。

在升级服务方面，招商银行零售条线基于手机银行的会员体系打通不同客群、产品和业务，构建全场景，实现用户线上线下场景融合、资源共享和渠道整合。

工商银行通过手机银行打造聚合平台流量的超级App，集成多场景功能，除了自有平台体系的功能外，还在云平台、活动专区接入第三方合作伙伴。工商银行的手机银行利用强大的SaaS云服务能力，向第三方合作伙伴开放接口，输出金融科技服务能力和平台流量资源，与合伙伙伴共建场景生态圈。数字化转型的一个比较重要的成果就是不光构建本行的数字化能力，还开放和共享数字化能力给上下游合作伙伴。

银行与客户的接触渠道日益多样化，海量客户信息零散地分布在各个渠道，信息和体验不一致成为一大痛点。打通数据可以为客户打造极致的服务体验。**全渠道战略需要银行围绕手机银行，利用数据分析技术进行数据深度挖掘，提高客户黏性和转化率，提升全渠道协同效应**。例如，银行可以将一个客户在网点开户信息与在手机银行浏览基金产品的频次和时间联系起来，识别该客户的理财需求，从而有针对性地为其推送基金或其他理财产品，增强客户黏性，提高客户复购率和转化率。

3.1.2.5 开放平台和能力输出

数字化转型的必经之路就是平台化的商业模式。在此模式下，银行与生态系统中的上下游合作伙伴共享数据、算法、流程等。开放平台是一种创新商业模式，这种模式缘起国外的开放银行计划。开放平台具有以下核心特点：建立在生态链场景中，以客户需求为导向，联合上下游合作伙伴共同提供服务，主要以 API、SDK、H5、小程序或者 Saas 平台等输出能力，实现银行与第三方合作机构的数据共享、服务和产品融合，从而提升用户体验、提高用户转化和留存，建立泛银行生态系统。

在数字化转型加持以及监管要求、科技驱动下，国内外多家银行积极拓展开放平台业务，包括欧洲的西班牙对外银行、美国的花旗银行等均上线开放平台。外部开发者不仅能利用 API 开发所需的金融应用程序，还能使用开放平台所提供的海量数据。

国内开放平台伴随竞争的加剧也开始加速发展。以华瑞银行、新网银行、微众银行为代表的民营银行首先布局，成为开放平台先行实践者。股份制银行和国有大行加快脚步，如兴业银行、浦发银行、建设银行、招商银行、工商银行等未雨绸缪，先后对外发布开放平台相关产品及发展规划。

开放平台运营模式主要分为两类：一类是以标准 API、SDK 提供功能开发服务，另一类是开发 App、管理后台来提供服务。

1. 以标准 API、SDK 提供功能开发服务

这类模式是银行将业务流程查询处理、数据查询、数据处理等功能以 API、SDK 等方式开放给合作伙伴。比如微众银行与其他金融机构开展联合贷款业务，微众银行有一套标准 API，其合作伙伴可以通过 API 完成贷款、交易和下载文件等。

2. 开发 App、管理后台来提供服务

银行开发标准的后台页面、App 和小程序等，让开发能力较弱的合作伙伴把 H5 页面、小程序直接使用或者嵌入商业场景，从而直接享受无缝、流畅的服务。

开放平台的理念出现得比较早，国内的银行也做了不少尝试，包括中国银行早在 2013 年就推出了中银开放平台方案，平台开放了 1600 个 API，为第三方合作伙伴提供涉及跨国金融、代收代付、移动支付、地图服务、网点查询、汇率牌价等各类金融接入服务。该平台提供不限语言、不限平台的自由接入 API，且不收取任何费用。同时，该开放平台还提供众多实例代码，帮助开发者快速掌握调用 API 的方法，降低开发门槛。

在数字经济时代，开放平台将被重新定位。当银行内部的产品、服务、运营体系等全部转型，合作伙伴必然跟着转型，银行通过开放平台输出自己的数字化产品和数字化能力。

在输出数字化能力方面，招商银行已经走在行业的前列。 招商银行于 2016 年 2 月成立招银云创，将其作为全资金融科技子公司。招银云创从诞生起就传承了招商银行的金融科技专业研发基因。2020 年 3 月，在招商银行全新的战略布局下，招银云创作为招商银行金融科技对外输出、助力企业数字化转型的唯一平台，走上了战略转型的市场化之路。2021 年，招银云创大规模交付能力形成，并提炼出财资管理（CBS、TMS）、场景化费用支出（SCO）、融合分析（MAP）三大产品体系。

在开放、融合与轻型化理念指导下，招银云创承载招商银行金融科技对外输出的使命，践行市场化运行机制，聚焦企业数字化服务能力打造，致力于构筑银企联结新纽带，拓展银行能力边界，为金融和企业赋能。

3.2 数字化转型核心战略制定

基于银行内部数字化转型战略，确定银行数字化转型的愿景、使命、定位和目标，就是为银行数字化转型构建一套科学的理论体系和思想方法，帮助银行明晰发展蓝图、肩负责任、行事原则和实施方式，全面指导银行数字化转型各项工作。

关于数字化转型战略，银行不能单独看内部的业务战略，还需要详细分析行业变化，特别是行业里占据领先优势的银行的变化和发展趋势，这有利于保持前瞻性。具体的银行数字化转型战略内容如图 3-5 所示。

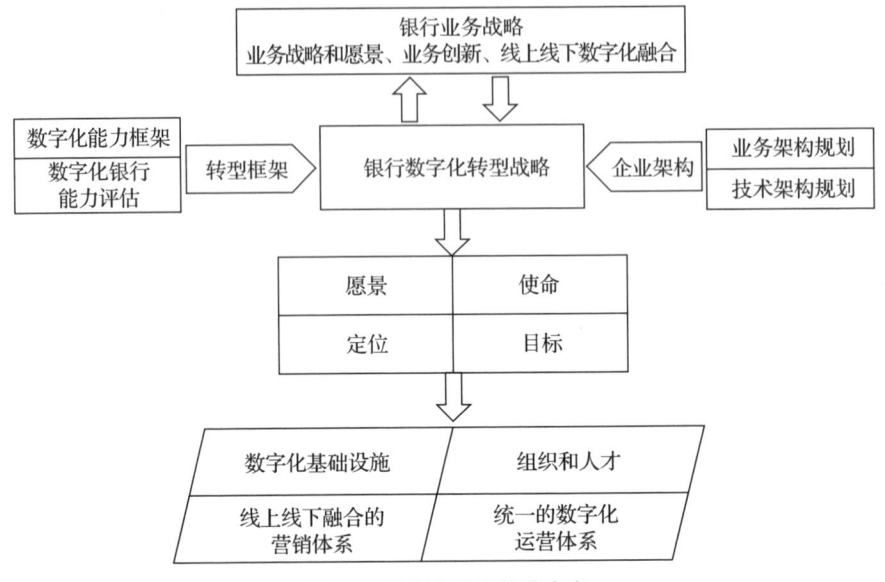

图 3-5　数字化转型战略内容

银行可以通过对业务战略的理解来制定由愿景、使命、定位和目标组成的数字化转型战略，通过云计算和大数据等数字化基础设施、组织和人才、线上线下融合的数字化营销、统一的数字化运营体系落地转型战略。

3.2.1　确定数字化转型愿景

愿景是银行经营层对未来的一种设想，是银行未来的目标、存在的意义，可以为银行发展指引方向。如果银行缺乏清晰的数字化转型愿景，数字化转型方向将不明确。那么，如何让银行清晰数字化转型愿景？我们可以从以下两方面着手，为银行确定数字化转型愿景。

（1）未来五年、十年的变化：银行从信息化、数字化一路发展而来，近些年以新一代数字技术为驱动力，推动金融、产品和场景全面融合。传统银行以网点获客、单点运营、管理的模式已经发生根本性变革，而且在未来五年、十年甚至更长时间内，随着社会和用户特征的变化，银行产品、运营模式和竞争格局将发生根本性改变。目前，银行经营层应该着手未来的发展，制定符合数字时代特征的数字化转型愿景。

银行一定要以数字化转型愿景为指导方向，制定转型落地方案，通过数字化转型来提升数字化能力和竞争力。

（2）商业银行自身转型条件：银行首先需要评估自身状况，认真分析现有条件如产品竞争状态、创新速度、硬/软件条件和行业位置，结合监管发展政策、银行同业和合作伙伴现状等，制定符合自身发展的数字化转型愿景。

愿景是战略判断的前提和假设，是战略布局的基础，同时愿景驱动战略。这些或宏大或细微的愿景背后，都镌刻着银行自身文化的烙印和银行所在地的特色。数字化转型愿景不是一个简单的项目想法，或仅仅是实现银行信息化和数字化，而是真真切切的一场银行商业模式和运营模式的变革。

3.2.2 确定数字化转型使命

银行的使命一般是在相对长的时间内达到的目标，这个目标也是银行内希望最终达成的一种状态。在银行数字化转型中，确定数字化转型使命能够让总行各部门、分/支行等达成数字化转型共识，从而推动全行执行数字化转型任务。

银行数字化转型的使命是使用数字化手段提高运营效率、降低运营成本、提高创新能力、提升用户体验、实现线上线下融合和搭建合作生态等。银行需要从内部分析和外面渠道合作两方面来确定数字化转型使命。

3.2.2.1 内部生态分析

银行数字化转型需要进行银行内部生态分析，这些工作往往被大多数银行所忽略。目前，大多数银行开始重视并强调以用户为中心的核心理念，引进了各种先进技术和第三方合作伙伴协助转型，但是在数字化创新及服务客户过程中，常常会面临内部资源协调效率低、跨部门合作难、业务高度耦合、数据难以互通、重复开发建设、流程合规性受限等诸多问题。银行通过了解内部问题，对比分析和总结提炼，形成贴合自身发展的数字化转型使命。

（1）用户体验：数字化转型中，最基本的要求是了解用户的差异、期望、行为和偏好，研究如何影响或改变用户行为。数字化用户体验仅仅是开始，银行应该及时为优化用户体验扫清障碍。数字化转型将以用户为中心的理念植入运营、技术和体验管理。

（2）线上线下渠道融合：传统银行对用户线上线下旅程跟踪是不完整的。通过线上线下渠道融合，银行能够完整地记录用户旅程的相关数据，从而提供千人千面的服务。大部分用户因为各种需求会选择去银行网点办理业务，银行可以选择优质的生态合作伙伴共同为用户提供多元化服务。在数字经济时代，银行网点定位为线上渠道的补充，各家银行推进线上线下融合与联动，推动服务渠道协同和资源整合。

（3）数据驱动业务：银行利用大数据、人工智能、云计算等技术，将数据融入业务全流程，以数据驱动市场洞察、客户理解、价值发现、决策形成、产品和服务升级，从而改变价值创造模式。银行数字化转型不是局部的，是针对具体管理场景或具体经营环节的，是系统的、全面的。

（4）提高运营效率：银行应以数字技术为依托，解决长尾客群经营中边际获客成本高和信息不对称问题，通过加快数字化转型和数字化运营，以打破边界、赋能业务创新来实现运营效率提高、运营和管理精细化。

3.2.2.2 外部渠道合作

数字化转型不仅需要推进银行内部数字化，还需要将自己的产品、服务和能力通过数字化方式对外输出。

数字化转型过程中，银行商业模式也发生重大变化，呈现获客渠道线上化、营销方式多元化、价值服务开放化等特征，与合作伙伴和合作渠道数据互联互通、服务共享和高效协同，从整体上提高了协同能力、用户体验。银行需要与自己的客户建立长期的、活跃的、有效的关系。除了通过自拓流量入口外，银行还需要与场景合作方、第三方平台等机构合作，利用银行账户体系构建能力，为合作伙伴构建积分账户体系、红包账户体系、优惠券账户体系等，通过数字化方式输出营销服务能力，在帮助合作伙伴获客、维护客户的同时，提升用户活跃度和交易转化率。

银行也可以通过与金融科技企业合作建立技术壁垒。金融科技企业通常以技术为驱动，善于创新和触达客户，这将有助于银行拓展自身能力、提升客户体验、缩小既有产品和服务与客户实际需求之间的差距。而统一、开放的技术架构可以打通银行内部生态、客户生态和外部生态3个圈层，实现数据互通、服务共享，为银行业务扩展奠定基础，并为场景合作方提供数字化产品和服务。无论线上渠道还是线下网点，银行都可以通过B2B2C模式与合作伙伴共同为客户提供端到端服务。数字银行通过合作场景端客户形成资源聚合平台，从而吸引更多的金融客户使用其场景化服务，自然沉淀业务、数据和资金，扩大用户和交易规模。

在数字化转型过程中，银行如果能够在技术上走在同业的前列，则没有必要依赖外部合作伙伴的技术或解决方案，反而可以向其他银行和合作伙伴输出科技、运营能力，以换取其他资源和业务合作。

3.2.3 明确数字化转型战略定位

银行数字化转型中需要明确数字化转型战略定位。在这一阶段，银行需要在战略分析基础上，结合内部经营、运营流程、技术基础、金融行业发展、用户变化趋势等诸多因素，明确数字化转型战略定位。

数字化转型战略定位是否准确，影响着整个数字化转型工作。准确的战略定位是数字化转型工作的基础。银行在数字化转型战略定位上既不能好高骛远，也不能太过保守，要充分考虑基本条件和运营现状，根据现状综合分析，以确定正确的数字化战略定位。银行需要依据具体商业战略和运营现状来明确数字化转型战略定位，具体可以从以下几方面来考虑。

3.2.3.1 数字化转型不是技术转型

数字化转型的实质是通过信息化、大数据等手段，重新定义企业的业务模式和操作流程，把所有业务系统中的数据打通，利用软件工具和软件技术，赋能业务以获得创新能力。银行需要从思想上认识到数字化转型的必要性。数字化转型应该被视为一个旅程，不是目的地。成功的数字化转型并非始于技术或者定义为技术转型，而是以用户为中心优化业务流程、创新产品和改革组织，从而实现生产力提高、业务重塑、用户体验提升、运营成本降低和运营效率提高。

数字化转型不是技术转型，是管理、业务和文化层面的转型，通过彻底重构业务模式和运营模式，让银行通过协调线下网点和线上渠道来触达用户，并提高整体运营效率和提高交易转化率。数字化转型需要各家银行根据自己的发展阶段和业务特点设定具体目标并做出业务变革和数字技术迭代创新。对于每一家银行来说，数字化转型需要从总行各部门到各级分/支行进行有效沟通，同时需要银行具有明确的战略目标、卓越的领导力和灵活的管理流程。

3.2.3.2 数字化转型赋能银行业务

真正的数字化转型应该是使用数字化工具优化和创新产品、服务和业务流程，向用户提供更便利、个性化的服务。数字化转型中有一个不得不提的词就是赋能：给银行赋能、给管理层赋能、给员工赋能。银行在运营过程中日积月累产生庞大的数据资产。经过分析和治理的海量客户数据和运营数据是银行基础性战略资源和重要生产要素。比如大数据平台可以协助手机银行和网点获客，筛选手机银行或网点附近客户的数据，经交叉验证、对照约束，提升获客精准度和匹配度，同时通过数据分析重新构建风控体系，建立风险预警和前筛机制。

3.2.3.3 数字化转型提升用户体验

数字化转型是由用户驱动的，当用户体验到更多个性化服务后，会对银行的产品抱有更高的期待。例如过去，用户通常会去银行柜台办理业务，如今，大多数用户习惯在手机银行办理业务，就是因为手机银行更便捷、更高效。可见，只有用户对银行的产品和服务提出更高要求，有更高的期待，银行才有可能获取更多的用户、更高的用户转化和更多的交易。

1. 优化手机银行

数字经济时代的银行大力发展手机银行业务，纷纷以场景化、生态化、数字化为方向，探索多场景、多行业、多渠道的线上金融服务。具体来看，手机银行的版本及功能迭代加快，尤其在专属版本及财富管理等方面，另外加入非金融场景应用的驱动来提升竞争力。

手机银行已经成为银行在数字化转型过程中推进零售转型、用户规模增长的重要战场。未来，强化产品迭代、加强客群特色服务、丰富应用场景、寻求差异化运营机制，将手机银行打造为用户银行业务办理的首选平台的势头将逐步强劲。

驱动手机银行用户持续增长的原因主要有以下几点：一是手机银行已成为零售银行业务转型及资源重点支持的前沿阵地；二是很多银行加大拓展本地生活、教育、医疗等互联网场景获客，纷纷将政务、泛娱乐服务作为非金融场景拓展的发力点，吸引年轻客群；三是银行持续对手机银行用户体验、金融服务等进行优化，围绕新客、成长期及活跃期客户、代发工资客户等，推出常态化营销活动（见图3-6）。

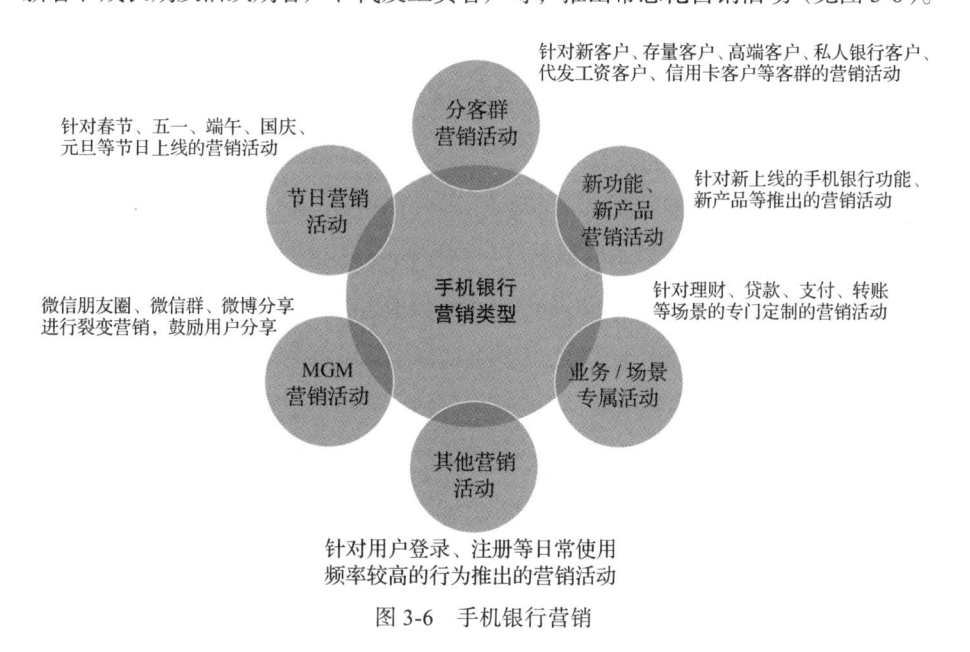

图 3-6 手机银行营销

2. 线上线下渠道一体化

在线下网点，银行有更多的机会与用户建立感情，提高用户黏性。在移动互联网和数字经济时代，线下网点与线上手机银行等渠道角色分明、互相支持，可以帮助银行走出具有特色的线上线下协同之路。数字化转型可以打通线上和线下用户触点，实现线上线下联动、数据和流程一体化，通过线上高频互动与线下场景体验的结合，互相引流，以解决获客、活客、留客的痛点。

3. 融入场景化金融

数字化场景（见图3-7）是对场景化营销的有效量化，是指利用数据和工具精准识别场景中的目标客群、差异化设计产品和服务、全渠道触达用户。

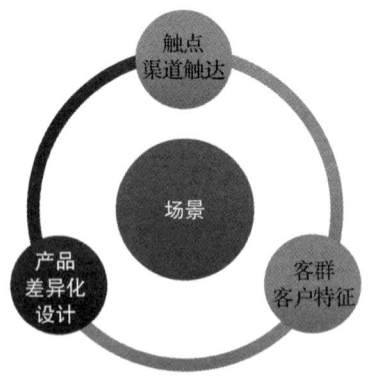

图 3-7　数字化场景

银行特别是区域性银行想获取新客户和市场份额，更需要将资源集中在自己的优势领域，通过数字技术深入了解和精准识别用户的金融需求，在线上将内部的API、H5、小程序嵌入场景合作方，在线下通过柜台进行联合营销和运营，充分重视和利用场景中的用户旅程和行为数据。银行可以通过用户行为和购买数据深挖业务场景，利用精细化运营、精准推送、差异化服务提高用户留存率和转化率。

3.2.4　制定数字化转型目标

数字化转型目标是以用户为中心，通过开放平台建设、线上线下融合、场景生态聚合，不断提高创新能力、提升用户体验、提高运营效率。

3.2.4.1 提高创新能力

从客户金融需求角度分析，银行数字化转型具有较强的优势，客户是比较信任和依赖银行的。银行拥有海量的客户信息和交易信息，信息化程度在各行业也属于前列。银行在推进数字化转型战略执行和制定具体目标时，必须以用户为中心，在满足用户需求和提升用户体验的同时，实现用户价值最大化。

1. 业务、技术一体化的敏捷开发

产品创新对技术要求高，需要业务与技术人员通力合作，通过总分行业务与技术一体化的产品创新机制，有序推行并行处理流程、强化矩阵项目管理、迭代设计和敏捷开发，解决信息不对称和效率问题，充分调动总分行业务与技术资源，在明确新产品设计目标的前提下，以最快的速度完成，提高交付能力。

2. 关注客户体验与运营效率

你让用户满意，用户才会让你满意；你满足了用户需求，用户自然就满足了你的需求。产品创新设计是一种银行与客户之间的沟通交流，是以用户体验为中心的交互设计，通过设定不同的使用场景，让产品与用户共鸣，制造让用户难忘的体验，并通过在银行前台、中台、后台运营管理体系、制度规范、管理办法、操作流程等方面创新，实现前台、中台、后台的相互分离与有效协同配合，提高效率、降低成本，实现价值并传递给客户。

3. 大数据产品创新

大数据时代，银行在运营模式上更强调互联网技术与金融核心业务的深度整合。构建数字银行，通过360°分析用户消费习惯、消费能力、消费偏好、消费场景等，让日积月累沉睡的交易数据活起来，并针对不同的渠道和客户群体设计不同的新产品，通过多渠道把客户关联在一起，实现随时随地线上线下与客户互动交流，实现"网点＋电子渠道＋客户经理"一体化协同作战、产品精准推荐。

4. 产品创新工厂化、精细化

好产品是有灵魂的，优美的设计、先进的技术、安全可靠的运营都能体现一家银行背后的经营理念。银行可建立全行统一、标准、规范、参数化、模块化、组件化产品管理体系，从成本角度分析每一个创新产品的成本和盈亏，以此调整产品创新策略，把更多的人、财、物投到盈利产品上，以获得更大的收益。

5. 自主与场景创新相结合

银行产品创新既要坚持自主研发，也要积极与第三方合作伙伴、场景合作方创新，实现合作共赢。

6. 产品创新保障支持要有力

为激发全员创新活力，银行还必须从制度入手，建立产品创新支持保障体系，通过建立创新管理制度，保障金融创新有序、有效的持续开展；从技术入手，建立良好的科技管理体系和性能可靠、标准化、模块化、参数化的信息系统；从人力入手，建立以人才为中心的用人机制，加强创新人才的培养和引进，形成创新变革氛围。

3.2.4.2　提升用户体验

用户金融体验场景从线下向线上转移，手机银行迅速成为银行金融服务的核心入口和载体。随着银行数字化转型进程不断加速，用户需求变化快、用户体验跟踪难、用户忠诚度低等因素始终困扰着银行。在数字化转型过程中，银行需要通过用户体验管理体系逐步提升用户体验。从端到端用户旅程视角，以数据分析为手段，将用户体验作为出发点和落脚点进行流程改善。银行可通过数据中台梳理指标、收集数据、分析与洞察数据，逐步发现用户在使用产品和服务过程中的痛点，通过对用户行为分析和监测来优化用户旅程和用户体验。

1. 从用户旅程出发、多触点获取用户体验

手机银行在线服务让用户不再依赖单一渠道。银行需要从用户视角，关注

整个用户旅程（见图 3-8），建立用户体验敏捷响应机制，组建跨职能的用户体验部落式团队，不间断捕捉并快速响应市场环境变化和用户需求，快速自我迭代，灵活迅速地执行改善任务，促进各部门协同合作，实现用户旅程全程联动管理，确保用户从各个渠道获得一致的高品质体验。

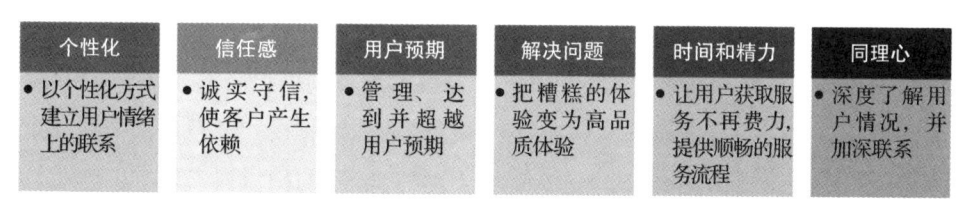

个性化	信任感	用户预期	解决问题	时间和精力	同理心
• 以个性化方式建立用户情绪上的联系	• 诚实守信，使客户产生依赖	• 管理、达到并超越用户预期	• 把糟糕的体验变为高品质体验	• 让用户获取服务不再费力，提供顺畅的服务流程	• 深度了解用户情况，并加深联系

图 3-8　打造用户旅程最佳体验

2. 全渠道、多场景化触达用户

银行可通过全渠道营销触达用户，挖掘用户的真实需求，了解用户对银行存/贷款等金融产品和投资组合产品的详细反馈，然后进一步针对性地推荐，从而提高转化率。银行需要从用户生命周期来分析，通过优化用户体验产品的流程来逐步优化用户体验，如图 3-9 所示。

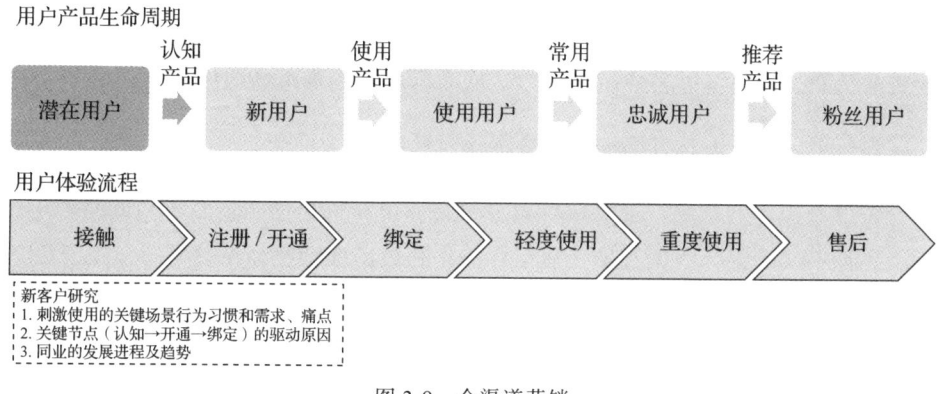

用户产品生命周期

潜在用户 →认知产品→ 新用户 →使用产品→ 使用用户 →常用产品→ 忠诚用户 →推荐产品→ 粉丝用户

用户体验流程

接触 → 注册/开通 → 绑定 → 轻度使用 → 重度使用 → 售后

新客户研究
1. 刺激使用的关键场景行为习惯和需求、痛点
2. 关键节点（认知→开通→绑定）的驱动原因
3. 同业的发展进程及趋势

图 3-9　全渠道营销

面对用户的个性化需求，银行需要对用户进行分层、分群、分类，为不同的用户在不同的时间提供不同的产品。对于银行来说，做到这一点至关重要，银行需要通过数据分析构建用户画像，精准了解用户需求，快速为用户提供相匹配的服务。例如京东金融等 App 近几年推出千人千面个性化推荐服务，这是

银行以用户为中心提供产品和服务的体现,也是驱动银行数字化转型的关键。

多触点、多渠道、随时在线的消费环境让用户不仅仅依赖某个单一触点,但也要求银行更关注全旅程的用户体验。站在用户视角,关注整个用户旅程、用户反馈,对于完善产品、优化服务以及提升体验有着至关重要的作用。银行打造卓越用户体验的最后一步是适应市场变化、探索新趋势、拥抱新技术和新工具。面对互联网和数字技术的冲击,在产品和服务同质化严重、老客流失快、新客增长难的当下,以线下网点和以产品为中心的增长模式已经难以为继,银行需要以手机银行为中心筑起一条名为"用户体验"的护城河,才有机会在数字化转型竞争中获得机会。

3.2.4.3 提高运营效率

银行正全面走向数字化转型。大数据、云计算、人工智能等技术赋能银行运营,从而达到提高效率、创新模式、实现增长的目的。数字化运营本质上是通过数据驱动业务增长和决策制定。

建立完整的数字化运营体系可以科学地评估银行业务现状,深度挖掘业务增长点,推动业务线上化、全渠道运营精细化,降低对传统线下重人工、非标模式的依靠,提高零售客户运营能力,从而全面达到降本增效的目标。

银行可以从以下几方面来优化数字化运营体系。

- 准备完备的数据:这是银行数字化运营的基础,绝大多数银行是具备的,但不同的银行数据基础、数据标准化和数据准确性存在差异。
- 业务与运营流程融合:数字化运营要求不光是分析数据报表,还需要分析业务结构和业务流程,把数字化理念和方法应用到业务各环节。
- 落地银行制度和战略:数字化运营外对可以覆盖用户全生命周期,对内可以覆盖业务全流程,包括优化用户体验、识别用户真正需求,从以用户为中心角度驱动业务创新和流程创新。银行内部要从制度和战略上重视数字化运营从理念到规划再到落地,从而达到提高运营效率的目的。

从零售银行角度看,数字化运营价值主要体现在以下 5 方面。

- 精准细分用户：粗放式运营已成历史，精细化的数字运营更能为银行降本增效。用户画像和行为标签能帮助银行更深入地了解用户真正需要的产品及服务。数字化运营基于埋点技术采集用户行为数据，让营销动作更加精准、有效。
- 提高用户活跃度：精细化渠道触达、活动运营，提升用户访问频率并延长使用时间，有效增强用户对产品和服务的价值认同与依赖，比如给用户提供更有吸引力的内容，提升用户活跃度等。
- 优化用户体验：通过提升产品和服务的可用性与易用性，改善产品和服务的感官体验与交互体验，提升用户满意度、忠诚度。
- 提升用户价值：通过建立用户分层体系，细分用户需求，了解用户业务偏好与消费习惯，对业务流程进行诊断，有效提升业务各环节的转化率，提升用户价值。
- 驱动业务创新：通过对整体性的用户需求、产品价值与满意度评估，洞察业务运营困境，指导业务创新。

数字化运营是银行在数字化转型中的重点目标之一。数字化运营主要包含数字化和精细化两大块。银行建立数字化运营体系和制度后，可对渠道和用户全生命周期进行数字化管理，对全业务流程进行数字化诊断、精细化管理，从而达到提高运营效率的目的。

第 4 章 CHAPTER

银行数字化转型的 2 个核心业务要素

银行数字化转型的核心要点就是以体验为核心、以数据驱动业务，智能连接线上渠道和线下网点，将客户、场景、产品、服务和网点等转化为数字形态，从而优化服务与流程，提升产品内在价值、创新力和竞争力。

数字化转型需要从客户价值出发，通过整合数字技术、重构业务模式赋能银行全面升级。银行数字化转型最大的挑战不在于工具研发和升级，而在于组织和能力的迭代、新型数字化人才的引用、业务重塑能力、解决方案落地能力和经营管理团队的学习能力。

4.1 以体验为核心

在移动互联网浪潮下，目前大多数客户更关心通过线上渠道获得快捷、友好的银行服务。客户体验是未来银行数字化转型的关键。

麦肯锡研究院认为："对于任何一家公司（包括银行）而言，用户满意度每提升 10 个百分点，收入就可能增加 2% 到 3%。排名前 25% 的公司的用户满意度比排名后 25% 的公司的用户满意度高出 30 到 40 个百分点。"可以看出，一流的用户体验可带来的财务回报相当可观。

4.1.1 客户分层

客户是银行竞争的焦点。要提高盈利能力，银行就要关注客户的价值挖掘。从客户需求角度来看，不同层级和类型的客户需求是不同的。在互联网时代，客户越来越个性化，如果想让客户的满意度越来越高，银行就要提供个性化的产品和服务。为了满足差异化需求，银行需要对客户群体按照不同的标准进行细分。

银行有大量存量客户，包括存款客户、贷款客户、信用卡客户和理财客户等，需要对存量客户分类分层管理，做好存量客户的营销和运营，挖掘存量客户的价值。从客户价值来看，不同的客户为银行提供的价值是不同的，因此银行需要对客户进行细分，如图 4-1 所示。

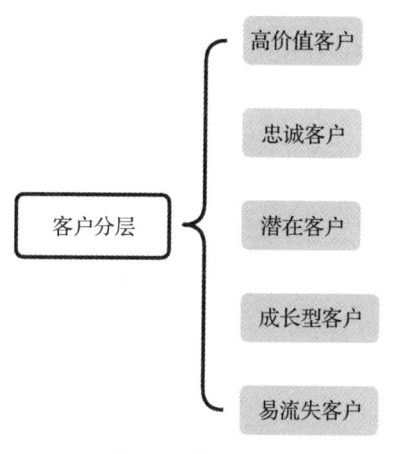

```
                    ┌── 高价值客户
                    │
                    ├── 忠诚客户
                    │
        客户分层 ───┼── 潜在客户
                    │
                    ├── 成长型客户
                    │
                    └── 易流失客户
```

图 4-1　客户分层

针对不同层级的客户，银行需要投入差异化的资源。对不同层级的客户进行有限资源的配置是每家银行都必须考虑的。**传统银行的网点服务资源有限，客户数量众多，所以倾向于服务高价值客户，导致超过 80% 的长尾客户无法获得有效服务。**

4.1.1.1 客户分层基础

二八定律又称"帕累托定律",一般来说银行 80% 的利润来自 20% 的客户,剩下的 80% 客户仅贡献 20% 利润。传统银行网点的主要服务对象是高价值客户,将资源都倾斜给高价值客户,提供差异化的产品和优质的服务,做好高价值客户的维护和开发。

长尾客户一般指的是个人所拥有的、能够支配的资产规模比较小,但是客群规模大,传统银行网点没有能力、也不愿意服务的这批客群。在数字经济时代,利用数字技术可以降低服务成本,提升产品体验,从而为服务长尾客户提供了可能。小微企业、初创企业、涉农人员多属于长尾客户。

移动互联网时代,客户的消费行为发生了变化,客户流动性越来越大、不稳定性越来越高,大客户的开发周期越来越长,但留存时间越来越短。事实上,体量巨大的长尾客户蕴藏着巨大潜力。

长尾理论告诉我们银行需要专注于中小客户,通过扩大基数来提高利润,进而实现规模效益。在获取新客户已经遇到瓶颈的情况下,运营好存量客户是银行提升利润的一大利器,这要求银行重视每一个客户,由粗放式管理模式向精细化管理模式转型。对于长尾客户,银行需要改变业务模式,创新产品,提高客户黏性。

4.1.1.2 客户分层方式

银行需要对客户进行分层分类,有效细分客群后,再定向执行策略来实现更高效的精细化运营。客户分层方式如图 4-2 所示。

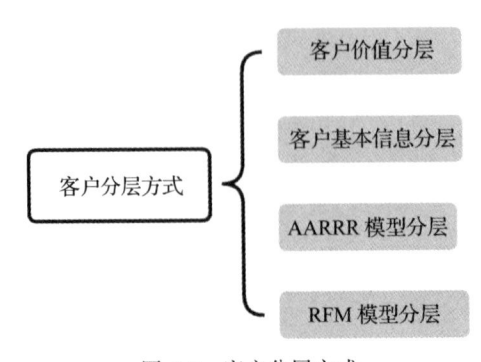

图 4-2 客户分层方式

客户分层的两大核心要求如下。

- 不同层次的客户需要被数据标签区别，以便进行下一步区分运营。
- 每层客户营销策略和运营机制是明确、稳定、统一的，而且运营转化效果基本一致。

传统银行主要按照客户资产规模、客户偏好、网点客户经理对客户的熟悉程度和营销重要程度等进行客户分层，因为缺乏客户数据和精细化分析，划分的层次比较粗糙、简单。数字化转型过程中，银行需要对客户数据进行收集和分析，根据网点的营销和运营特点进行针对性分层。在客户分层后，银行可以进行灵活的精细化客户运营。

1. 客户价值分层

客户价值分层如表 4-1 所示。

表 4-1 客户价值分层

客户类型	客户特征	服务模式	渠道服务模式
高价值客户	以高层管理人员和企业为主	重点提供高端增值型资产管理和理财服务	为客户提供专属的客户经理和服务渠道，主动提供专业化、个性化和便捷化服务
	学历较高，大部分为本科及以上	提供个性化产品和服务	为客户提供丰富的渠道，提供便利的服务
		提供奢侈品消费信贷产品	
大众富裕型客户	主要为自由职业者和中高层管理人员	提供丰富的短期理财产品和个性化理财服务	为客户提供专属的服务渠道，提供主动、高效的服务
	以本科及高中学历为主	强化个人综合授信和经营性贷款产品	扩展客户服务渠道，提供丰富的渠道
潜力客户	以中层管理人员和普通员工为主，其次为自由职业者	丰富理财产品类型，针对客户需求，加强理财服务	为客户提供准确、高效和个性化的服务
	大部分为本科学历	根据客户需求加强信用卡和外汇业务营销	提供丰富的渠道组合，实现安全、便捷的渠道覆盖
		识别并加强信贷产品和服务	
基础客户	主要是普通员工、自由职业者和中层管理人员	根据客户需求识别机会，加强标准化理财产品销售	利用网点智能设备提供快捷服务
	学历相对较低、以高中学历为主	挖掘潜力客户的个性化信贷需求，包括消费贷、车贷等	改善手机银行用户体验

2. 客户基本信息分层

从客户基本信息角度出发，银行可以根据客户的所在区域、职业、年龄、手机使用类型等进行划分。

（1）所在区域：根据客户所在区域的消费习惯、收入水平和银行服务范围归属来划分。

（2）职业：以手机银行为例，在不同类型银行中，城市商业银行手机银行在公务员、事业单位员工群体中的使用较为普遍，农村商业银行手机银行在自由职业者、个体经营者和农业劳动者群体中的使用较多。

（3）年龄：从手机银行客户的年龄属性来看，40岁及以下人群占比达到73.7%，其中31～40岁占比为39.8%，18～30岁占比为35.8%，31～40岁的中年用户人群成为当前手机银行的主力人群，其次为18岁至30岁的年轻群体，如图4-3所示。

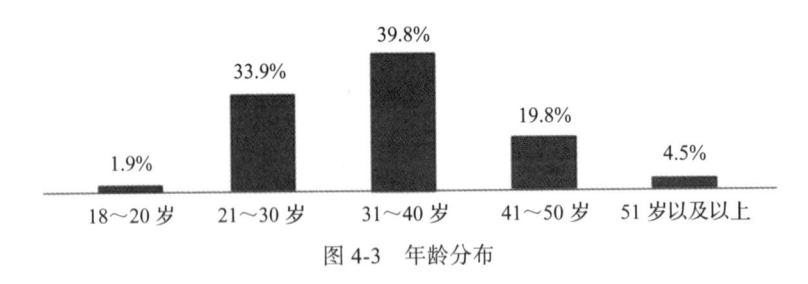

18～20岁	1.9%
21～30岁	33.9%
31～40岁	39.8%
41～50岁	19.8%
51岁以及以上	4.5%

图4-3 年龄分布

（4）手机使用类型：根据客户使用手机的品牌、价格等来分层。

3. AARRR模型分层

客户运营体系中有一个经典的模型叫作AARRR，即拉新（Acquisition）、转化（Activation）、留存（Retention）、收益（Revenue）、自传播（Refer）。该模型可以帮助我们更好地理解客户生命周期，以采取有针对性的营销策略。

以下以商业银行互联网贷款业务为例来介绍AARRR模型。

（1）拉新：该层级是下载了手机银行App但未注册，或注册后尚未发生任何动作的客户。运营策略：按照客户渠道来源、客户背景给予针对性引导，提高获客效率。

（2）转化：该层级是注册后尚未申请贷款的客户。运营策略：给予客户引导和激励，让客户完成信息填写和贷款申请。

（3）留存：该层级是完成申请贷款信息填写，但未申请提现的客户。运营策略：思考如何邀请客户提现、客户未提现的原因，如果是额度太低了，可以发放利息抵扣券或者给客户提额。

（4）收益：该层级是已经提现，尚未结清贷款的客户。运营策略：鼓励客户使用完全部额度，阶段性给客户提额，让客户转变为忠诚客户。

（5）自传播：该层级是将自己的朋友转化为互联网贷款产品使用者的客户。运营策略：给予客户现金奖励、积分奖励、优惠券或者提额奖励，鼓励客户分享产品信息给朋友。

AARRR模型是一种较为简单的客户分层方式，无须抓取大量客户数据和定义大量客户数据就可进行客户分层。在运营过程中，我们可以把它视为客户价值区隔分层方法。

4. RFM模型分层

RFM模型是衡量当前客户价值和客户潜在创利能力的重要工具和手段。RFM模型不仅可以应用在客户关系管理中，也可以应用在客户分层中。该模型主要关注客户最近一次交易时间、交易频率和交易金融，如表4-2所示。

表4-2 RFM模型

指　标	解　释	意　义
R（Recency，最近一次交易时间）	最近一次交易时间与当前时间的间隔	R大表示客户很久没发生交易 R小表示客户最近有交易发生
F（Frequency，交易频率）	客户在固定时间内的交易次数	F越大表示客户交易越频繁 F越小表示客户不够活跃
M（Monetary，交易金额）	客户在固定时间内的交易金额	M越大表示客户价值越高 M越小表示客户价值越低

RFM模型可以帮助运营人员快速了解客户的交易行为，因此被广泛应用于客户关系管理中。RFM模型可将客户分为8层，如表4-3所示。

表 4-3 RFM 模型客户分层

客户分层	客户群体描述	客户分层	客户群体描述
重要价值客户	优质和质量较高客户	一般价值客户	忠诚客户，加强复购
重要保持客户	促进该客户复购次数	一般保持客户	新客户，加强活动营销
重要发展客户	有流失倾向，促活	一般发展客户	快流失的客户，高频率营销
重要挽留客户	有价值的将要流失的客户，加强挽留	一般挽留客户	已经流失的客户，加强挽留

不同银行的客户分层差异比较大，主要关注重要发展客户，特别是中小银行，年轻客群不能丢（这是最有潜力的客群），老年客群也不能丢（这是银行网点最忠诚的客户）。

4.1.1.3 客户分层步骤

银行需要区分线上渠道和线下网点的差异性，根据客户数据和业务特点提出不同客群和业务特征的分层方案，具体可以分为 4 步。

（1）确定分层的客户范围：确定客户分层后主要的运营方向和运营目标，明确分层的客户范围、相关的产品和业务，以便对这些客户进行精准定位。

（2）选择客户维度的数据和具体分析变量：根据客群特征明确客户细分的基础维度并挑选相应的衡量指标。这些维度的变量在获取和运营中体现明显的差异性，在应用层和数据层易于使用和传递。

（3）制定客户分层规则：需要考虑客户的相似需求，主要考虑因素包括客户所处的生命周期、客户所在地域和收入水平、客户价值和未来潜能、客户真实的金融需求。

（4）建立客户分层标签：银行需要建立统一的标签库，将分层标签实时同步到标签库，以便后续客户营销和精细化运营都可以获取最新的客户分层。

只有对客户价值和属性全面分析，银行才能对客户进行体系化分层。在确定模型之前，首先应对客户价值的影响因素进行全面分析，并以此为依据，针对性地建立一个完善的客户分层体系。

银行业经过多年发展，产品创新和新客拓展很难再有规模上的增长。行业研究表明，**发展一个新客户的成本是维护一个老客户成本的 5～10 倍**。无论从成本还是效益上，客户分层都比较重要，只有客户分层后才能做差异化营销和运营，整体提高客户转化率和忠诚度。

银行之间的竞争，最终是优质客户的竞争，客户才是银行的盈利点。客户分层有利于银行更好地识别客户、更有针对性地开发产品、更有温度地提供差异化服务。

4.1.2 用户旅程

用户旅程是银行提升用户体验的重要工具之一。用户旅程能够帮助银行从用户视角，设身处地了解用户，了解用户在不同渠道、不同场景、不同触点下的想法、情绪和行为，洞悉用户的真实需求，全流程地管理用户体验。

用户旅程如图 4-4 所示。

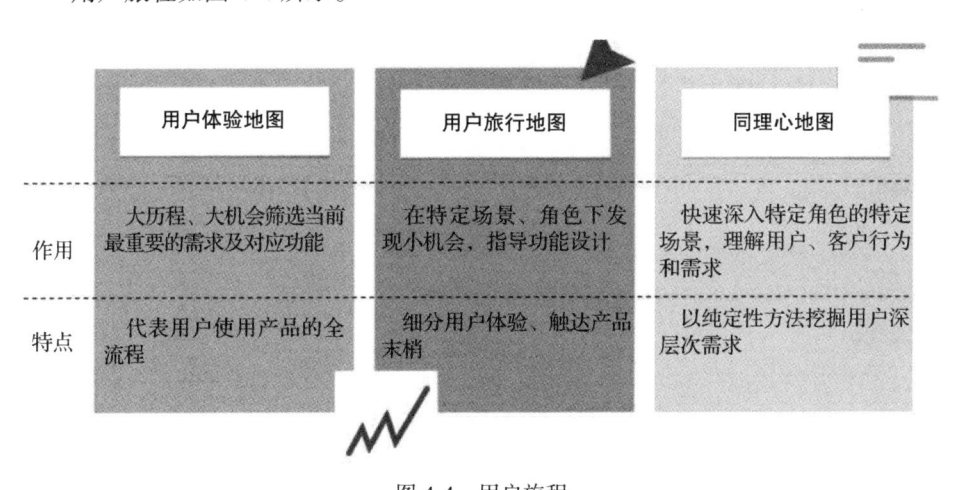

	用户体验地图	用户旅行地图	同理心地图
作用	大历程、大机会筛选当前最重要的需求及对应功能	在特定场景、角色下发现小机会，指导功能设计	快速深入特定角色的特定场景，理解用户、客户行为和需求
特点	代表用户使用产品的全流程	细分用户体验、触达产品末梢	以纯定性方法挖掘用户深层次需求

图 4-4 用户旅程

用户旅程是用户了解、考虑和评估并决定购买产品和服务的过程。银行用户旅程主要包括 3 个阶段。

（1）银行品牌认知阶段：用户知晓银行品牌，并且接触银行业务、解决自己的实际需求或者问题。

（2）业务评估阶段：用户定义自身的需求，选择银行渠道。

（3）决策购买阶段：用户已经接触到银行渠道，选择相应的解决方案，并体验过产品和服务。

4.1.2.1 用户体验地图

用户体验地图记录了用户从查看产品到完成交易离开的全过程，包括用户使用银行产品的评价和感受。

从图4-5可以看出，通过分析用户体验地图，银行可以深入了解用户在使用产品中的所见、所想、所做，从而让设计和研发团队从用户角度去考虑如何升级和优化产品。

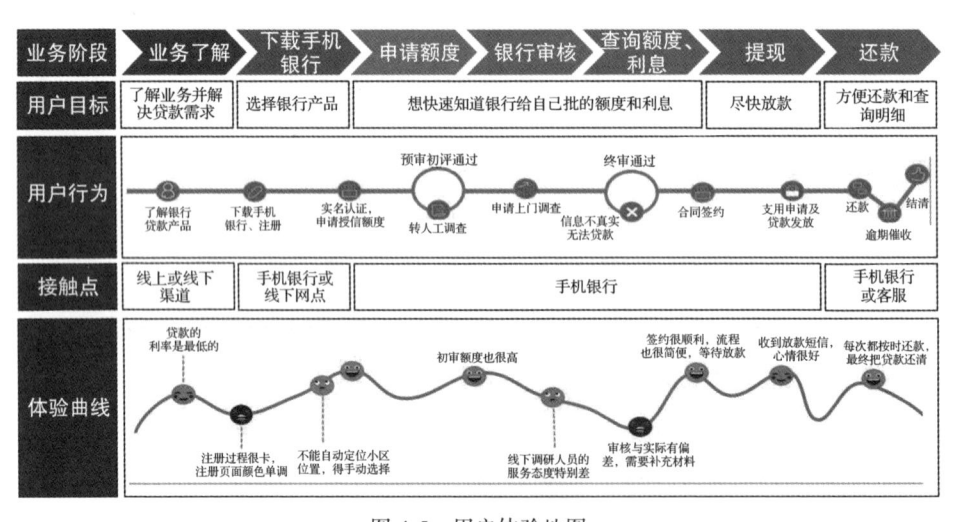

图4-5 用户体验地图

- 用户目标：用户通过完成任务达成目标，最终目标的达成需要用户完成很多小目标。
- 用户行为：在每个环节中采取的操作、行为、运作，通常根据用户调研进行整理和分析。
- 接触点：根据用户每个环节的行为，记录用户当时的想法和感受（包括一般、高兴、超出预期 3 个等级）。
- 体验曲线：通过用户每个阶段的行为和体验曲线，整理用户每个阶段的痛点和问题，思考背后的原因，以及有没有可以改进的方案，有没有解决办法，以满足用户预期，从而提升用户体验。

用户体验地图可以帮助银行从用户视角，全面看待问题，发现问题并解决问题，可以降低试错风险，节约开发成本，赋能产品价值，提升用户体验。

用户体验地图就像产品导航图，绘制地图的过程就是把复杂的服务流程简单化的过程，也是一个代入用户视角的过程。当身处场景之中，我们可以与用户建立同理心，感受用户在当时的需求和情绪，发现优化点和突破点，让团队在资源有限的情况下，分轻重缓急地优化用户体验，专注于用户最大的痛点，高效做出决策。

4.1.2.2 用户旅行地图

用户旅行地图就是以图形化的方式直观地再现用户与银行产品、服务产生关系的全过程，包括用户与银行全渠道的多接触点，在接触过程中的用户需求、体验和感受。

用户旅行地图可以将抽象的用户体验具象化，通过用户视角，将企业与用户交互的全过程转化为可观察、可测量、可操作的一系列场景和触点，并以地图的形式呈现出来，帮助银行聚焦于用户体验，找到实现用户体验升级的突破口。

用户旅行地图可以作为业务逻辑梳理工具，如图 4-6 所示。用户体验是用户旅行地图绘制的前提。用户旅行地图包括用户从接触银行产品开始，到了解、比较、购买（或存款）、办理业务、分享，再到终止使用或选择其他银行产品结束的全过程。由于这个过程包含用户与银行的大多数触点和场景，用户旅行地图也被称为触点地图，可以帮助银行从用户视角来检视产品、服务是否在每个触点都能满足用户需求。

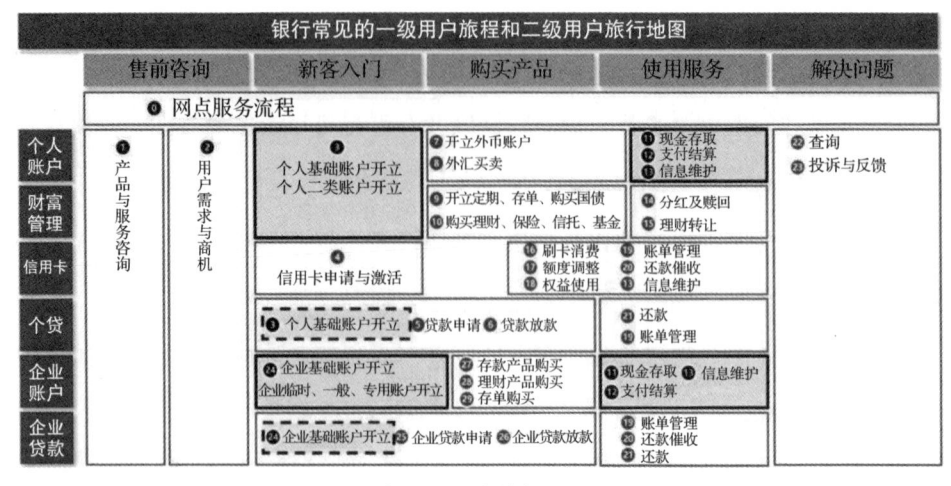

银行常见的一级用户旅程和二级用户旅行地图				
售前咨询	新客入门	购买产品	使用服务	解决问题
	❶ 网点服务流程				

（表格内容略，见图4-6）

图 4-6　用户旅行地图

用户数据采集和埋点技术记录了用户在每个触点与银行的互动，包含客户数据、交互数据和行为数据，为用户分析提供了非常好的数据支撑。根据用户旅行地图中的数据，银行可以提升用户体验，具体如下。

（1）渠道触点的优化：寻找用户体验过程中的每个触点，通过分析每个触点的用户行为数据、用户转化数据，对痛点进行改善，努力把用户痛点变成用户正常转化点，甚至尖叫点。

（2）跨渠道的用户体验优化：用户使用银行产品和服务过程中，可能会从任何渠道触点进入营销场景，也可能随时切换，因此数字化转型需要重点解决线上和线上渠道整合、数据融合和服务融合问题，让用户体验一致且连贯。

（3）提高营销和运营水平：以产品为中心的时代已经过去，当前是以用户为中心的时代，但平均营销转化率都比较低。银行可将产品、服务嵌入不同的渠道或场景，让用户无意中感受到产品、服务的存在，以提高交易转化率。

（4）制定监管指标：在用户旅程中，银行需要在每个渠道定义指标并进行监控，分析这些指标是否有优化空间。

图 4-7 是一个典型的信用卡用户旅行地图，涉及线上线下渠道，以及在每个触点定义的指标，以使用指标来优化用户体验。

信用卡用户旅行地图	申请办卡	审核发卡	App 激活	信用卡消费	查账还款
监控指标	1. 线下渠道和线上渠道申请 2. 申请流程友好度、快捷和便利性	1. 审核速度 2. 审核额度 3. 寄送速度	1. 扫描二维码下载App 的速度 2. 一键激活流程的便利性 3. 推进产品和服务的适配性	1. 优惠力度 2. 会员待遇 3. 积分计划 4. 合作第三方商户优惠和适配度	1. 还账提醒服务 2. 还款操作的便利性 3. 查询明细账单的便利性

图 4-7 信用卡用户旅行地图

图 4-8 是一个典型的互联网信贷用户旅行地图。按照用户操作场景的不同，我们可以把用户旅程分成获客、注册 / 登录、申请 + 审核、借款、还款 5 个阶段。

阶段	获客	注册 / 登录	申请 + 审核	借款	还款
行为	活动参与 媒体 / 社交消息浏览 软文、广告浏览 搜索 推荐	输入手机号注册 本机号码一键注册 微信、支付宝关联注册 密码登录 短信登录	身份证实名认证 X 要素认证 人脸识别 补充信息 提交审核	选择期限、额度 还款计划试算 还款设置 补充信息 提交审核	还款提醒 查看还款计划 选择账单、还款 换绑卡还款 修改还款计划

图 4-8 互联网信贷用户旅行地图

（1）获客：用户可能通过活动参与、朋友圈消息、爆款软文、手机银行推广、朋友推荐或搜索等方式与银行产品接触。用户可能因为优惠券而产生后续操作，也可能因为考虑产品是否适合自己而流失。在这个过程中，银行可以通过之前对用户的分析提供个性化服务（如大额、秒到账等）来吸引用户。

（2）注册 / 登录：在该阶段，用户需要提供隐私信息，如果银行做得不好会直接导致用户流失。登录采用简单、直接的短信验证码或者微信、支付宝关联方式体验会好很多。因为该过程与借款关联不大，所以用户也会因为流程复杂而流失。

（3）申请 + 审核：用户申请需要进行弱实名认证（身份证、姓名）、强实名认证（银行卡 4 要素或 5 要素）、活体检测、补充个人信息等繁杂的操作，每一步都可能因为资料不齐或操作复杂等而流失。比较好的解决方案是通过场景信息复用或 OCR 辅助手段等减少手动输入、提前提醒用户准备材料，以良好的引导来提高用户转化率。

（4）借款：用户可能因为对资金的渴求度、未来收入等与金融机构提供的额度、期限等不能完全匹配而流失。在这一阶段，比较好的解决方案是通过免息券、自定义额度/期限/还款时间、会员制等方式来提高用户黏性和转化率。

（5）还款：用户可能因为绑定卡余额不足、还款提醒不到位等而还款失败，所以银行需要通过健全还款提醒机制、简化还款操作、提供最小还款额度等方式提高还款成功率，并通过运动积分减息等方式提高用户的交互频率，增强对用户的了解。

在用户旅行地图初步绘制完成后，落实数字化用户旅程管理前，银行营销团队可以代入用户角色，亲自体验整个用户旅程，以发现不切实际的接触点、渠道或是交互方式，然后通过不断试验和修正，获得最接近真实场景的用户旅行地图。

创建用户旅行地图是银行提升用户体验的重要手段。它既可以帮助银行站在用户角度，审视自身的业务流程，发现业务流程中的痛点和瓶颈，又能从微观和宏观视角，让银行更全面地认识其产品、服务及用户体验。

4.1.2.3 同理心地图

用户在选择如存款、贷款、理财等产品时，有可能会选择哪家银行呢？同理心地图可以帮助银行分析和了解用户的真实需求。同理心地图只是一个工具，可以帮助银行观察用户在研究产品阶段的想法和感受，并综合观察结果得出关于用户需求意料之外的见解。

同理心地图能帮助银行快速发现潜在用户的需求。它有助于设计和研发团队围绕所观察到的内容，推断出相应用户群体的情绪，是一种提炼和组织定性数据的工具。

图 4-9 展示了同理心地图由 4 个象限组成。4 个象限反映了用户在观察、研究银行产品时的 4 个关键特征。掌握用户的一言一行非常容易，但明确他们的想法和感受应该基于他们的行为和对某些活动的建议、对话等。

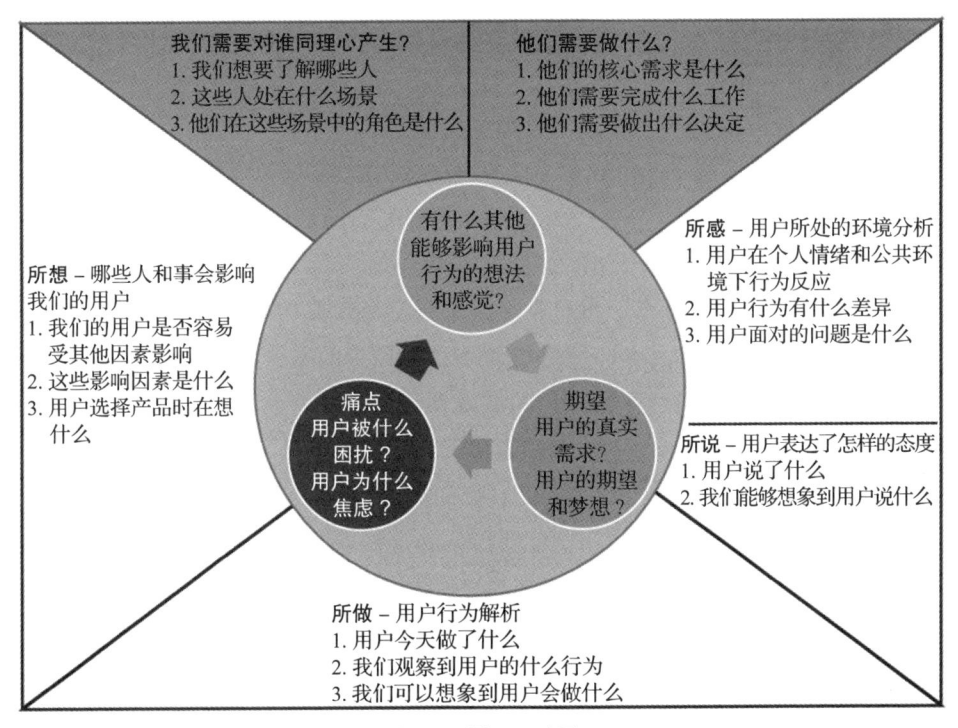

```
┌─────────────────────────────────────────────────────────────┐
│  我们需要对谁同理心产生?      他们需要做什么?                │
│  1. 我们想要了解哪些人        1. 他们的核心需求是什么        │
│  2. 这些人处在什么场景        2. 他们需要完成什么工作        │
│  3. 他们在这些场景中的角色是什么  3. 他们需要做出什么决定    │
│                                                             │
│                    ┌─────────┐                              │
│                    │ 有什么其他 │                            │
│                    │ 能够影响用户│         所感 – 用户所处的环境分析│
│  所想 – 哪些人和事会影响│ 行为的想法 │      1. 用户在个人情绪和公共环│
│  我们的用户        │ 和感觉?  │         境下行为反应         │
│  1. 我们的用户是否容易 └─────────┘      2. 用户行为有什么差异│
│     受其他因素影响                      3. 用户面对的问题是什么│
│  2. 这些影响因素是什么                                      │
│  3. 用户选择产品时在想 ┌────┐   ┌────┐                     │
│     什么              │痛点│   │期望│                      │
│                      │用户被什么│ │用户的真实│              │
│                      │困扰?   │ │需求?    │  所说 – 用户表达了怎样的态度│
│                      │用户为什么│ │用户的期望│  1. 用户说了什么│
│                      │焦虑?   │ │和梦想?  │  2. 我们能够想象到用户说什么│
│                      └────┘   └────┘                      │
│                                                             │
│  所做 – 用户行为解析                                        │
│  1. 用户今天做了什么                                        │
│  2. 我们观察到用户的什么行为                                │
│  3. 我们可以想象到用户会做什么                              │
└─────────────────────────────────────────────────────────────┘
```

图 4-9 同理心地图

（1）所说：用户在访谈或其他可用性研究中强调的内容。理想情况下，它包含来自用户直接说的话，如"我们都使用工行或者招行的产品，工行的网点多而招行的手机银行好用""对于一般贷款，我会使用民生银行的产品，因为它家提供的额度高，利息也不算高"。

（2）所想：捕捉用户在整个体验中的想法。从收集到的定性研究中问自己：什么占据了用户的思想？什么对用户重要？"说"和"想"可能有相同的内容。不过，要特别注意用户的想法，因为用户可能不愿意说太多。试着去理解为什么他们不愿意分享，是他们自己都不确定，自我意识较强，出于礼貌，还是害怕告诉别人。

（3）所做：用户的操作，包含用户实际做了什么，用户是如何做到这一点的。

（4）所感：用户的情绪状态，通常用形容词加一个短句来表达。银行应扪心自问：用户担心什么？用户对什么感到兴奋？用户对产品体验如何？

同理心地图解释了用户选择、决定等行为的深层动机，让银行可以找到用户的真实需求，也可以帮助银行在不同的场景下换位思考、打开思路、提高洞察力。

4.1.3 用户体验

《哈佛商业评论》提出，用户体验涉及用户与企业和品牌之间的所有互动，不仅仅是指某个时点的互动，而是作为该企业用户的整个周期的互动。良好的用户体验可以提高吸引和留住用户的有效性，鼓励用户加深与银行的关系，购买更多产品，最终转化为银行新的增长极。

4.1.3.1 极致的用户体验

在工业时代，银行为用户提供可用的产品，通过增加资产规模而获利；在数字经济时代，银行更加注重能不能积极响应不断变化的用户需求，给用户提供更好的体验。为什么一谈到数字化转型会提到用户体验，而且各行业头部企业都在将用户体验提升作为数字化转型的首要目标？一个原因是数字经济时代的绝大部分用户行为在线化。在线化有以下3个特点。

（1）用户行为数据都在互联网上。

（2）用户行为数据都可以在互联网上流动。数字化让我们更了解客户，实现千人千面的个性化营销，实现客户各个触点的打通，实现跨渠道服务体验一致。

（3）用户行为数据所代表的每个对象在互联网上都是可以用来计算的，计算是在线的核心。

因此，当用户通过线上业务与银行进行交互时，银行对用户行为数据进行挖掘，或对用户兴趣进行建模，通过数据驱动为用户提供优质的服务，改善用户体验，提升营收。

在传统经济时代，银行聚焦在金融产品和服务本身，这也不可避免地导致银行业陷入同质化竞争。在体验经济时代，关注重心从生产者切换到了使用者，银行需要基于场景打造极致的用户线上、线下体验，让用户在生产、生活场景或者纯金融服务中获得巨大的愉悦感，这样才有望摆脱同质化产品、高息揽储、信贷资金批发等困境，获得全新的利润增长点和溢价空间。

目前，部分中小银行刚开始进行线上业务转型，急需改善网点实体业务效率低、大量人工触点多、员工投入高、反复频次高、透明度低且信息共享性差等问题。因此，大部分银行在进行数字化转型时将用户体验作为首要目标。

4.1.3.2 用户体验是银行的竞争焦点

在移动互联网和金融科技的冲击下，尤其是近年来移动支付、互联网理财和互联网消费金融的跨越式发展，银行与用户的连接趋于寡淡，越来越不了解用户，逐渐远离他们的真实需求。

仅有少数银行迈出了变革的步伐。它们对线下网点进行更新换代，打造智能网点，在线上推出手机银行、直销银行等互联网产品，尤其是以微众银行和网商银行为代表的互联网银行和走在行业前沿的招商银行等，在改善用户体验方面做出了许多努力，并取得了一定的成效。尽管如此，用户体验差依然是当前银行业的一大痛点，**线上渠道的用户体验已经成为未来银行业竞争的焦点。**

麦肯锡在银行分析报告中提出，用户已经习惯使用银行的数字渠道，特别是零售银行提供的服务。

（1）行业发展：现存的传统渠道难以维系银行业务的进一步增长。

（2）市场竞争：金融科技企业正在全球范围内以绝佳的用户体验和更低的运营成本，分解和蚕食着传统银行的市场份额，也因此促使银行一次次提升服务水平。

（3）用户需求和习惯的演变：在数字经济时代，从数字渠道获取金融服务已经成为主流，银行业不得不做出调整，以满足用户的各类新需求。

（4）技术进步：新的技术正不断给用户带来更新、更便捷的体验，直接推动银行业数字化转型。

传统银行在用户体验方面还存在很多问题，主要表现在以下几方面。

（1）服务渠道：传统银行虽然已经构建了网点、自助设备、网上银行、手机银行、微信银行等服务渠道，但目前仍然以网点渠道为中心开展业务、拓展客户，各渠道管理部门相互独立、协同不足，线上渠道与线下渠道之间的融合不够。

（2）操作体验：部分业务手续不合理，给客户带来诸多不便。银行将本来能够线上办理的业务因合规与风险的考量推向网点，对业务管理风险容忍度较低。

（3）客户数据：虽然银行掌握了用户资产、征信等信息，但缺乏对用户消费行为、喜好、社交等信息的掌握，难以对用户进行360°评估，因此在精准营销、风险评估、体验提升等方面存在缺失。

4.1.3.3 手机银行的用户体验

随着移动互联网技术的发展，多样的选择及碎片化的使用时间促使用户对移动端服务及体验要求越来越高。当下，用户对产品的选择因素不仅仅是产品本身，更有在所处场景下对产品的感知。对于手机银行而言，用户体验决定活跃用户规模。在应用内部，除提供最基本的功能服务外，银行应充分考虑用户在使用产品过程中的行为以及心理感受，以便品牌价值的传递，及用户忠诚度及转化率的提升。

手机银行成为推动银行业数字化转型的关键和核心因素，也是银行重要的数字化平台，近年来获得较快发展。 调查数据显示：截止到2021年手机银行服务应用整体活跃人数达4.7亿，环比增长3.8%，同比增长23.6%，手机银行用户比例从2015年开始连续6年增长率保持两位数，一路从32%升到81%。

数字经济时代，随着绝大多数用户使用银行产品和服务从线下渠道向线上转移，手机银行迅速成为银行金融服务的全新渠道，同时用户需求变化快、用户调研门槛高、用户体验追踪难、用户忠诚度低等问题长期困扰着银行。

用户希望手机银行能带来更加及时、便捷、友好的体验，目前来看用户经常使用的手机银行依然有较大的提升空间，具体表现在以下几方面。

（1）反馈及时性：主要表现在打开App太慢、页面响应速度慢和不能及时收到反馈信息。

（2）操作便捷性：主要表现在重复填写、不能智能带出信息、下拉菜单过多。

（3）界面友好度：主要表现在图标相似、有些字体和图片的显示影响正常阅读等。

更好的数据分析可以使银行更加了解用户的需求和偏好。手机银行的数据分析将不再局限于人口统计和产品使用概况，还有用户的访问心理、生活方式、购买力、地理位置、渠道偏好和社交媒体使用等。未来，先进的分析功能将使手机银行不仅能够确定用户的购买偏好，还可以探测用户以后的购买需求。未来的手机银行将能够自定义与用户的交流模式，更加个性化。

银行需要把用户体验上升为愿景和目标，在各部门达成共识。用户体验不单单是某一个部门的职责，需要银行各部门通力配合、协同工作，才能更好地提升。

在提升用户体验的过程中，银行需要进行客观评估，准确定位用户对体验的需求，除了评估用户体验提升所需的成本、时间和各部门所需投入的精力，还要与营销和运营工作相结合。只有将用户体验提升与业务、财务指标密切结合，转型工作才更容易获得业务等部门的支持与认同，从而获得长久的生命力。

传统银行往往存在产品创新慢，用户体验调研、收集数据滞后，组织审批流程长，反应速度慢等问题。**用户体验提升要从用户旅程出发，而不是从部门管理范畴出发**。这意味着银行要建立有效的跨职能协作机制。数字化转型工作不能打乱各相关部门既有工作的推进节奏，最好建立一个独立的用户体验团队。在团队内，小分队作业，然后串联环节，手把手辅导各部门执行用户体验改善措施，这样更容易达成目标。**用户体验是银行胜出的关键，是竞争力的根本体现**，也是银行在数字化转型中必不可少的一环。

4.2 以数据驱动业务

以数据驱动是指将数据作为生产资料，通过大数据分析，将数据分析结果运用到银行业务经营中，并不断对运营流程做出优化，促进运营转化和交易，提高运营效率和降低运营成本。银行从日常业务运营过程中采集数据，将数据进行存储和组织，在大数据平台进一步进行整合和提炼，将数据经过训练和拟合后构建自动化决策模型，以便在业务流程中进行营销、风险管控和精细化运营。

数据的价值在于驱动业务增长。数据分析的前提在于非常了解业务，通过数据发现业务的关键问题，分析可能的影响因素，再针对影响因素用数据去论证问题产生的根本原因和解决方案。而**数据驱动业务的本质就是在做决策之前有足够的数据结论来做依托**、做判断，而非根据经验。

在数字化转型推动下，银行需要通过先进的信息科技和大数据智能地对全行的数据资产进行充分利用，从数据中获取有价值的洞见，做出更科学的决策和有效的行动。要想做到以数据驱动业务增长和创新，银行应该具备以下3个特点。

（1）数据资产化：数据是银行最核心的资产，因此银行应重视数据的安全性、完整性、关联性及质量。

（2）数据驱动决策：以数据为基础，通过高质量的数据分析驱动业务决策。

（3）数据驱动创新：以数据为起点，通过大数据分析驱动银行向智能化转变。

目前，银行数据价值挖掘最大的挑战在于数据的收集、管理和应用，如何对海量、分散、异构数据整合、治理，形成洞察。数据分析必须基于全域数据，包括机器数据、知识图谱数据等，结合人工智能技术，构建数据分析模型，实现以数据驱动业务增长、以数据驱动决策。

图4-10展示了数字化运营体系。数字化运营体系细分为4层架构：第一层数据采集是通过埋点或无埋点方案等把数据采集到大数据平台；第二层数据分析是通过构建数据流对数据的应用和管理；第三层数据运营是通过数据分析来提高运营能力，进行精细化的用户运营；第四层用户营销是用户主动触达银行的线上线下渠道，或者银行通过短信、电销主动触达用户。

用户营销	手机银行、其他线上渠道	银行网点	短信、电销	第三方渠道
数据运营	营销平台	模型平台	活动运营	内容运营
	电销平台	报表平台	用户运营	新媒体运营
数据分析	用户画像		模型（营销模型、风险模型）	
	行为分析		数据看板	
数据采集	业务数据	行为数据	流量数据	第三方数据

图 4-10 数字化运营体系

4.2.1 数据采集

数据采集是数据运营的基础，但数据并不是采集得越多越好。数据采集不是将所有数据一股脑地采集起来，需要围绕运营目标进行。

4.2.1.1 数据分类

按运营目标划分，我们一般可以将数据分为业务数据、行为数据、流量数据和第三方数据 4 类。

（1）业务数据：存/取款、转账、贷款、购买理财产品等交易产生的数据都属于业务数据，这些数据与银行的经营发展关联度最大，因此银行对此类数据的结构化存储和分析相对成熟。

（2）行为数据：客户在手机银行或者其他线上渠道进行各种操作所产生的数据。客户行为数据由简单的 5 个元素构成：时间、地点、人物、交互方式、交互内容，也就是客户在什么时间、什么地点、以何种交互方式完成了交易。客户行为基本分为 3 种，包括访问行为、点击行为、交易行为，如打开 App 和登录称为访问行为，点击页面、点击信息称为点击行为，转账、购买理财产品等称为交易行为。

（3）流量数据：流量数据可溯源客户的来源渠道，如从应用市场、官网、SEO、SEM 等渠道引流过来的。流量数据是基于用户访问的 H5 端产生的，主

133

要字段包括用户ID、用户浏览页面、页面参数、时间戳。

（4）第三方数据：如果用户从其他渠道被引流而来，银行可以获得经过用户授权的渠道数据。

在银行走向以数据驱动业务的道路过程中，数据采集依然是一个很大的障碍。**采集哪些数据、数据采集慢、采集不准确是实际的困难。**目前，克服这些困难往往需要多个部门进行大量沟通，需要研发或者技术团队进行长时间、重复且低价值的劳动。

银行需要重视数据的价值，同时更好地解决数据采集问题，因为这是做好数据分析的第一步。

4.2.1.2　数据采集方案

数据采集方案分两种：一种是埋点采集，即代码埋点；另一种是无埋点采集，就是不需要每次埋点再单独开发代码，一般有全埋点、可视化埋点、服务端埋点等。想要真实地还原用户的使用场景和把握用户生命周期，银行需要对数据进行整合。

1. 埋点采集

埋点是非常传统、普遍的数据采集方案，即通过写代码去完成该事件，如在手机银行里监测用户行为数据的代码中加载一段代码，比如注册、滑动、填写信息等，这样银行可以知道用户是否点击"注册"按钮、转账、购买产品。

图 4-11 展示了埋点采集数据的步骤。

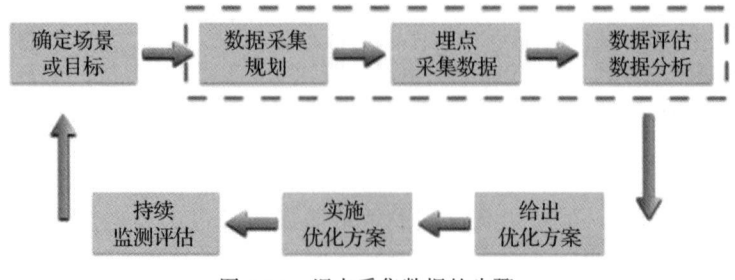

图 4-11　埋点采集数据的步骤

图 4-12 展示了用户行为数据链接全渠道的触点数据，打通数据孤岛，让银行实现跨渠道、跨平台、跨设备跟踪用户旅程。

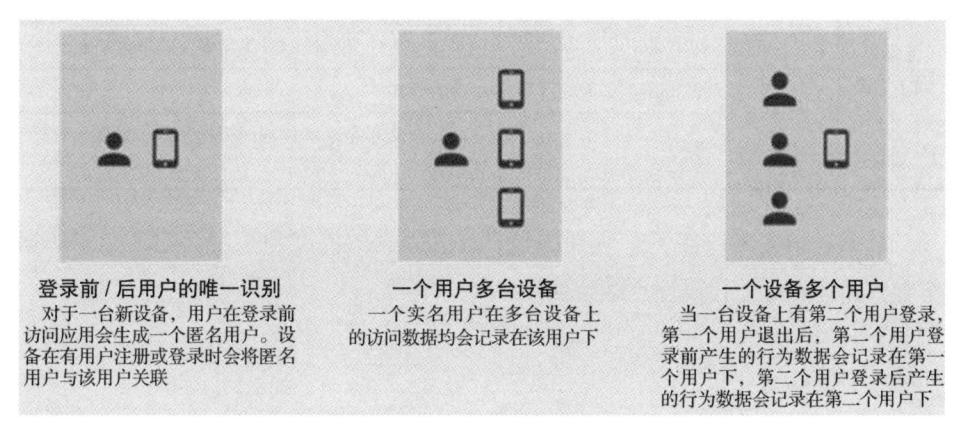

登录前/后用户的唯一识别
对于一台新设备，用户在登录前访问应用会生成一个匿名用户。设备在有用户注册或登录时会将匿名用户与该用户关联

一个用户多台设备
一个实名用户在多台设备上的访问数据均会记录在该用户下

一个设备多个用户
当一台设备上有第二个用户登录，第一个用户退出后，第二个用户登录前产生的行为数据会记录在第一个用户下，第二个用户登录后产生的行为数据会记录在第二个用户下

图 4-12　数据整合

随着业务规模越来越大，银行要采集的数据越来越多，功能的变化和新业务的上线需要埋的点也越来越多，而埋点方案的缺陷就暴露出来了。每次埋点部署比较慢，需要产品人员和开发人员反复沟通，如果埋点代码出现问题，重新埋点的代价特别大。这两个问题将整个数据采集周期拖长到半月甚至一个月，成本很高但效率低。

2. 无埋点采集

无埋点并不是不需要写代码，而是前端自动采集全部事件并上报所有数据，然后通过筛选来获取事件。无埋点方案优化比较容易，无须依赖开发人员。

该方案的缺点也比较多，如部分业务维度的数据无法采集、用户的特殊动作如滑动等行为数据暂时无法采集。表 4-4 展示了无埋点方案是通过 App 界面位置和上下级关系来采集数据的，一旦业务流程发生较大变化，会导致数据无法持续采集，需要重新开发和配置，而且数据准确性会受手机型号、开发框架、开发规范以及其他因素的影响，不能灵活地自定义属性，传输时效性和数据可靠性欠佳。

表 4-4 无埋点采集

	优 势	劣 势
无埋点优/劣势	可视化展示界面基本度量，满足基本的数据分析需求	只能采集用户交互数据，且适合标准化行为数据的采集，自定义属性的采集需要代码埋点辅助
	技术门槛低，使用与部署较简单	兼容性差
	用户友好性强	数据采集不全面、传输时效性较差、数据可靠性无法保障

数据采集方案决定了采集到的用户行为数据的深度和粒度。为了夯实数据基础，无埋点可与代码埋点结合使用。

4.2.2 数据分析

数据采集后，银行需要通过大数据平台分析客户的需求，开发更多符合客户需求的增值产品和服务，重新投入使用，形成一个完整的业务闭环。这样完整的业务逻辑可以真正意义上驱动业务增长。

原始数据并不能直接为运营所用，需要银行经过一定标准的整合、加工和治理，解决数据规范、质量等问题。

数据从生成到最终产生价值一般经历了采集、预处理、存储与管理、挖掘价值和传递价值5个过程，如图4-13所示。

采集	预处理	存储与管理	挖掘价值	传递价值
用户基本数据 行为数据 日志数据 行为数据	把所有采集的数据放入大数据平台进行数据清洗和预处理	大数据分布式处理 分布式计算框架 分布式内存计算系统 分布式流计算系统	对已有数据进行统计和价值挖掘	数据可视化，把大数据分析和挖掘结果通过表格或图形等形式展示给用户

图 4-13 数据分析

4.2.2.1 数据指标

每家银行都需要一套标准、通用的指标,这将极大地提高运营效率,同时降低沟通成本。

1. 指标的价值

指标的价值主要包含以下 3 方面。

(1)降低沟通成本,提升沟通效率:全行的统计口径保持一致,比如放款金额、支付金额、贷款滚动率等,确保各部门、分支行按照一套标准、一套口径来运行。

(2)打破信息隔阂,减少部门建设:数据平台的建设相当消耗资源,指标的开发尤其如此,看着简单,真正落地需要投入大量人力和时间,最麻烦的是同一个指标因为是不同部门开发的,底层定义和处理逻辑不一致,统计结果相差太远或者根本不可用。

(3)数字化转型和大数据平台建设的基础:银行花费大量人力研发的数据仓库、大数据平台、营销平台等,都需要使用统一的数据指标。

2. 指标体系制定

制定指标体系需要确定北极星指标(关键指标)、一级子指标和二级子指标,具体做法如下。

(1)贴合业务场景,从业务出发:满合业务度量需求才是制定指标体系的根本出发点。银行可围绕客户存款、贷款业务来梳理,把指标主题分类为业务、风险、财务、客户、人力、机构和运营等。

(2)各部门充分沟通,全行达成共识:很多时候难以推进指标体系建设的原因在于不同部门都想用适合自己业务的指标。因此,银行需要自上而下推动指标体系建设。

(3)维护好数据指标,推进数据指标应用:随着业务不断变化,新的指标产生,银行需要在原有指标体系基础上做更新维护。

银行贷款指标体系见表 4-5。

表 4-5　银行贷款指标体系

关键指标	一级指标	二级指标
总放款金额	注册、登录	登录人数 登录转化率
	申请授信额度	申请授信人数 申请授信转化率
	申请提现	申请提现人数 申请提现转化率
	成功放款	成交人数 件均放款 件均利息

银行业务发展指标体系见表 4-6。

表 4-6　银行业务发展指标体系

关键指标	一级子指标	二级子指标
业务发展效率指标	企业网银客户	客户规模
		客户渗透率
	手机银行客户	客户规模
		客户渗透率
	其他渠道（个人网银、电话银行等）客户	客户规模
		客户渗透率
业务发展指标	企业网银客户	客户活跃率
	手机银行客户	客户活跃率
	其他渠道（个人网银、电话银行等）客户	客户活跃率
资产负债指标	资产与负债关系	风险资本率
		资本率
		杠杆比率
		存贷款比率
		中长期贷款比率
		期末余额呆账准备金与贷款比率
	盈利性比例	资本收益率
		资产收益率
		运营净收入率
		生息资产率

（续）

关键指标	一级子指标	二级子指标
经营状况指标	规模类指标	资产总额
		加权风险资产
		一般性存款
		各项贷款总额
	效益成本指标	利润
		利润率
		资本净利润率
		成本率
		中间业务收入
	资产质量指标	分行不良率
		滚动率

银行风险管控指标体系见表 4-7。

表 4-7 银行风险管控指标体系

关键指标	一级指标	二级指标
资产质量	五级分类	正常贷款
		关注贷款
		次级贷款
		可疑贷款
		损失贷款
	逾期和重组贷款	逾期贷款（率）
		重组贷款（率）
	贷款拨备率与拨备覆盖率	贷款不良率
		不良贷款率
		贷款拨备率（又称拨贷比）
		拨备覆盖率
	其他	放款本金
		本金余额
		可用余额
		当前本金余额
		核销金额
		不良贷款本金余额

139

（续）

关键指标	一级指标	二级指标
资产质量	信用风险计量指标	ECL
		PD
		LGD
		EAD
		内部收益率
	贷前审批	申请进件金额、件数
		审批金额、件数
	授信定价	风险等级
		审核通过金额、件数
		核准率
		授权核准率
		违例核准率
		命中率
		诈欺损失率
		规则命中率
		模型拒绝率
		人工通过率
	核拨放款	拨贷
		拨贷率
		核拨率
		户数
		进件
		余额
	贷中管理	负债比
		月负比
		贷后 N 月的到期未付率
		平均额度
	贷后管理	逾期天数
		逾期期数
		逾期阶段
		逾期区间
		FPD
		即期指标

（续）

关键指标	一级指标	二级指标
资产质量	贷后管理	递延指标
		流入（入催）
		流入率（入催率）
		M2
		M3
		到期未付率
		迁移率（迁徙率）
		滚动率
	催收指标	催回率
		回流率
		逾期罚息
		逾期利息
		逾期未还本金
		未到期待还本金
	坏账指标	转呆账率
		累计转呆账率
		准坏账
		新增坏账
		坏账率
		贷款余额
		回收率

4.2.2.2 用户行为分析

1. 用户行为分析的意义

在营销推广中，什么渠道带来的流量最高，渠道的 ROI 如何，不同活动和投放的转化率如何，这些都需要我们对用户行为进行详细分析。

银行的根本目的是降低渠道成本，提升渠道的转化率。银行对接的推广渠道越来越多，存在获客成本增加、获客质量降低、维护成本增加等情况，需要分析各渠道登录和注册转化用户数、成功通过认证用户数、存/贷款或理财用户数、正常交易用户数,并合理地计算各渠道的ROI。

银行需要分析每一个来源渠道的留存、转化效果。银行可以通过用户行为分析平台统计和分析手机银行等各个渠道的获客量;通过对展示媒介、广告内容、关键词和着陆页等进行交叉分析,汇总分析渠道的获客量、用户质量和用户价值,甄别优质渠道和劣质渠道,精细化追踪,提高渠道的ROI;通过渠道质量评估模型(见图4-14),制定相应的渠道获客和投放策略。

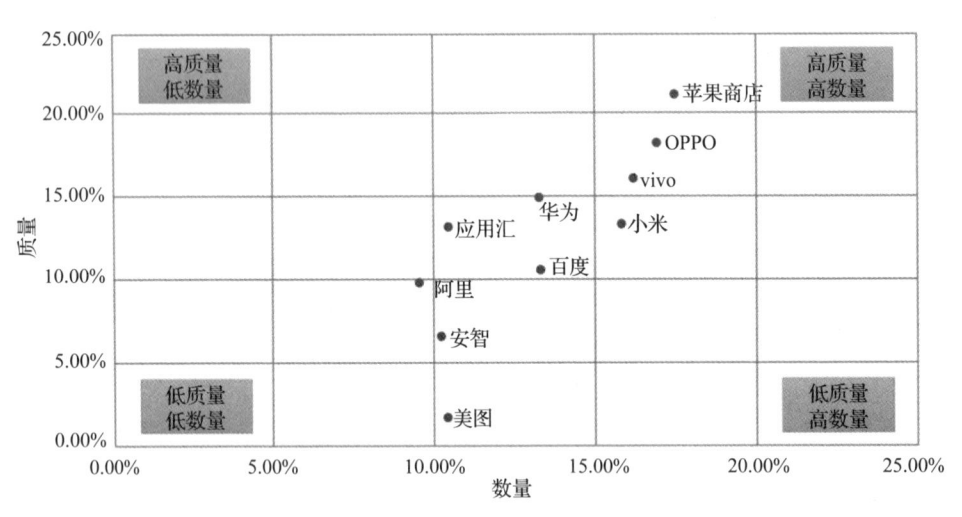

图 4-14 渠道质量评估模型

注:数据只是举例,不来自于事实。

2. 如何进行用户行为分析

(1) 事件分析:用户使用手机银行的行为通常称为事件。我们把相关业务功能操作和用户行为动作都抽象为事件。一般来说,事件通过埋点来获得。表4-8展示了一个互联网贷款事件。

表 4-8 互联网贷款事件

序号	功能	事件	属性
1	注册	点击"注册"按钮	
2		填写注册信息	
3		注册成功	

(续)

序号	功能	事件	属性
4	绑卡	点击"绑卡"按钮	
5	绑卡	绑定银行卡	
6	绑卡	绑定成功	
7	实名认证	点击"认证"按钮	
8	实名认证	身份证拍照	
9	实名认证	完成拍照	
10	实名认证	人脸识别	
11	实名认证	识别成功	
12	个人信息	基本信息	
13	个人信息	公司信息	
14	个人信息	家庭信息	
15	个人信息	地址信息	
16	个人信息	完成个人信息	
17	申请审核	申请	
18	申请审核	完成申请	
19	借款	点击"借款"按钮	
20	借款	填写信息	
21	借款	提交申请	
22	借款	借款成功	
23	还款		
24	逾期处理		
25	理财产品		

（2）漏斗分析：主要分析用户在使用产品过程中各关键环节之间的转化率和流失率，如图4-15所示。

（3）留存分析：通常，新客户在一段时间后可能就会逐渐流失，那些继续使用产品的用户或者经常回访手机银行的用户就称为留存用户。在一段时间内，比如5～7天，对手机银行有过任意行为的用户称为该手机银行这段时间的活跃用户。任意行为可以是打开手机银行、登录、注册、申请等。我们记录了用户使用过程中的关键事件，根据这些事件描绘出留存曲线，如图4-16所示。

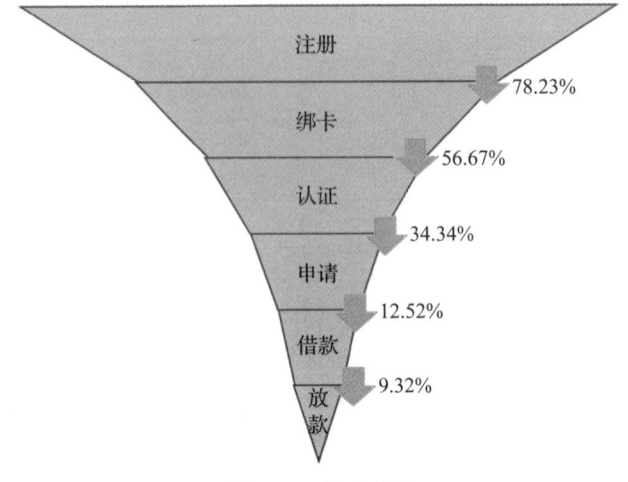

图 4-15 漏斗分析

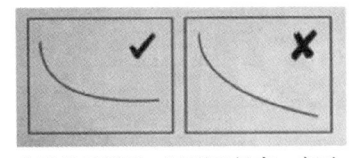

曲线趋于平缓，证明已经有一部分用户持续感受到产品价值，逐渐成为忠诚用户

通过产品改进，留存率越高越好

图 4-16 留存曲线

留存分析指标如下。

- 流失用户：有一段时间没有再打开产品的用户。根据金融产品的属性，我们可以按 30 天、60 天等划分时间段。金融产品并不是高频使用产品，一般来说每月登录或使用一次产品的用户属于正常用户。
- 不活跃用户：有一段时间没有打开产品的用户。为了和流失用户区分开来，我们需要选择无交集的时间范围。比如流失用户是 60 天以上没打开产品，那么不活跃用户可以是 0~60 天没打开产品。
- 回流用户：有一段时间没用产品，之后突然回来再次使用的用户。回流用户是活跃用户，且是由流失用户或不活跃用户唤回而来。
- 活跃用户：某一段时间打开过产品的用户，金融产品的使用习惯可以定为 30 天。

- 忠诚用户：也可称为特别活跃用户，定义为每月持续打开产品而且重复使用过 2 次产品的用户。

用户留存分析示例如图 4-17 所示。

	当日	次日	第三天	第四天	第五天	第六天	第七天
5月14日	42%	29%	18%	10%	6%	5%	3%
5月15日	35%	26%	15%	8%	6%	4%	
5月16日	30%	23%	12%	7%	6%		
5月17日	41%	35%	20%	12%			
5月18日	39%	30%	19%				
5月19日	32%	25%					
5月20日	30%						

图 4-17 用户留存分析示例

（4）行为路径：用户进入手机银行后，通常会沿着不同的路径去使用功能。通过对用户行为路径的分析，银行可以看到用户最常用的功能和使用路径，了解用户是在哪个环节流失的。

银行可以分析用户在手机银行各个功能模块的使用路径（见图 4-18）与使用习惯，挖掘用户的访问需求或点击模式，进而实现一些特定功能，如手机银行用户认证等。

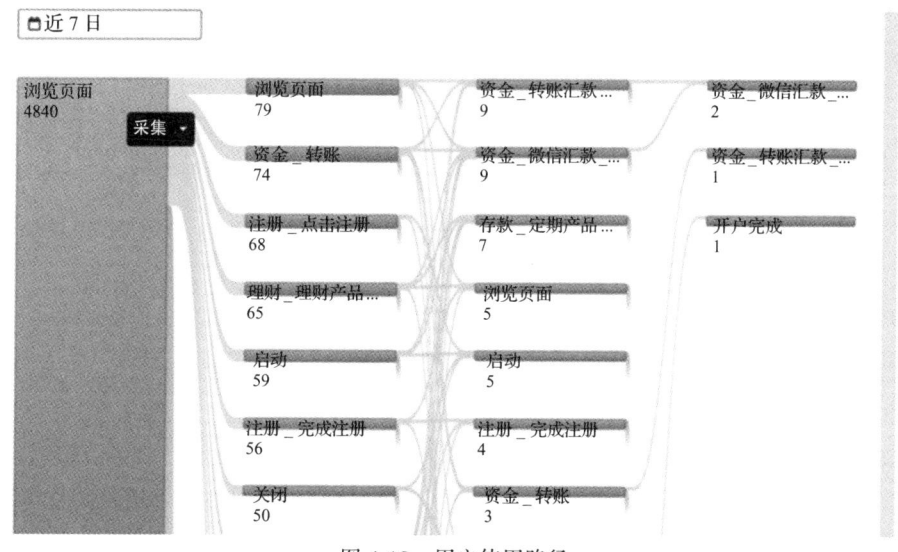

图 4-18 用户使用路径

4.2.2.3 用户画像

用户画像是产品设计和用户分析的一种方法。当我们讨论产品、需求、场景、用户体验时,往往需要将焦点聚在某类人群上,用户画像便是一种抽象的方法,是目标用户的集合。

1. 构建用户画像的意义

用户画像是建立在一系列真实数据之上的目标群体的用户模型,即根据用户的属性及行为特征,抽象出相应的标签,拟合成的虚拟形象,主要包含基本属性、社会属性、行为属性及心理属性。需要注意的是,用户画像是将一类有共同特征的用户聚类分析后得出的,并非针对某个具象的特定个人。

用户画像构建的核心工作是将数据标签化。打标签的重要目的之一是让人容易理解并且方便计算机处理,比如做分类统计:下载手机银行的男性占比情况,哪些人申请了产品,什么年龄段的占比最大,使用银行服务的人分布在哪些区域,一线、二线、三线城市的用户有什么喜好等。

用户画像通过一系列标签把用户呈现给业务人员,让业务人员知道目前的客群,以便进行精准营销。运营人员最擅长将用户画像精细化,将用户群体切割成更细的粒度,辅以短信、推送、邮件、活动等手段,关怀、挽回、激励客户。

用户画像构建的意义如下。

(1)促进复购:有助于银行了解目标客户群体的特征,制定二次营销策略。

(2)促活:有助于银行了解沉睡客户的特征,制定激活这类客群的策略。

(3)拉新:有助于银行了解使用产品的用户类型、性别、年龄和出入地点,以便制定策略和营销方案获取新用户。

(4)风险评估:有助于银行了解不同用户群体的风险喜好、欺诈概率、正常还款概率。

2. 整体架构

在构建用户画像时,首先要进行标签建模,然后建立模式库,形成用户画像的后台库,如图 4-19 所示。打标签前,首先要对数据做清洗,保证数据质量。

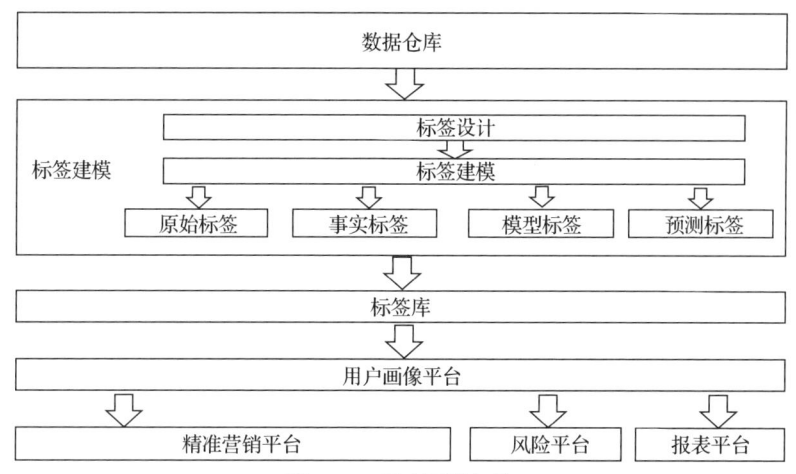

图 4-19　用户画像架构

用户画像平台输出标签，把过滤或筛选过的用户信息输出给其他系统，以便进行精准营销、风险控制、二次营销策略制定。标签体系建设是用户画像构建的关键。用户画像平台一期可以先建设原始标签和事实标签，待项目人员对业务和标签体系有了深入了解后再进行二期、三期建设。

业务人员常用的标签如图 4-20 所示。

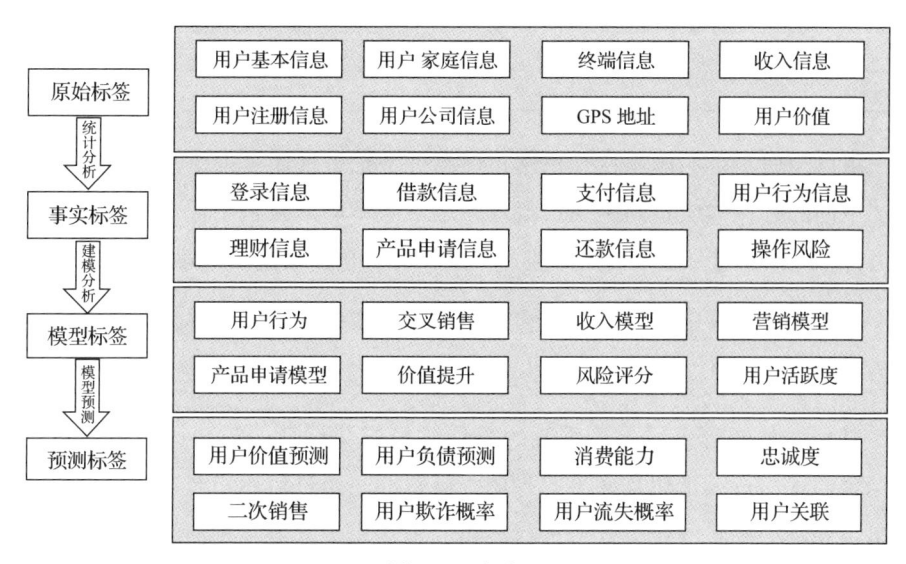

图 4-20　标签

- 原始标签：用户最基本的信息，比如用户的性别、学历等信息。
- 事实标签：对原始数据库中的数据进行统计分析而来，比如用户理财次数是基于用户一段时间内实际理财行为做出的统计。
- 模型标签：以事实标签为基础，通过构建事实标签与业务问题维度的模型，并进行模型分析而得到的。
- 预测标签：在模型基础上做预测，比如预测用户的价值、用户欺诈风险和违约风险等。

用户画像平台功能如表 4-9 所示。

表 4-9 用户画像平台功能

序号	功能模型	二级功能	功能描述
1	标签管理	固定标签	
		自定义标签	
2	宏观画像	标签筛选	
		用户列表	
3	个体画像		
4	人群管理		
5	报表分析	交叉分析	
6	逾期分析		
7	用户失联修复		

用户画像平台的作用在于将用户信息标签化，进而辅助产品运营策略的制定。不同的标签对应不同的用户群体，也对应不同的营销手段。用户画像如何在银行里应用，这一般要看产品投放渠道和每个合作渠道的差异。

用户画像平台中用户有各种各样的标签，营销部门可以通过标签体系来选择需要触达的用户，然后进行精准营销，如图 4-21 所示。

对于产品经理来说，最重要的是后续精细化运营。一个产品想要持续产生销售收入，持续优化是必不可少的。运营部门通过对用户与产品交互过程中点击、停留、跳转等行为数据进行分析，构建用户画像，进而洞察用户深层次需求。

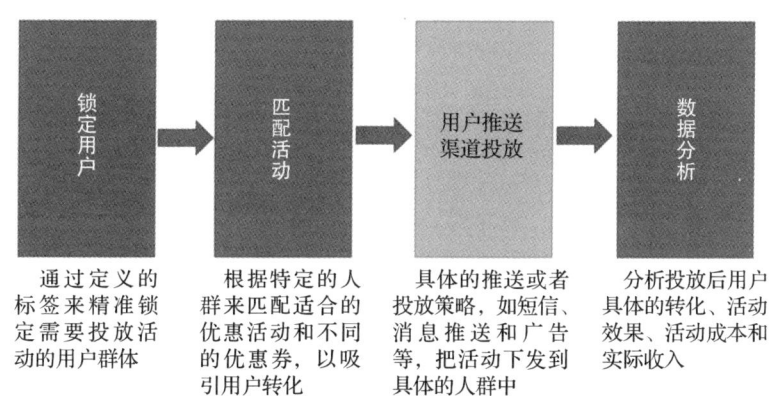

第 4 章 银行数字化转型的 2 个核心业务要素

```
锁定用户 → 匹配活动 → 用户推送渠道投放 → 数据分析
```

锁定用户	匹配活动	用户推送渠道投放	数据分析
通过定义的标签来精准锁定需要投放活动的用户群体	根据特定的人群来匹配适合的优惠活动和不同的优惠券，以吸引用户转化	具体的推送或者投放策略，如短信、消息推送和广告等，把活动下发到具体的人群中	分析投放后用户具体的转化、活动效果、活动成本和实际收入

图 4-21　精准营销

优化产品流程和用户体验是产品经理永恒的追求。产品经理可基于用户行为进行追踪，对各场景下的用户行为数据进行清洗、汇总、整合和统计，减少主观判断，以数据为依据设计适合用户习惯和喜好的产品，如表 4-10 所示。

表 4-10　场景数据

场景		分类	用户数据					
场景数据	App	页面分析	访问量	输入或点击	热点图	停留时长	页面跳转	页面转化
		用户体验	跳转率	流失率	留存率			
		流量分析	访客活跃度（7日、15日、30日）		留存率（1日、7日、15日、30日）		注册率	登录率
		用户情况	活跃时段	地域	版本	终端	启动次数	访问时长活跃度
	流量情况	渠道	来源渠道	渠道点击	访问页面	停留时间	渠道转化	渠道跳转
	交易	页面流量	点击量	流失率	转化率			
		销售转化	认证率	绑卡率	授信率	借款率	发生金额	复购率

全方位分析同一事件或同一指标在不同客群中的表现，有助于进行精细化的用户运营，提高运营的深度和精度，见图 4-22。

我们在进行渠道投放时一般要对渠道 ROI 进行分析，还需要对转化用户进行全方位的分析，如图 4-23 所示。

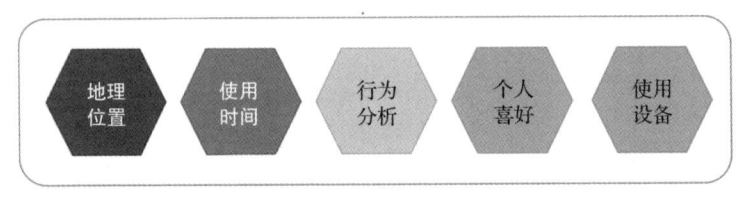

图 4-22　全方位分析用户

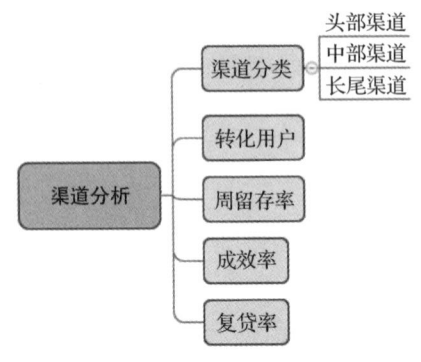

图 4-23　渠道分析

　　用户从渠道接触到银行产品时，需要完善基础信息、信用信息等。在第一次交互过程中，银行可以主动或被动地收集用户信息，并且持续跟踪用户行为，以便将潜在用户转化为正式交易用户。

　　用户进入产品后的所有行为数据经过清洗后是银行用户分析和精准营销依据，也是优化和升级产品的基础。

　　银行根据渠道分析和用户画像，可以详细掌握渠道的用户转化、用户的活跃度、用户行为和用户交易等全方位信息，同时做到用户全生命周期的渠道 ROI 分析；根据产品属性和用户人群，综合分析渠道的价值、贡献度，从而调整渠道资源的投入。

4.2.3　数字化运营

　　让数据推动业务增长不仅仅是收集数据、定期查看数据这么简单。真正的银行数字化运营指的是，银行在做每一个决策之前都需要分析相关数据，并让这些数据结论指导业务。在存量市场中，数字化运营是必然趋势，其价值主要体现在 4 个方面，如图 4-24 所示。

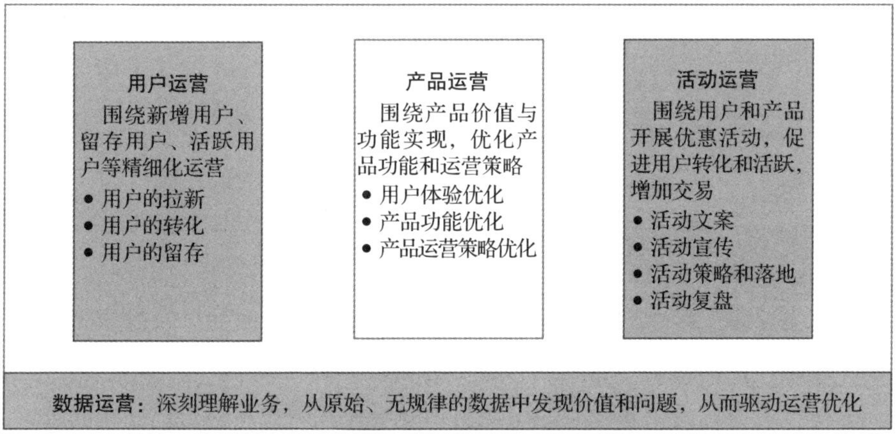

```
┌─────────────────────────────────────────────────────────────────────┐
│  ┌──────────────┐      ┌──────────────┐      ┌──────────────┐       │
│  │   用户运营   │      │   产品运营   │      │   活动运营   │       │
│  │ 围绕新增用户、│      │ 围绕产品价值与│      │ 围绕用户和产品│       │
│  │ 留存用户、活跃用│      │ 功能实现，优化产│      │ 开展优惠活动，促│       │
│  │ 户等精细化运营│      │ 品功能和运营策略│      │ 进用户转化和活跃，│       │
│  │              │      │              │      │ 增加交易      │       │
│  │ • 用户的拉新 │      │ • 用户体验优化│      │ • 活动文案    │       │
│  │ • 用户的转化 │      │ • 产品功能优化│      │ • 活动宣传    │       │
│  │ • 用户的留存 │      │ • 产品运营策略优化│  │ • 活动策略和落地│       │
│  │              │      │              │      │ • 活动复盘    │       │
│  └──────────────┘      └──────────────┘      └──────────────┘       │
│  数据运营：深刻理解业务，从原始、无规律的数据中发现价值和问题，从而驱动运营优化 │
└─────────────────────────────────────────────────────────────────────┘
```

图 4-24 数字化运营

数字化运营的意义如下。

（1）促进用户活跃：通过精细化渠道触达、活动运营，提高用户访问频率与使用时长，有效增强用户对产品的价值认同与内容依赖，比如给用户提供更加有吸引力的内容，会提升用户活跃度、使用时长等指标值。

（2）优化用户体验：通过诊断产品可用性与易用性，改善产品感官体验与交互体验，提升用户满意度、忠诚度。

（3）提升用户的价值：通过建立用户分层体系，细分用户需求，了解用户偏好与消费习惯，对业务流程进行诊断，有效提升业务各环节的转化率，提升用户价值。

（4）驱动产品创新：通过对整体性的用户需求与产品价值匹配度评估，找到产品运营困境，指导产品创新与竞争力提升。

4.2.4 用户营销

用户营销是数字化运营的最后一步也是最关键一步，首先要收集业务数据、用户行为数据并汇集到数据仓库和集市，然后将数据在模型平台进行分析和训练，构建营销模型，再根据用户分层情况进行用户精准营销，如图 4-25 所示。

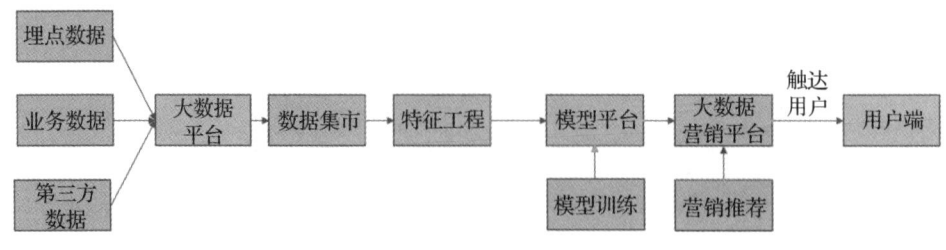

图 4-25　用户营销

用户增长在于以用户为中心，通过用户画像和行为数据分析挖掘用户核心需求。触达用户的目的一方面在于提升存量用户的活跃度、留存率和转化率，另一方面在于通过第三方合作场景带来用户增长。搭建用户营销体系的目的在于通过用户洞察建立银行与用户的关系，从而提升用户转化率。

银行需要建设营销中台，通过精准化营销，提升用户整体转化和交易规模，具体如下。

（1）实现用户营销自动化：对于用户营销的几个场景，如新客注册、转化提升、用户交易、流失召回等，只要设置好相应触发条件，基本都可实现执行自动化。

（2）活动创建可视化和配置化：大数据营销平台支持灵活配置活动，只需选择用户分群，即可快速完成活动的创建，同时支持创建对比组来对比不同活动的营销效果。

（3）实时跟踪营销效果：针对营销效果实时跟踪，并进行实时评估，帮忙营销人员快速、有效地决策和制定策略。

（4）触达渠道多元化：触达方式不同，投入成本、转化率不同。触达方式包括短信、电销等。数字化运营支持自动灵活配置触达方式。

（5）营销内容个性化：针对不同的客群，不同的产品如理财产品、信用卡、信贷产品，银行需要进行个性化配置，对有相同画像和行为的客户灵活分群和分组。

第 5 章 CHAPTER

银行数字化转型的 4 个关键技术点

数字化转型不仅为银行解决了展业的时间和空间限制。数字技术正在成为拉动银行业务增长的基础和新生动力,促进银行的业务流程、运营流程、风险管控流程等更顺畅、高效地运作,为银行提质、降本、增效。

5.1 数字技术与场景数字化

数字化转型进程正在加速,并呈现出"四横五纵"的新特征,如图 5-1 所示。"四横"是数字化转型的共性需求,"五纵"是新兴技术支撑的 5 个典型场景,这些新兴技术将对企业战略将产生深远影响。"四横五纵"体现了信息技术正由局部相关领域向数字化社会的各领域扩散,并驱动业务数字化、数字业务化、核心系统现代化。业务数字化即各类业务活动中产生的信息整合为可统一处理、统一分析和统一使用的数字化信息,通过对业务数据的萃取和连接,形成基于业务的数据体系,将业务在数字化世界里建模,实时、真实地反映业务的本质,并在此基础上通过提供数据服务助力业务发展。数字业务化是以数字化信息为基础，全面打通信息孤岛，沉淀共享业务模块，释放企业 IT 敏捷能力，从而促进业务创新和发展。核心系统现代化即使用云原生和分布式等新技术和新方法帮助企业以更低的成本投入和更方便运营管理的方式将陈旧的核心系统向更易扩展的云平台进行迁移，提升业务敏捷能力、工程能力、PaaS 和 SaaS 化能力，进而实现对长尾客群需求的满足。

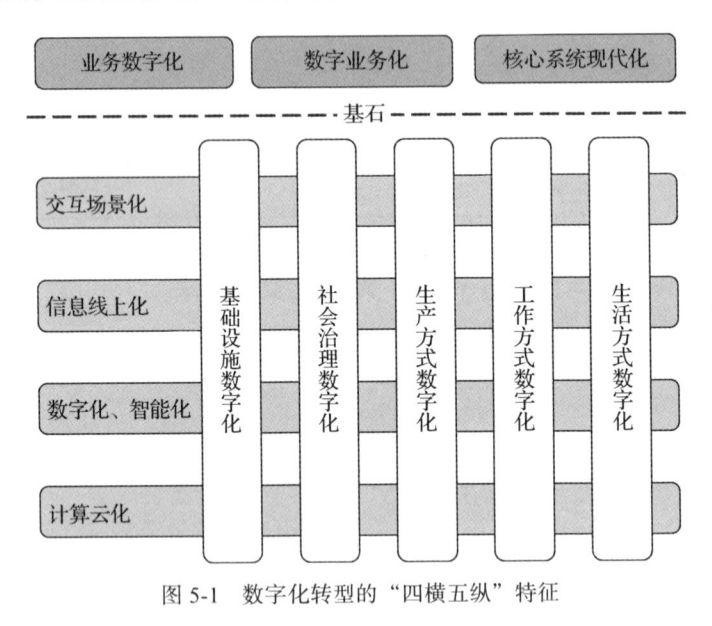

图 5-1 数字化转型的"四横五纵"特征

5.1.1 打造"四横"数字化能力

在技术进步叠加市场需求的推动下银行数字化进程加快，计算云化，数字化、智能化，信息线上化，交互场景化全面支撑产业升级，在实现人与人、人与物以及物与物之间全连接的基础上，使得生产制造、商业运营、民生服务、人际交流等各领域工作变得更加高效、灵活，并激发出创新活力。

5.1.1.1 计算云化

数字化金融要求银行的 IT 架构快速、弹性、安全、可靠。中小银行依靠过去积累的传统 IT 平台难以适应互联网时代海量用户的业务场景，需要向计算云化转型。只有基础设施云化，才能让传统 IT 架构变成随需应变的数字化基础设施，才能满足前端不断变化的业务需求。通过云计算富有弹性的资源和自助服务，银行科技人员以较低的成本从云平台获取高质量的计算、存储、数据、平台和应用服务。在系统迁移上云后，银行 IT 资源利用率、运维效率得到提升，并通过云计算技术与传统技术理念结合实现用较低的成本服务广大的用户群体，提供高质量、稳定、高性能的数字化金融服务，促进金融创新，推动实现普惠金融。

随着 IT 技术的快速发展，虚拟化、云计算、容器、敏捷交付、精益敏捷、DevOps、微服务、云原生等在银行业逐渐应用，并积累了大量最佳实践。云计算平台是运行云原生应用的必要条件，如果没有正确的设计和实践来管理基础架构，再好的云原生应用也无法发挥价值。

然而，银行落地云计算平台时要避免过去以项目为中心的 IT 建设思路，导致即使上云，内部系统还是烟囱式架构，需要统筹规划，实现服务标准化、自动化和服务化，如图 5-2 所示。

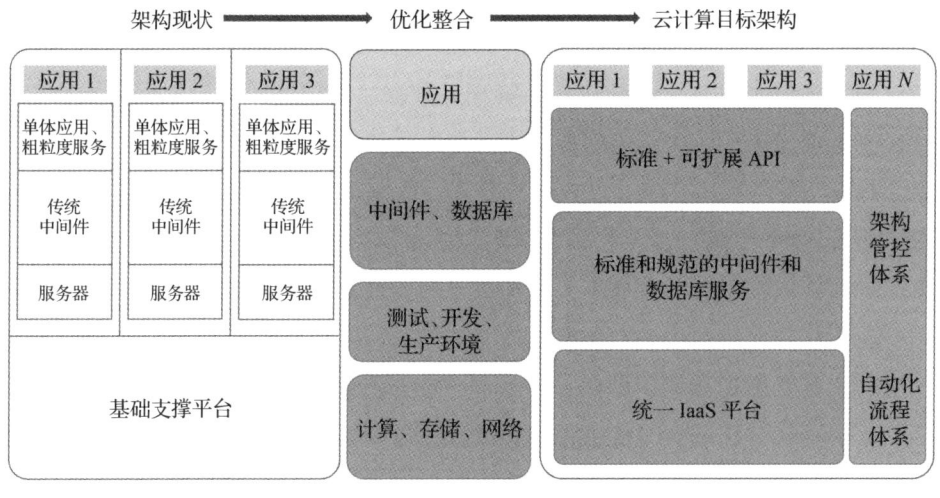

图 5-2 上云目标和过程

银行云计算平台落地需要从战略、管理、业务和技术等视角来理解当前行业信息化发展环境，聚焦规划重点和关键点。云计算平台落地可分为 3 个大阶段和

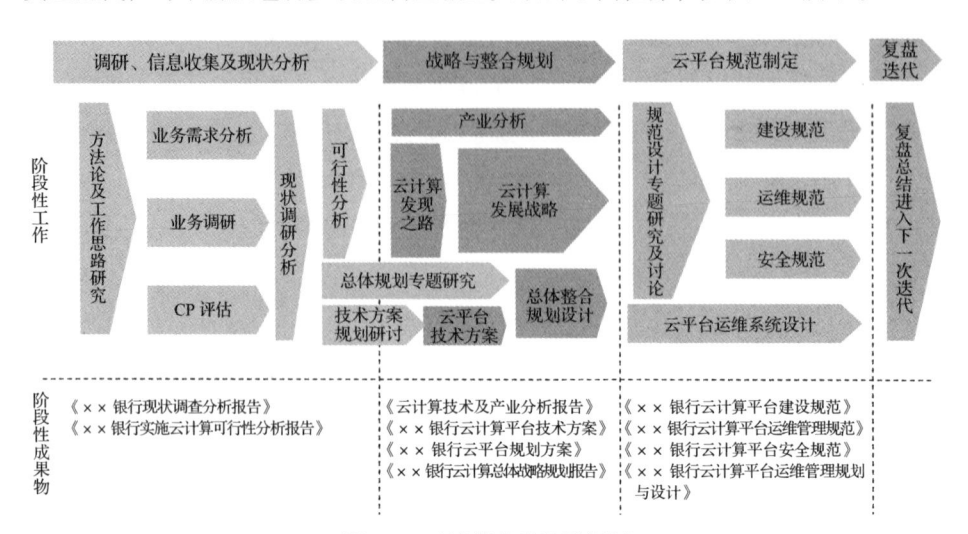

复盘迭代，每个阶段包含多项逻辑上相互关联的不同任务，如图5-3所示。

图 5-3 云计算落地阶段规划

5.1.1.2 数字化、智能化

大数据浪潮正渐渐平静，数据资产已成为银行的重要生产要素，在客户服务创新、客户洞察、精准营销、风险管控、运营优化、绩效管理、财务管理等工作中发挥着越来越重要的作用。管理好数据、应用好数据、挖掘数据价值，已经成为现代银行加快业务创新、提高精细化管理和提升科学决策水平的最重要、最迫切的基础工作之一。银行业积累了大量大数据平台建设最佳实践：一般先用1～2年时间完善大数据基础平台等项目，然后用2～3年时间推进大数据架构和体系转型，最后逐步实现数据整合、商业智能、数据价值体现。大数据平台不仅需要技术支撑，还需要精准挖掘，同时做好人员、流程、制度管理的支持，具备数据采集、清洗、整合、建模、分析、部署与调优等基础能力。然而，中小银行在过去的信息化建设过程中过多关注平台基础能力建设，缺少配套人员、流程等基础能力打造，数据治理体系建设也大大滞后于业务系统及管理分析类系统的建设。这导致中小银行在不同程度上出现了不同业务系统之间数据和技术定义不一致、数据难以整合且难以有效利用的问题。这些问题已经成为制约业务发展和技术实现的瓶颈。

智能化是从数据（Data，事实的记录）到信息（Information，数据+意义）再到智能（Intelligence，信息+理解与推理）最后形成知识（Knowledge，解决问题的技能）和智慧（Wisdom，知识的选择）的过程。要在大数据基础上实现智能化，银行人员需要掌握数学和统计学理论知识，具有行业实践经验和工具应用能力，如图 5-4 所示。其中，掌握数学和统计学理论知识是对相关人员的基础要求。只有具备相关数学和统计学理论知识，银行人员才能将整理、描述、预测数据的手段、过程抽象为数学模型。工具应用是基础，通过平台自动化可以让非专业技术人员也能够快捷实现数学建模，快速响应分析需求。具有行业实践经验可以让相关人员通过数据分析、确定用户需求，形成技术成果后指导业务发展。三者的交集数据挖掘，就是充分利用统计学和人工智能技术，并把这些高深复杂的技术封装起来重塑资源配置和生产运营逻辑，通过交易数据智能化分析，快速找出关键因素，指导相关人员及时调整营销策略。

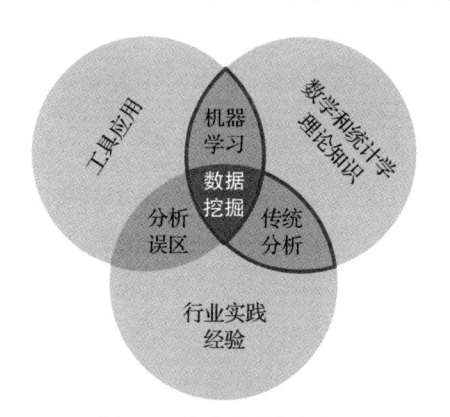

图 5-4　大数据分析框架

5.1.1.3　信息线上化

线上化打破传统业务物理空间和网络空间的边界，通过流量和连接推动用户和业务规模增长。金融服务的复杂性决定了银行不能走互联网公司纯线上化的道路，需要探索以客户为中心的在线数字化服务模式。这也要求银行业务线和技术线相关人员的思维模式做出转变，即从面向需求或问题驱动、局部调整、被动的思维模式转变为面向业务全局、从专业视角指导全局的思维模式，如图 5-5

所示。从工程视角看,移动互联网、分布式、云计算、DevOps、大数据、人工智能等技术解决了传统依赖人工审批的可扩展性和及时性问题,提升了产品和服务的可获得性和用户体验,使得提供线上服务成为可能;从商业视角看,从第一性原理出发以客户为中心提供线上、线下一致的服务体验成为银行未来发展趋势,而且过去几年线上消费信贷和相关互联网金融业务从商业模式上证明是可行的;从设计视角看,产品经理和相关设计人员需要洞悉产品本质、业务趋势,从全局视角出发,融入行业生态设计产品和服务。

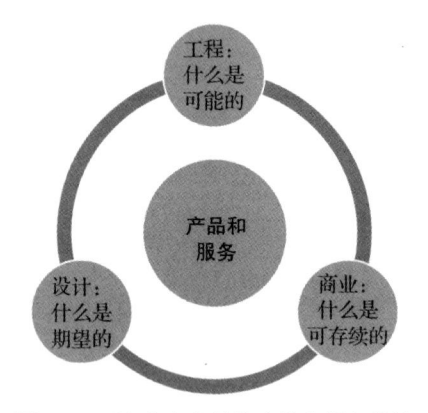

图 5-5　面向业务全局的产品和服务设计

5.1.1.4 交互场景化

在数字经济浪潮中,人人在线、万物互联,场景生态已经成为社会生产、居民生活的重要组成部分,越来越多的消费者通过数字化平台获得产品和服务,例如网购、网约车、在线医疗等。随着用户对线上服务的依赖程度逐步加深、越来越多的非金融交易迁移到线上,企业的服务形态和竞争内核已经发生根本性变化。其核心不再是单一产品与业务的角逐,而是场景与生态的竞争,本质是数据资产作为生产要素的竞争。银行基于金融风控能力、强大的客户信任感、低资金成本、线下网点服务等独有优势,将金融产品和服务无缝嵌入并整合到其他消费场景中布局生态。银行从客户潜在痛点出发,挖掘一系列解决客户痛点的场景和机会点,通过"场景+金融"的方式无缝插入客户旅程端到端相关场景中,满足客户全方位需求,例如:消费者为支付网购商品申请的小额贷款;

小微企业为缓解资金压力在供应链平台上申请的可即时审批的流动资金贷款等。通过将传统银行提供的服务嵌入更广泛的非金融产品和服务场景中，银行以更低成本触达和培育更多客户，从而创造新的收入增长机遇。面对银行传统业务同质化竞争，中小银行的生存空间受到挤压，需要围绕如何实现场景化做出战略性决策，确定产品定位和目标合作伙伴。

2022年8月29日，在推动金融业高质量发展主题论坛暨《金融场景生态建设行业发展白皮书2.0》发布会上工业和信息化部原党组成员、总工程师朱宏任指出"工业是国民经济的基础，金融是实体经济的血脉，为实体经济服务是金融的天职。在数字产业化、产业数字化的转型浪潮中，金融业加强场景建设，也是为自身绿色发展、高质量发展奠定了坚实基础。"金融因交易而生，场景金融生态建设是银行商业模式与经营理念的重构，关注的不再仅仅是客户的金融需求本身，而是从客户的生产、生活等场景切入，以客户为中心将金融服务无缝融入社会数字化生态，为客户带来全新的数字化体验。通过将传统银行提供的服务嵌入更广泛的非金融产品和服务，金融机构可挖掘和培育更多客户，从而创造新的收入增长机遇。

如图5-6所示，金融场景建设的核心逻辑为通过挖掘自身资源和能力禀赋寻找差异化场景，而非做大而全的布局；通过平台战略和平台思维，主动与非金融场景深度融合，而非建好开放服务之后的等风来；尊重生态的游戏规则，聚力共生、合作共赢，而非自身利益最大化的倾轧；寻找高频、高质流量，进而产生能量、创造价值。

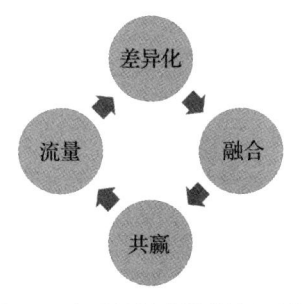

图5-6 金融场景建设的核心逻辑

场景连接只是第一步，沉淀 KYC（Know Your Customer，了解你的客户）或 KYB（Know Your Business，了解企业客户的经营）能力进而通过场景内的关键要素和行业经验还原用户实际情况、挖掘用户深层次需求进行后续产品和服务迭代才是关键。场景关键要素包括人物、时间、空间、行为、情景，如图 5-7 所示。

图 5-7 场景关键要素

在掌握金融场景的关键要素后，银行还需要打造 5 个场景服务能力。

- 服务客户：基于客户特定需求打造个性化场景，努力提供极致的客户体验。
- 赋能产业：构建 B2B2C 的产业融合生态，实现客户资源和数据资源融合。
- 获取流量：顺应客户需求，通过赢得客户信赖实现引流、获客。
- 价值转化：打造"三户"模型（用户、客户、账户）、产品和服务体系，提升运营效率。
- 组织变革：组建随需而变的敏捷组织，制定激发创新和允许试错的机制。

5.1.2 融入"五纵"数字化典型场景

一是基础设施数字化。通信技术 1G 到 4G 的发展既是一部科技进步史，也是一部金融进化史，3G 和 4G 通信技术催生了移动互联网时代，推动了互联网金融与金融科技的崛起。随着 5G 技术的广泛应用，其高速率、低功耗、低延时、广连接等超强特性，将大幅提升终端智慧体验和提供新的虚拟体验服务，这将为银行业带来全新的服务手段与交互方式，催生金融服务新业态，重塑服务模式、运营模式乃至金融场景生态圈，赋能银行数字化、智能化、生态化转型升级。

二是社会治理数字化。新一代数字技术逐步整合政府资源、市场资源、社会资源等，将逐步增强不同资源之间的互补效应，但也带来新的问题，如公民行为和互动过程的痕迹后带来了个人隐私和数据安全等方面的问题。随着《个人信息保护法》《数据安全法》《征信业务管理办法》等法律的颁布，从源头进行数据和隐私问题治理的趋势明显。在可预见的未来，银行和各生态伙伴将有更多维度的公共数据可用，同时要逐步加强授权链路管理，增强数据的可追溯性，加强证据链的精细化治理。

三是生产方式数字化。2021年12月3日，工业和信息化部印发《"十四五"工业绿色发展规划》，指出要以数字化转型驱动生产方式变革，采用工业互联网、大数据、5G等新一代信息技术提升能源、资源、环境管理水平，深化生产制造过程的数字化应用，赋能绿色制造。生产方式数字化将推动生产和运营全流程数据优化重组，推动产业向全局、柔性的智能化生产运营的产业互联网转型升级。进入产业互联网阶段，数据是活的，客户需求、企业发展是活的，人才的建设和资源的配置都是活的。在这样的背景下，各传统产业的格局、生产方式可能在未来5～10年发生深刻变化，银行应提前布局产业互联网。

四是工作方式数字化。由人工智能驱动的智能虚拟助理［智能个人助理（IPA，Intelligent Personal Assistants）］可以完成重复和机械的工作，让员工集中精力做更有创造性的工作。

五是生活方式数字化。数字化转型正在加速推动我国居民生活方式变革，未来随着数字生活应用沿生活链条不断延展，将从满足规模化、基础性的生活需求向满足个性化、高品质的生活体验升级。

5.2 数据中台

基于业务数字化要求，银行需要通过数据中台提供的大数据能力，优化现有商业场景，创新商业模式，有效赋能业务，实现收入增长和价值提升，推动数字化转型。数据中台为各垂直业务线提供数据接口以实现快速响应决策、精细化运营等，通过数据业务化在场景应用中逐步解决数据断点、更新慢、响应慢、数据孤岛等问题，提升业务效率、驱动业务发展和创新。数据中台为中台、后台业务提供风险管理、营销管理、经营分析等内部支撑服务，让管理模式由经验化变成数据化，以更好地服务整个银行的经营和管理。

5.2.1 数据中台建设面临的三大挑战

为了有效支撑数字化业务，数据中台建设目标应以业务需求为导向，沉淀共性数据服务能力，实现数据可见、组件成熟、体系规范，并面向内部各业务部门或外部合作伙伴，提供敏捷、开放、安全的数据服务，提升公司智慧运营和业务创新能力。当前，大多数银行的数据中台建设还处于初级阶段，但随着数字化转型进入深水区以及线上线下业务融合需要，数据中台服务的形式、业务场景、业务复杂度逐步增加，数据中台建设将面临诸多挑战。

5.2.1.1 业务挑战

数据中台区别于一般技术平台，具备业务属性，需支撑多个前台业务。其本质是公司业务能力的沉淀，同时支撑多个业务、让业务之间的信息形成交互。因此，建设数据中台最大的挑战在于能否从业务层面梳理清楚有价值的业务场景，搞清楚数据中台如何对业务产生价值，厘清数据全景图。而很多中小银行的现状是，没有业务视角的数据展现方式，业务人员不清楚也不会用数据，另外业务人员分散地提需求并执行内外部数据接入、汇聚、融合等操作，导致经常发生数据重复对接、重复计算、统计口径不一致等问题，以致于数据可信度偏低，数据不可用。

5.2.1.2 技术挑战

数据中台除上文提到的具备业务属性外还具备技术属性。数据中台的提出有赖于大数据、人工智能、分布式相关技术的迅速发展，使得银行可以建立全行统一的数据公共层，从设计、开发、部署和使用层面保障数据口径的规范和统一、实现数据资产全链路管理、提供标准数据输出，为银行业务和日常运营提供有力支撑。但这也给银行技术人员带来了不小的挑战，归纳起来有以下几方面。

（1）数据治理能力方面：在《巴塞尔协议》在银行实施落地过程中，数据的满足度及系统的整合一直是各家银行面临的最大挑战。建设数据中台需要精益数据治理能力。大部分银行过去未制定全行级数据治理机制，缺少全行统一的数据标准、跨业务条线的数据统一定义和全行级数据质量管控机制，导致数据缺失、冗余度高、口径不一致，进而导致数据可利用性差、统计不准确等方面的问题突出，甚至可能直接影响分析、决策。

（2）技术架构能力方面：建设数据中台需要以先进的数据模型和银行未来可迭代演进的技术架构为基础，需综合考虑银行现阶段技术状况，评估大数据平台、数据仓库、实时计算引擎、图计算平台等的选型和建设路径等。这些技术架构的评估、应用、稳定运维对银行科技人员又是一大挑战。

（3）数据处理能力方面：数据中台需要集成丰富的产品和工具来支撑全链路数据处理。数据中台作为一体化数据处理中枢，需要集成成百数千台服务器、处理 PB 级数据，并对内提供一站式毫秒级延时的数据服务 API，这对平台基础能力、科技人员技能等都提出了新的挑战。

（4）数据标准能力方面：数据标准统一是建设可共享、全面支撑数据服务的基础能力。数据中台需要集成内外部各类数据，只有建立一致的数据规范、统一的数据基础层，消除数据壁垒，才能解决数据资产分散在多个系统的问题，实现数据互通和数据共享。在数据标准统一的基础上建设数据公共层才可以解决数据重复计算和口径不统一等问题，提升使用效率和准确率。但现实情况是大部分中小银行在建设数据中台之前，一般比较少有全局的数据标准或统一数据规范等，即使有，也因为数据平台分散比较难以落地。

（5）业务连续性方面：随着银行服务的场景化、多维化、高频化特征愈发明显，银行业面临的高并发、强一致性的业务场景也越来越多，数据中台作为重要的基础平台，需要具备快速服务能力和高可用能力。中小银行过去在这方面积累少，需要借鉴互联网公司的架构实践，通过微服务、容量压测和评估、限流和降级、灰度发布等一系列手段来保障业务连续。

5.2.1.3 组织挑战

数据中台建设涉及各个领域的数据整合及数据能力的规范化，这势必会带来组织架构的变革和重组。数据中台建设需要横向拉通行内的数据相关方，包括数据中台建设团队、数据中台运维团队、数据产品经理团队、数据运营团队等，如果总行在政策和资源支持上不够，将难以有效协调各个领域数据建设者统一目标、齐心协力建设数据中台，更难以形成"数据是资产，人人有责"的数据文化。

5.2.2 数据中台建设方法论

数据中台既是企业运营思路和模式转变的体现，也是将银行内各部门的数据作为资产，整理出元数据和血缘关系，再以这些数据为中心，抽象出公共服务的能力的一套体系化建设。数据中台的建设需要非常大的投入。成功的数据中台建设不仅需要工具和产品的支持，还需要企业架构和流程层面的配合及一套完整的方法论。

5.2.2.1 最大化数据价值

数据中台建设的核心原则是业务驱动，使用可衡量的数据价值激发迭代积极性，通过快速落地给银行上下干系人以信心。银行业务数字化转型需要数据服务能力做支撑，通过数据中台实现各业务部门的数据互联互通、资源协调、业务和数据协同等，通过数据的"全、统、通、用"来实现数据价值最大化和业务创新，如图 5-8 所示。"全"指的是全域数据，所覆盖的范围是银行所有业务场景中的数据资源，是构建数据应用的基础；目标是提供一站式数据处理和数据服务能力的同时在基础设施运维、平台运维上复用统一的技术体系，降低重复建设的成本，通过跨业务条线的数据体系迁移和复用实现技术赋能，通过数据连接消除数据孤岛。"统"指的是统一规范和标准,通过数据规范体系及数据中台的一整套工具体系及研发流程保障落地,让数据遵循相同的标准,前台业务遵循统一的数据采集规范;数据中台提供统一、开放的数据服务 API,确保每个团队或业务条线通过统一数据规范和标准来建设数据体系。"通"指的是连接打通,大数据平台是通过不断连接、打通而形成的,数据只有连接起来,才能发挥更大的价值。数据连接打通可以消除数据孤岛、数据标准和口径不一致等问题,有效支撑全域数据建设。在数据中台建设初期,银行通过连接打通融合历史遗留的不同技术架构、IT 系统和数据,助力对历史海量数据价值的挖掘,使得业务分析、用户画像等数据应用越来越准确和全面。"用"指的是通过正向反馈驱动更多的业务数据进行连接打通和更多业务使用数据,进而形成以通促用和以用促通的正向循环。

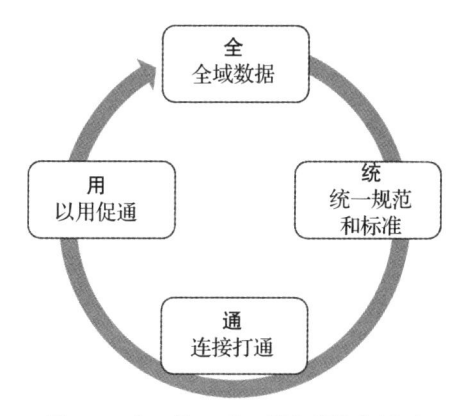

图 5-8　全、统、通、用数据价值循环

5.2.2.2　数据中台整体架构

Gartner 在 2012 年发表的一篇报告《通过采用分层应用策略加速创新》(*Accelerating Innovation by Adopting a Pace-Layered Application Strategy*)中指出,IT 组织通常致力于实现在有限的综合应用程序套件上标准化战略目标,以最大限度减少集成问题、提高安全性并降低 IT 建设成本。相互竞争的目标通常会导致战略错位。过去,企业采用单一策略来选择、部署和管理应用程序,没有认识到应用系统在组织内的定位有着很大不同。Gartner 定义了 3 个应用程序类别(或

"层"），以区分应用程序，并帮助企业决策者为每个类别的应用程序制定更合适的策略，如图 5-9 所示。

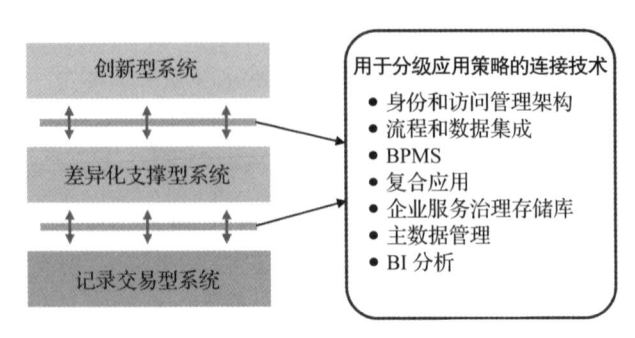

图 5-9　应用程序的类别

银行数据中台需要为敏态创新业务和稳态账户交易业务等提供支持。银行可结合现状从企业架构视角规划数据中台建设方案（见图 5-10），通过业务数字化、数据资产化、资产服务化和服务业务化来支撑业务转型。

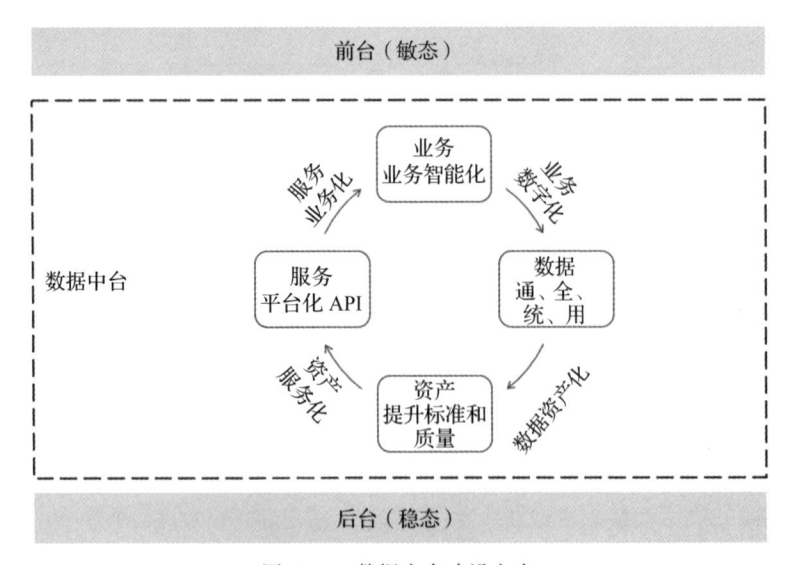

图 5-10　数据中台建设方案

数据中台作为数据中心存储、处理、提供服务的枢纽，对行内各系统提供一站式、一体化产品和技术能力。按职责和业务逻辑划分，数据中台能力主要包括数据服务能力、数据资产管理能力、数据接入能力、数据开发与分析能力、数据计算与存储能力、数据运营与安全能力，如图 5-11 所示。

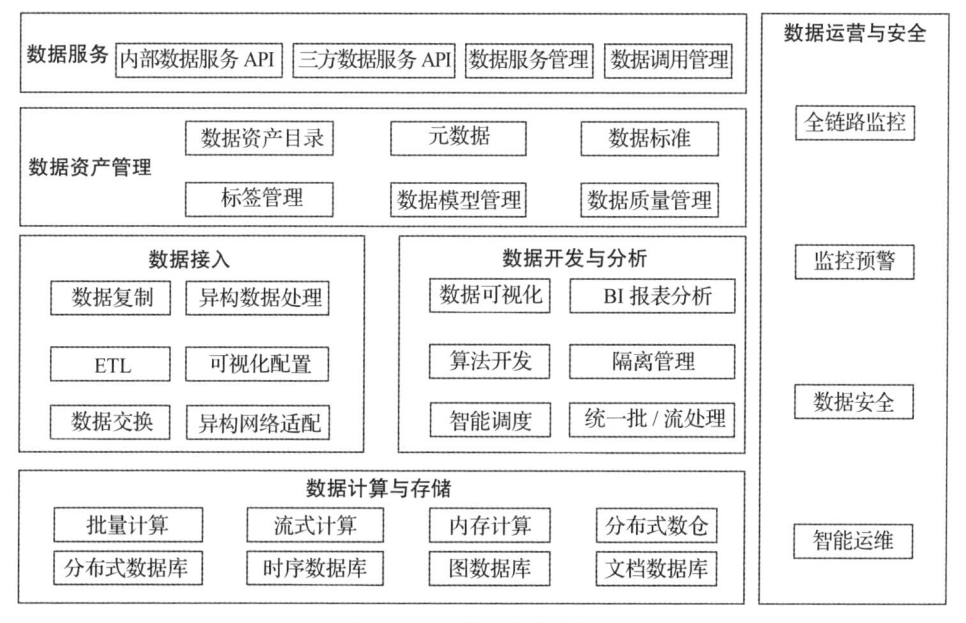

图 5-11　数据中台能力框架

数据中台具有数据接入、存储、处理、管理并沉淀共性数据服务的能力，提供数据共享和分析应用的服务，满足横向跨专业、纵向不同层级数据共享、分析挖掘和融通需求，面对海量业务系统数据资源，提供数据资产管理、数据标准统一、数据边界、数据治理等一系列产品工具；通过技术能力和服务能力为前台业务应用场景和后台业务数据系统构建一条数据和能力的通道，为前台业务团队与后台数据专家、算法模型专家、人工智能专家打造一条强有力的支撑纽带。通过数据中台这样一个通道、纽带，业务团队可专注于数据服务的具体逻辑与业务管理流程，数据专家可专注于加速数据到价值的流转，提高对业务的响应能力。

数据中台架构如图 5-12 所示。

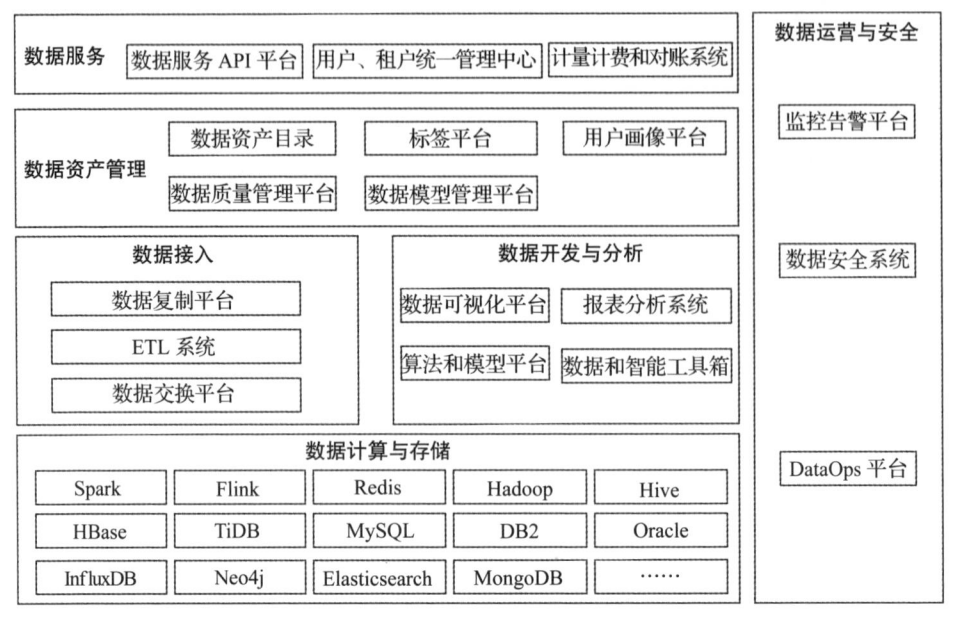

```
┌─────────────────────────────────────────────────────────┬──────────────────┐
│ 数据服务 │ 数据服务API平台 │ 用户、租户统一管理中心 │ 计量计费和对账系统 │ 数据运营与安全   │
├─────────────────────────────────────────────────────────┤                  │
│           ┌─数据资产目录──┐ ┌──标签平台──┐ ┌─用户画像平台─┐│ 监控告警平台     │
│ 数据资产管理                                              │                  │
│           ┌─数据质量管理平台─┐ ┌─数据模型管理平台─┐       │                  │
├──────────────────────┬──────────────────────────────────┤                  │
│ 数据接入             │ 数据开发与分析                    │ 数据安全系统     │
│ ┌─数据复制平台──┐    │ ┌─数据可视化平台─┐┌─报表分析系统─┐ │                  │
│ ┌───ETL系统────┐    │ ┌─算法和模型平台─┐┌─数据和智能工具箱┐│                  │
│ ┌─数据交换平台─┐    │                                    │                  │
├──────────────────────────────────────────────────────────┤                  │
│ 数据计算与存储                                            │ DataOps平台      │
│ Spark    Flink    Redis    Hadoop    Hive                │                  │
│ HBase    TiDB     MySQL    DB2       Oracle              │                  │
│ InfluxDB Neo4j    Elasticsearch MongoDB ……               │                  │
└──────────────────────────────────────────────────────────┴──────────────────┘
```

图 5-12　数据中台架构

5.3　平台生态

在互联网时代，用户才是商业战场的中心。为了快速响应用户需求，借助平台生态可以事半功倍。平台生态之所以重要，就是因为它赋予或加强了以用户为中心的理念。通过平台生态不断快速响应、探索、挖掘、引领用户的需求，银行才能持续发展。

5.3.1　外部环境分析

在经济转型升级、金融改革深化的时代背景下，金融行业需要及时更新观念、变革技术、与时俱进。同时，伴随数字经济时代的到来，互联网技术和数字技术正在深刻改变人们的生活方式。用户亟需更加方便、快捷的金融服务，更加贴心、个性化的服务，对银行创新业务经营模式的内生性需求日益迫切。

近几年，随着互联网技术更加成熟和市场竞争日益激烈，互联网生态环境也朝着开放、共赢的方向不断发展，越来越多的企业选择以开放、合作的方式，与合作伙伴一起为用户提供多元化的创新服务。国内外互联网企业越来越多地通过与跨行业的合作伙伴，包括银行、酒店、旅游公司、市政部门、医院、学校等合作，提供更多的服务内容，聚集更多客户。很多国内外传统企业也在秉持着开放、共赢的态度，寻求与互联网企业的合作，实现传统业务转型并发掘新的利润增长点。开放、合作、共赢已经成为在移动互联网时代实现业务创新的新趋势。

开放、赋能、平台化在全球银行业愈演愈烈。在中国，伴随着金融市场改革与金融科技的兴起，各家银行以开放金融服务的发展思路，利用网络技术突破地域限制和网点束缚，对业内、业外的金融产品及服务进行整合，通过平台化战略将其账户和产品能力开放给第三方合作伙伴，通过合作伙伴现有的客户资源和销售服务渠道将金融服务延伸到第三方客户群体，通过丰富的产品和高质量的服务将潜在客户转化成忠诚客户。

5.3.2 内部环境分析

在客户资源竞争白热化的今天，银行需要在金融产品、服务和销售渠道之间搭建起一座桥梁，通过资源的整合和流程的再造突破传统银行依靠分支机构拓展业务的模式，建立以互联网为依托来开拓市场、延展服务的互联网金融新模式，因此开放平台建设呼之欲出。

银行通过开放平台建设，搭建统一标准的银行账户、产品和服务体系。外部开发者通过平台获得基于银行电子账户衍生的支付、理财、信贷等专业的金融服务支持，借助银行开放服务提供的能力，实现自身应用价值。通过开放平台，系统之间实现安全、高效、规范的连接，从而促进合作、激发创新，与合作伙伴一起为用户提供多元化的创新服务，在很好地解决银行自身业务发展诉求的同时，还能将沉淀下来的有社会价值的数字化能力对外输出给上下游产业链甚至整个社会。事实证明，数字化转型相比传统的信息化建设有了本质的改变。然而，银行落地开放平台也面临诸多内部挑战。

（1）首先，过去银行多以账户为中心建设金融服务，缺乏针对不同行业的服务方案。

（2）其次，未建立适配内外部需求的用户、客户、账户体系，难以真正触达并留住用户并获得更多收入。

（3）最后，未将开放平台建设作为战略推进，缺少运营和激励机制，导致开放平台建设只是一个部门的事情，没办法整合银行内部资源，无法发挥银行的优势实现突破自我、快速发展。

5.3.3 平台生态战略

平台生态战略能使银行内部各部门和合作企业目标一致。通过平台思维推进生态战略，银行可以与生态伙伴优势互补，避免竞争，形成合力，实现"1+1>2"的效果。银行通过平台生态能够持续为客户创造价值，获得更大的发展机会，因为平台越大，平台所聚合的能力越强，生态系统就越强大。

平台生态战略落地需要有一套银行业的平台生态战略框架保障，如图5-13所示。平台生态战略布局可以简单描述为"走出去"和"引进来"。"走出去"是指将银行产品和服务能力开放给生态伙伴，"引进来"是指将生态伙伴的场景服务能力引入银行内部，用于日常业务处理、营销、运营。平台生态战略工作聚焦于服务客户、赢得生态伙伴关系、提升品牌价值和社会贡献度。服务客户是指通过开放平台能力矩阵、多场景开放与联合运营吸引并留存客户，以期通过产品和服务交易实现增收。赢得生态伙伴关系是指通过平台生态利益分配机制，实现多项目及银行内外部协同一致，从过去边界感特别强的竞争关系变为共生共赢的伙伴关系。提升品牌价值及社会贡献度是指最大化价值创造、赋能上下游。平台生态战略的开放融合模式主要有技术能力开放、业务能力开放、产品与服务开放、行内外解决方案融合4部分。平台生态战略的落地需要开放平台工作群、基础支撑平台、数据与网络安全、反欺诈与风控等良好的保障与支撑机制。

5.3.4 平台生态建设路线

平台生态建设可以分为3个阶段。准备阶段：关键是运用开放、共享、共赢的平台思维，进行业务平台和技术平台的建设，一方面赋能上层应用开发，另一方面组建专业的研究型团队，持续开展技术研究和创新。该阶段经常伴随着大量系统研发、营销等方面的资金投入，没有或仅有少量收入。成长阶段：随着最终触达用户数量快速增长，收入快速增加，边际成本下降，但是为了获取更多用户，通常平台生态的主导方会将利润补贴给生态伙伴或最终用户，因此在成长阶段仍未盈利。优化盈利阶段：随着平台生态的市场占有率提高，收入增加较快，平台的业务和技术能力建设投入已接近尾声，开始盈利，如图 5-14 所示。

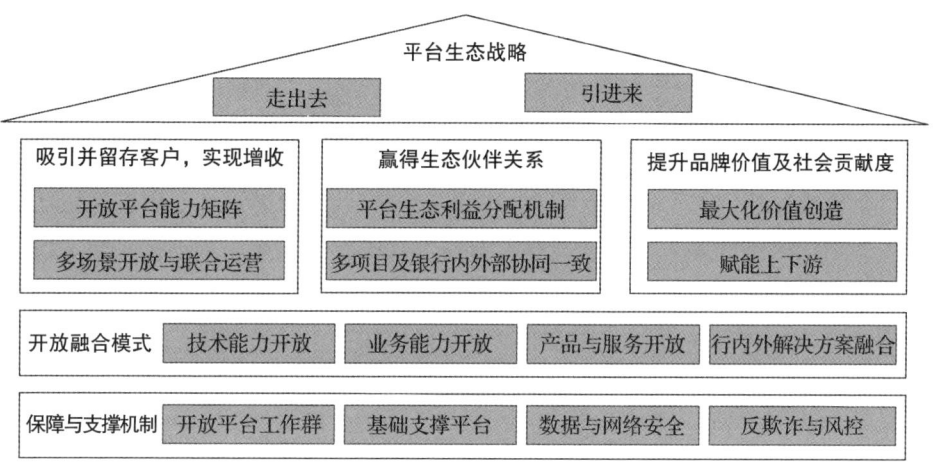

图 5-13　平台生态战略框架

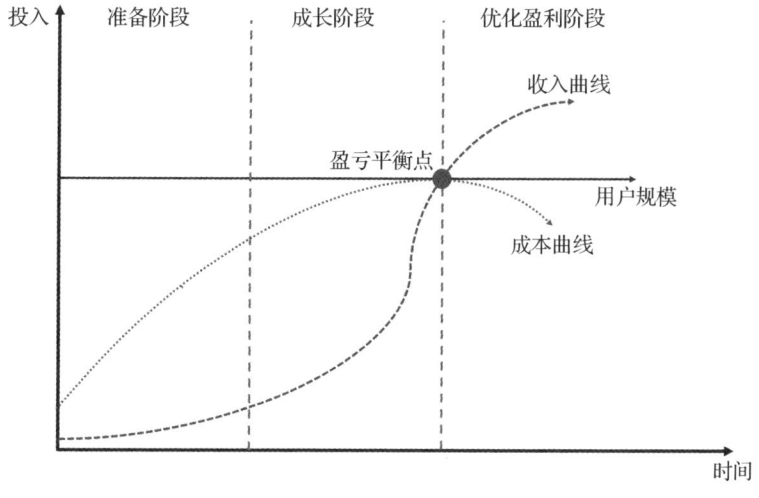

图 5-14　平台生态建设路线

5.4 数字化风控体系

风险管控作为银行的核心竞争力，其能否紧跟数字化转型趋势，决定着银行数字化转型的成败。数字化风控是指银行通过数字化、智能化手段充分发挥数据和技术等生产要素价值，全面推进数字化风控体系建设，提升各类风险管理的效率和效能。具体来说，一方面是提升对传统风险的管控能力，如实现在信贷业务全生命周期对风险识别更准确、预警更及时、管控更有效，运用大数据技术降低反洗钱合规风险和运营操作风险。另一方面是通过数字技术有效应对业务线上化、场景化发展伴生的各类新型风险，如欺诈风险、敏感信息泄露风险等。

随着线上信贷业务的快速增长，平台化、场景化、批量化的获客模式深入发展，各类风险扩散更加快速、隐蔽，对银行风险管控的敏捷度和精准度提出了更高要求。银行依靠人工审核和专家策略等传统风控措施，难以满足线上信贷业务风险管控需求，这也从客观上要求银行推进数字化风控体系建设。完整的数字化风控体系包含应用场景事件采集、风险识别、风险决策、风险处置、数据支撑和事件中心 6 个部分，如图 5-15 所示。

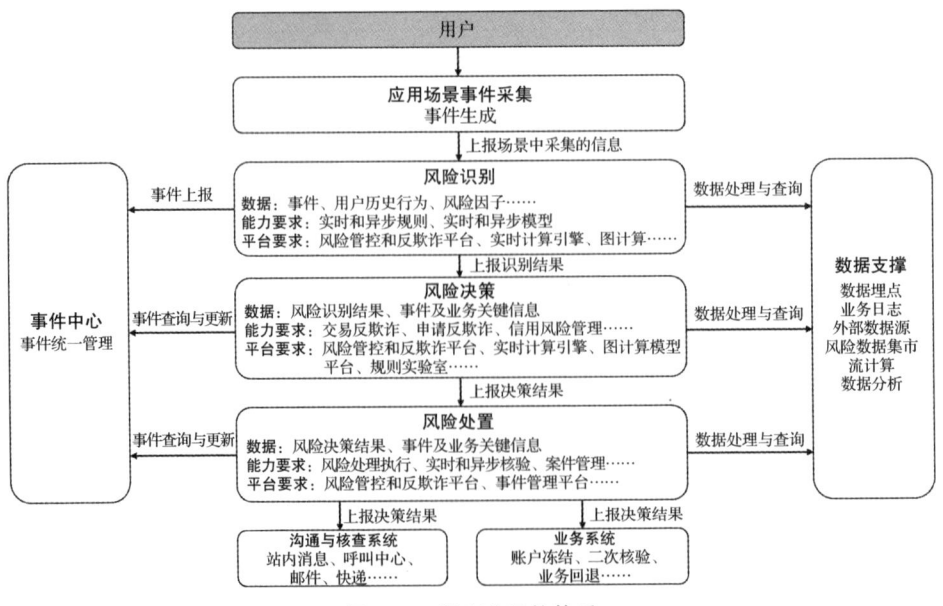

图 5-15 数字化风控体系

（1）应用场景事件采集主要是根据不同业务场景的环境差异、操作差异、账户属性、变现价值等，分析可能存在的风险类型，并基于不同的风险类型配置规则和模型等确认需要采集的线上事件信息及事件依赖信息。事件采集有两类：一类是实时的同步事件采集，如登录IP等事件数据采集；另一类是非实时的异步事件采集，如用户行为数据采集。这里需要注意的是，银行内要统一埋点和数据标准，因为只有这样，场景还原的指标口径才能一致。

（2）风险识别主要是针对行内外不同场景的事件、用户历史行为、风险因子等进行分析，进而识别场景经营风险、交易欺诈风险、交易风险、客群偏差风险、特定风险等。数字化风险识别需要在支撑海量线上业务并发的同时，具备风险快速识别、深度识别、人工智能识别的能力，对行内外场景数据进行实时计算和分析，通过模型识别特征异常、高欺诈风险，通过关系图谱和图计算技术识别高风险拓扑结构群体，通过规则和模型对交易进行监控进而识别欺诈风险。风险识别需要借助光学字符识别技术、语音识别技术、交易反欺诈技术、申请反欺诈技术等提升信息自动化、智慧化采集水平。

（3）风险决策主要是根据风险识别结果，针对事件及业务关键信息对交易反欺诈、申请反欺诈、信用风险管理等进行决策。为了实现数字化风控，银行需要改变以往贷款决策由一个部门或某个团队独立制定的做法，基于集中的风险管理组织实现行内风控能力共建、共享，并建设行内统一的大数据智能风控平台，提供风险管控和反欺诈平台、实时计算引擎、图计算模型平台、规则实验室、风险洞察与监控预警等风控业务运营过程中必需的相关组件，兼容营销获客、信用决策、交易反欺诈、营销反欺诈等多种业务场景。

（4）风险处置主要是基于风险决策结果、事件及业务关键信息，进行风险实时/异步核验、事件处理等。风险处置涉及与业务系统、站内消息、呼叫中心、邮件等行内外多个系统的交互，以实现针对客户的风险提示、账户冻结、二次核验、业务回退等。随着银行平台生态建设交易渠道越来越多样化，风险处置结构和过程越来越复杂。银行可根据业内最佳实践将风险处置功能从现有业务系统中分离出来，通过处置过程与业务逻辑分离简化业务系统风险处理逻辑，这有利于业务部门专注于业务逻辑的设计，加快业务系统功能上线。风险处理逻辑集中统一有利于各渠道风险相关信息的整合，提升风险处置的规范化和一致性，提升用户体验。风险处置需要全行统一的处置中心组件、事件管理平台等的支撑，并拓展风险管控和反欺诈平台的处置交互能力支持。

（5）数据支撑主要是围绕风险管控和支撑业务，打造数据埋点、业务日志查询、外部数据源对接、流计算、数据分析、数据集市环境等基础支撑能力，范围需要覆盖B端及C端的所有场景的细节数据与相关风险应用的派生数据，并提供共享的数据服务API，以便各业务条线使用。

（6）事件中心主要提供事件全生命周期管理机制，包括创建和管理事件（子事件）、处理规则、制定策略、提供业务路由建议、处置事件等。

复杂场景下的数字化风控服务面临诸多挑战，需要通过业务、产品、工程、技术、运营等多个视角来协同解决。常见挑战的应对方案如表5-1所示。

表5-1 常见挑战的应对方案

面临的挑战	应对方案
数据孤岛	内部数据孤岛通过风控数据集市解决 外部生态数据孤岛通过隐私计算（联邦学习为主）解决
非结构化信息	OCR识别、自然语言处理、多源数据融合
内外部多场景个性化建模需求	一站式建模平台

第 6 章

银行数字化转型落地 6 步法

银行制定和落地数字化转型战略的时候，必须要做取舍，并不是所有的线下流程都能搬到线上进行全流程数字化。有时候，银行数字化转型失败，就是因为线上和线下流程冲突，不仅没有降本增效，还额外增加了成本。

数字化转型是银行发展的必经之路，关键是要先走起来。转型落地需要全面规划并局部入手。在实际落地时，银行往往是基于业务需求的紧迫性和业务价值从营销起步，比如从营销数字化开始，逐步建设、逐步扩展业务范围，如果全面进行业务建设，战线拉得太宽，容易将项目周期拉得过长，周期长会将数字化转型不确定因素放大，从而影响项目落地效果，甚至导致项目失败，所以在数字化转型落地上，不应该追求一步到位。

数字化转型虽然是长期持续的事情，但没有哪个机构容许转型或平台建设在 1~2 年后仍然无法带来业务效率或价值的明显提升，这需要**银行设计好转型实际落地的总体规划和每个阶段的目标，保持阶段性（最好控制在 3~6 个月）的商业价值产出**。

转型工作落地应以小步快跑的节奏推进。转型落地规划可从 4 方面考虑：数字化转型战略目标、银行自身数字化成熟度、网点和客户接受程度、业务和技术的支撑阶段。银行数字化转型的首要工作是摸清家底，通过全面分析认清两个问题：全行需要数字化转型来解决哪些问题？我们实施数字化转型的基础如何？具体包括以下 3 方面。

- 梳理银行运营状况：包括线上线下渠道管理、业务运营流程、财务、人员能力、产品研发等。
- 评估数字化转型基础：分析银行目前已经具备的数字化能力，包括企业架构、业务架构和技术架构，目前的大数据平台、硬件和机房情况，业务和技术方面数字化人才储备情况。
- 明确数字化转型目标和解决的问题：访谈银行各部门和网点等，整合分析后进行问题分类，明确银行的核心需求、数字化转型具体目标。

银行数字化转型落地方法见图 6-1，首要任务就是组建转型团队，基于数字化转型的理念、方法和机制，进行体系化设计并制定数字化转型战略目标；明确目标后，设计企业架构（包括业务架构和技术架构）、业务中台和数据中台，深入推动数字技术和业务运营融合，实现运营效率提升和资源配置优化。

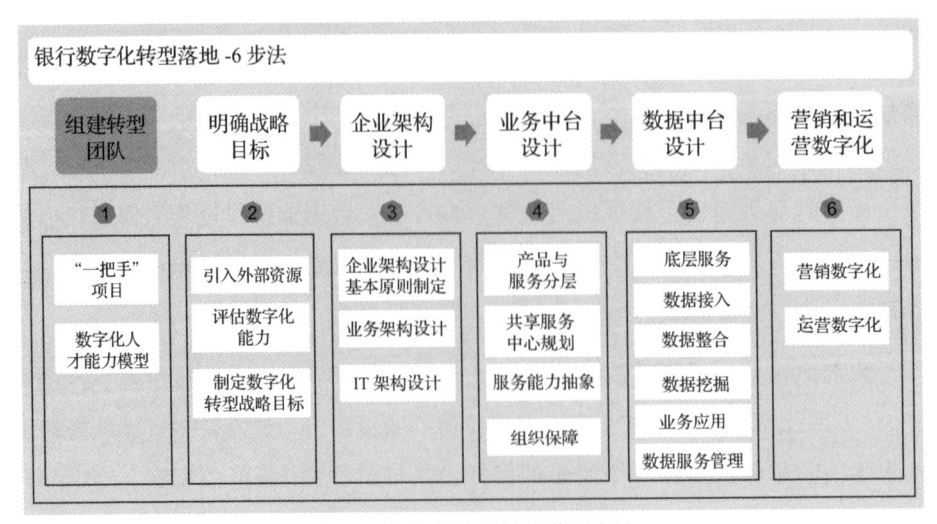

图 6-1 银行数字化转型落地方法

6.1 第一步：组建转型团队

组建合适的转型团队是数字化转型落地中重要的组成部分。这项工作说起来容易做起来难，因为数字化转型负责人必须针对加入团队的每个人考虑几个因素，包括经验、教育程度、影响范围以及与他人合作的能力。在数字化转型项目中，寻找合适的团队成员是挑战之一。团队成员的专业资格很重要，他们的个性在打造正确的转型文化时也至关重要。

数字化转型一定不是在现有组织、人员能力保持不变或变化不大的情况下就能做好的，需要对现在组织、人员进行能力升级，并且需要引入数字化人才。目前，数字化人才面临两个问题。

- 缺口严重：快速到来的数字经济时代导致存量数字化人才并不多，市场招聘难度高。
- 选拔难：合格的数字化人才属于复合型人才，大多数银行不确定全行员工目前的能力和所需能力之间的差距，包括业务能力、技术能力。

在数字化转型过程中，银行需要既懂技术又懂业务的复合型人才，同时具备良好的沟通能力，以便将技术和业务团队联合起来共同推进数字化进程。各部门和网点的中层与基层人员的数字化素质也非常重要，特别是业务一线骨干，能否把数字化平台顺利应用并推广给中坚力量是银行数字化转型成功的关键。

6.1.1 "一把手"项目

数字化转型必须是由银行"一把手"亲自领导推进，由银行的董事长或行长牵头设立数字化转型小组，推动全行对数字化转型的整体认知、制定顶层规划。数字化转型不仅指银行业务变革，还指与业务匹配的组织进化与升级。银行"一把手"在数字化转型过程中亲自监管可确保大量时间和资源的投入。

数字化转型"一把手"项目主要体现在以下几方面。

- 优先级：对于"一把手"直接参与的项目，其优先级最高和各级重视程度最高。
- 部门协同：保证时间、各部门的充分投入。
- 组织结构：打造敏捷、有活力的组织结构。
- 决策方面：可以高效决策，并确保各部门和网点职能全面履行和落地执行，给予转型项目全力支持。

银行数字化项目建设中至少需要配置项目经理、业务负责人、技术负责人等重要角色。项目最终的成果依赖于这几个角色的高度专业性、丰富经验和相互配合。项目经理如果由银行"一把手"担任，还需要配备一个副项目经理，若银行内部没有合适的人选，可以采用招聘的方式。

6.1.2 数字化人才能力模型

银行数字化转型将重塑金融价值链和行业竞争格局。对于银行来说，现在除了需要考虑如何来做数字化转型，还要考虑如何培养所需的数字化人才。数字化人才是实现全行转型的关键要素。

银行转型需要围绕数字化做出变革，且人才先行，建立全新的运营流程，在新的流程下，促进团队以新的方式协作。人才观念的转变是数字化转型中不可忽略的部分。在数字化转型过程中，银行需要的不仅仅是领导人才，还有数字化人才。拥有一批数字化人才是银行数字化转型的根本保障和成功关键因素之一，也是银行数字化转型和发展的核心要素之一。通过图6-2所示的人才能力模型招聘或者培养合适的数字化人才，是银行转型变革的第一步。

1. 数字化战略制定能力

从转型和行业角度来思考问题，关注转型的发展与变化，通盘规划，分析银行现状，并结合现状、行业动态和技术发展规划转型目标。

2. 数字化业务能力

精通银行业务，对业务现状和发展有深入的洞察，通过数据分析和数据挖掘获得洞察，为所有的业务部门、网点赋能。

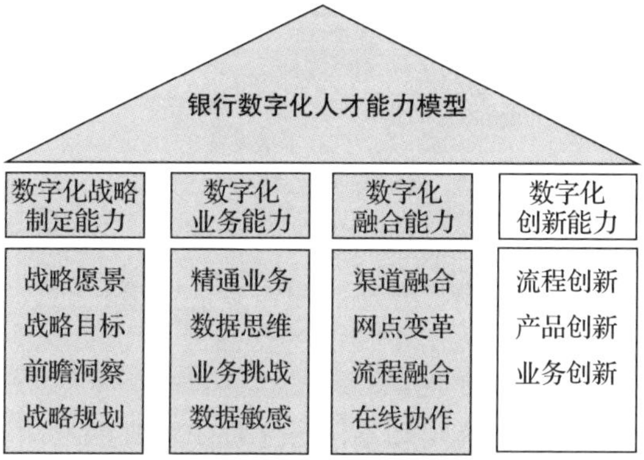

图 6-2 银行数字化人才能力模型

3. 数字化融合能力

熟悉各渠道业务，管理实际业务中的客户触点，例如客户体验产品时在各个渠道触点间的切换，包括线下网点、手机银行和微信银行等，在所有交互中，客户期望体验一致，这样在一个渠道的体验会让客户了解所有渠道的体验。体验一致性会显著提高客户满意度。

4. 数字化创新能力

银行必须在数字化转型中进行业务创新、流程创新和产品创新，确定适合自身的业务流程和模式。数字化人才应不断丰富和拓展自己的知识边界，敢于突破，营造创新的环境，积极引入新观点和新方法。

6.2 第二步：明确战略目标

数字化转型战略目标要与银行战略目标对齐。银行需具体解读战略目标，分析业务需求、内外部环境、行业领先实践，评估自身数字化能力，最终输出数字化转型战略目标。数字化转型重点在于数字化，需要业务和技术双轮驱动，技术只是工具和方法，最终要服务业务。

6.2.1　引入外部资源

银行数字化转型不同于日常运营管理，是一项相对有挑战的工作，需要引入外部资源。外部资源的主要形式如下。

（1）数字化转型知识培训：在数字化转型过程中，培训的目的是大力培养具备数字技能的人才，一方面让他们做到从知到行，掌握数字化装备；另一方面让他们获得新技能，帮他们打开新的职业发展通道，在数字化转型中找到更多新机会。

银行数字化转型会对中高层和基层员工提出更高的要求。因此，在转型项目中，银行需要同步启动对总行和网点员工数字化转型培训，使员工能够更好地基于数据工作。由于不同层次员工的工作内容不同，培训一般分为基层员工培训、中层管理人员培训和高层管理人员培训。其中，高层管理人员培训侧重于突破愿景规划、战略制定和长期规划的瓶颈，也可以与战略咨询打包在一起。基层员工培训和中层管理人员培训适合单独培训。

中层管理人员培训主要针对部门级管理人员。他们是连接高层管理人员和基层员工的关键环节，决定着转型决策的质量，具备数字化转型的战略方法论和落地认知，从而指导团队的管理工作。在制定培训策略、开发培训课程、交付培训时有以下注意事项。

- 培训的深度：培训涉及总行和网点的各个层次，需要覆盖到各层管理人员和各分支行的员工。
- 培训的广度：涉及转型的所有相关人员，包括转型团队里的核心成员、重构业务流程的成员、配合转型工作的人员。
- 培训的方式：前期主要从外部引入培训专家、咨询专家，后期可以是转型团队总结项目实战经验，银行需要舍得付出时间成本，把大家聚集在培训教室或会议室，从理论概念培训到具体转型知识和实际场景下的银行实例。

数字化转型中，银行可以基于咨询专家的经验和建议，结合实际情况进行思考，形成自己对转型项目的思考。

（2）招聘外部人才：引进经验丰富、专业的人才完成数字化转型工作。

在数字化转型的早期阶段，团队成员需要紧密配合，因此银行需要提前对参与员工和管理者进行相关培训，引入新型合适的人才，以便更好地实施数字化转型。

6.2.2　评估数字化能力

数字化转型是银行的战略选择，银行要服务什么区域、类型的客户，采用线上还是线下渠道服务，提供主要产品是什么，企业架构和科技战略规划是否清晰，这些决定了银行数字化转型的具体需求和战略目标。现在很多传统的城商行、农商行等区域性银行有大量物理网点、众多一线员工，对建设IT能力和数据能力每年可投入的预算和资源有限。战略总体目标和阶段性目标需要根据目前银行的能力和未来可投入的资源来制定。银行数字化能力评估包括企业架构、数据能力和IT能力评估。

（1）企业架构：这些年，银行业务高速发展、灵活变化。目前，多数银行存在业务架构和技术架构割裂、职责不清、边界模糊、流程复杂和沟通成本高等问题。在业务、客户、渠道、员工和流程的紧密配合程度方面，银行可通过企业架构来评估。

（2）数据能力和IT能力：数据能力和IT能力是数字化转型的基础，是决定银行成功实现数字化转型的关键。数据能力包括数据管理和应用能力、数据融合能力。银行数字化转型需要打通前端数据来源，完善数据标准和数据治理，建设数据处理和分析平台，提升敏捷开发能力、数据安全管理能力，除此之外还需要提升数据资产管理能力。

6.2.3　制定数字化转型战略目标

央行在2022年1月4日明确中国金融数字化转型发展目标、重点任务等，推动中国金融科技从"立柱架梁"全面迈入"积厚成势"新阶段，力争到2025年实现整体水平与核心竞争力跨越式提升。数字化转型需要制定转型目标，把握好长期目标、中期目标和短期目标的关系，既要着眼长期目标，也要推动中期目标，更要抓紧短期目标。数字化转型战略目标具体如下。

- 降本增效：降低运营成本和提高运营效率。在传统精益改善和管理优化的基础上，业务和流程的数字化变革能够让银行进一步激发降本增效的潜力；通过全价值链的数字化转型，包括营销数字化、运营流程自动化、服务互联透明等举措，大幅提高运营效率，在激烈的行业竞争中保持领先。

- 提升用户体验：树立以客户为中心的服务理念，推动银行从产品为中心向客户为中心转型，围绕客户旅程，打造全方位极致体验，践行一致的价值观，打造高品质、高信任的数字化体验，形成银行全新的商业模式和竞争力。

- 渠道融合：银行服务线上化不断加速，但不少稳健保守型和追求综合体验的客群仍然偏好于线下网点。同时，针对企业贷款、高端理财等较为复杂的非标准业务，很多客户需要通过与工作人员面对面交流，才能更清晰地了解产品和获取风险提示，因此线下网点仍是转化和维系高价值客户的核心渠道。银行对线下网点进行数字化、智能化升级和改造，通过金融科技可让服务辐射半径更广、服务场景更丰富。

银行关键需要推动线上线下融合。客户与银行的互动渠道越多元，对银行的价值就越大，例如使用4个以上渠道与银行互动的客户，其价值是仅使用单一渠道与银行互动的客户的价值两倍多。因此，银行要进一步推动线下与线上渠道协同和资源整合，实现优势互补、良性互动，共同提升服务效能。

渠道融合既包括银行线上渠道和线下网点融合，也包括渠道和业务场景融合，比如客户的生活场景、社保和税务等银政互联场景，让网点成为客户生活服务延伸的载体，这不仅有利于提升综合服务体验，也有利于提升客户体验。

- 营销数字化：在营销数字化进程中，银行网点改变了以往依赖人到网点、人盯人的销售模式，通过数据中台和营销中台等新一代自动化营销平台，实现全流程数字化、用户行为数字化，通过充分分析与挖掘用户数据的价值，实现对用户需求的精准把握，赋能营销。自动化营销平台让银行与用户之间有了更紧密的沟通，在提高营销效率与提升用户沉浸式体验方面发挥着重要作用。

银行需要打好数据基础，构建基础数据平台，实现从零散到整合、从数据到洞见的升级，通过数据可视化、平台化、客户标签体系建设等对客户形成全方位认知。

- 智能决策：通过大数据驱动，实现高效的获客和活客。
- 敏捷管理：通过打造智能营销活动管理平台，赋能营销。
- 精准触达：这也是营销数字化闭环赋能的"最后一公里"，针对不同生命周期客户，精准把握客户偏好，精准洞察客户差异化、个性化需求，通过营销数据实时更新实现数据闭环，提供全渠道营销。
- 运营数字化：数字化转型将会通过互联网、大数据、人工智能等技术，全面变革银行网点营销体系，给银行的客户获取、留存、激活带来新的方式。银行在客户运营过程中应重点把握数字化转型对提升客户获取和留存所带来的红利，科学制定获客和留存目标。

对银行来讲，数字化转型无论从业务发展，还是从监管指引看都是一件"箭在弦上不得不发"的事情。做好战略规划和目标制定是转型成功的关键。 数字化转型战略并非一些可望而不可即的"高远目标"，更不是罗列一系列"大手笔"的 IT 预算投资，更多的应该是重塑业务模式，客户服务方式、策略和环境，真正服务于业务，为银行创造价值和提升竞争力。

6.3 第三步：企业架构设计

数字化转型架构是一个泛概念，既包含战略层面的规划，也包含战术层面的方法；既包含业务模式的创新优化和业务之间的协作关系，也包含技术实现的升级变化和技术之间的分层逻辑；既涉及人员认知和思维转变，也涉及组织机构和考核机制变革。

《数字化转型参考架构》认为"**创新和重构是数字化转型的根本任务**，组织应从发展战略、新型能力、系统性解决方案、治理体系和业务创新转型 5 个视角出发，构建系统化、体系化的关联关系，系统有序地推进数字化转型，创新价值创造、传递、支持、获取的路径和模式。"

从上述定义看，数字化转型至少包含两个方面：一方面是商业模式的转型，另一方面是技术的升级。因此，数字化转型架构是由业务架构、IT 架构螺旋组成、循环上升的模型。也就是说，数字化转型是企业架构转型。数字化转型的本质是明确数字化转型需求，制定数字化解决方案。

2021 年以来，大型国有银行、中型股份制商业银行、众多小型城市商业银行纷纷将企业架构转型作为数字化转型的重要战略举措提上日程。客户需求升级和社会生态系统的快速变化不断催生新的银行业务模式。在金融供给侧结构性改革的新常态下，银行急需开展数字化转型，打造差异化竞争优势，快速应对短期内市场竞争压力，具体依托企业架构构建方法论，通过统一模型、统一机制、统一平台、统一语言，形成企业全景能力地图，沉淀企业架构资产，构建企业级工程方法，推动深层次数字化转型。

6.3.1　企业架构设计原则制定

在设计企业架构时，我们应遵循以下几个原则。

（1）对准战略：企业架构是从战略到执行的连接桥梁。因此，在规划企业架构时要对准战略、分析战略，最终达成战略目标。

（2）通过业务与技术融合，支持业务发展：在进行业务能力规划过程中，应以支持未来 3～5 年业务战略为出发点，在落地项目规划过程中重视业务驱动并辅以技术引领，通过业务与技术的融合推动项目建设。

（3）贴近自身现状：制定企业架构规划时要注意评估现状、困难，要基于银行现有业务、科技力量及 IT 系统将业务支撑现状梳理成基线架构，根据重要和紧急程度来确认过渡企业架构，追求适用而不是单方面追求最新和技术先进性，避免急功近利建设形象工程，给银行整体 IT 架构带来影响。

（4）能力服务化，资产复用：在企业架构规划过程中，应充分考虑对历史 IT 资产的合理利用，尽量通过优化、升级、整合等方式来提升复用率，以及对新引进的系统考虑未来可持续升级和迭代的支持程度，对通用性强的能力模块进行标注化和服务化，增强其共享和复用，避免拆掉重建，既浪费投资，也不利于历史经验和知识的沉淀。

（5）建立治理和保障机制：银行企业架构设计不应当成项目或作为临时性工作，应该组建企业架构执行团队、制定企业架构与现有 IT 架构过渡的建设决策和协调机制，以保证企业架构未来能持续迭代。

（6）建立量化评估指标体系：企业架构向上承接战略、向下指导落地执行，整个链条中涉及的环节很多，周期也很长，因此需要建立合理的量化评估指标体系，及时发现问题、感知执行落地的指标差距，并基于此适当地对战略或关键举措进行调整和优化，以便企业在一定时间内保持方向正确的发展。

6.3.2 业务架构设计

业务架构是基于银行企业架构，以实现银行战略为目标，构建银行整体业务能力并将其传导给技术实现端的结构化企业能力分析方法。银行业务架构作为业务与技术的桥梁，实现了信息化深度融合。不同于业务流程和业务需求的分析，业务架构更强调整体性、结构性。技术永远是为业务服务的，所有的架构师都是为了解决某种业务而生的。能解决实际问题，才是技术的价值。

业务架构搭建首先要从顶层（即银行战略）开始，通过梳理战略目标，挖掘银行能力需求（可以是银行业务与技术发展产生的转型需求，也可以是行业生态变化、竞争对手带来的被动需求），再通过价值链分析构建银行整体能力布局（即业务架构），并在分析过程中将能力需求放入能力布局，并以此在业务层面落地战略、检验战略的可行性，甚至调整战略。

网商银行、微众银行在内的民营银行定位为轻资产、交易型和平台化的新型互联网银行，贴近商业场景，贴近客户，将金融产品线上线下无缝融入客户交易流程，把营销和运营数字化，打造和积累风险管理能力、技术支撑能力、场景化客户服务能力，开放服务给行业生态伙伴。业务架构建设内容如下。

- 大数据风控体系：应用大数据风控技术实现秒级放款、快速申请授信、60秒审批、全流程自动化处理，大幅提高用户体验和降低信贷成本，控制信用风险和欺诈风险。从人行征信、百行征信、朴道征信和其他第三方机构获得数据，设计风险指标，构建预测模型和风控模型，形成多层次、完整的风险评估、准入授信、定价策略、风险预警和监控体系。

- 多渠道服务体系和触点：通过手机银行、线下网点、小程序、SDK、API连接多个场景，将银行植入生活和其他外部商业平台，实现对客户全渠道、全场景触达，金融服务全方位渗透。

- 营销和运营数字化体系：通过大数据分析全面解读客户行为、关系网络，生成客户画像，再根据产品特性、服务内容、地域、习惯等进行深度挖掘，在不同的商业场景中向不同的客户推荐不同的产品和服务，实现千人千面的个性化智能服务和精准触达。

- 数字化资产管理：应用大数据、智能模型，预测和防控流动性风险，优化金融市场、资产证券化等业务的交易成本和效率，优化整体资金成本，保障融资、支付、理财可持续发展和盈利。

- 开放银行：把银行产品能力、运营能力和科技能力以数字化的方式分享给上下游合作伙伴，实现金融能力开发、金融业务开发、数据安全融合，建立开放、共赢的金融合作生态，打造数字化的合作体系。组织结构、业务流程、业务功能、商业模式和业务数据构成了图6-3业务架构蓝图，其中商业模式揭示了银行产品、核心资源、客户、合作伙伴、渠道、成本、利润之间的本质关系。

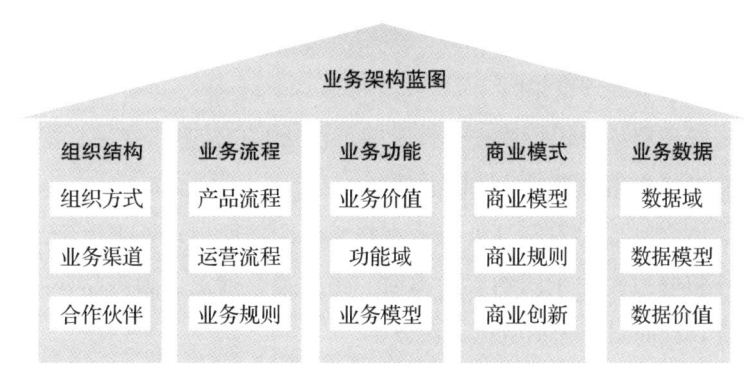

第6章 银行数字化转型落地6步法

```
            业务架构蓝图
  组织结构  业务流程  业务功能  商业模式  业务数据
  组织方式  产品流程  业务价值  商业模型  数据域
  业务渠道  运营流程  功能域    商业规则  数据模型
  合作伙伴  业务规则  业务模型  商业创新  数据价值
```

图 6-3 业务架构蓝图

（1）案例分析1：银行业务架构设计一

一个典型的银行业务架构设计如图 6-4 所示。

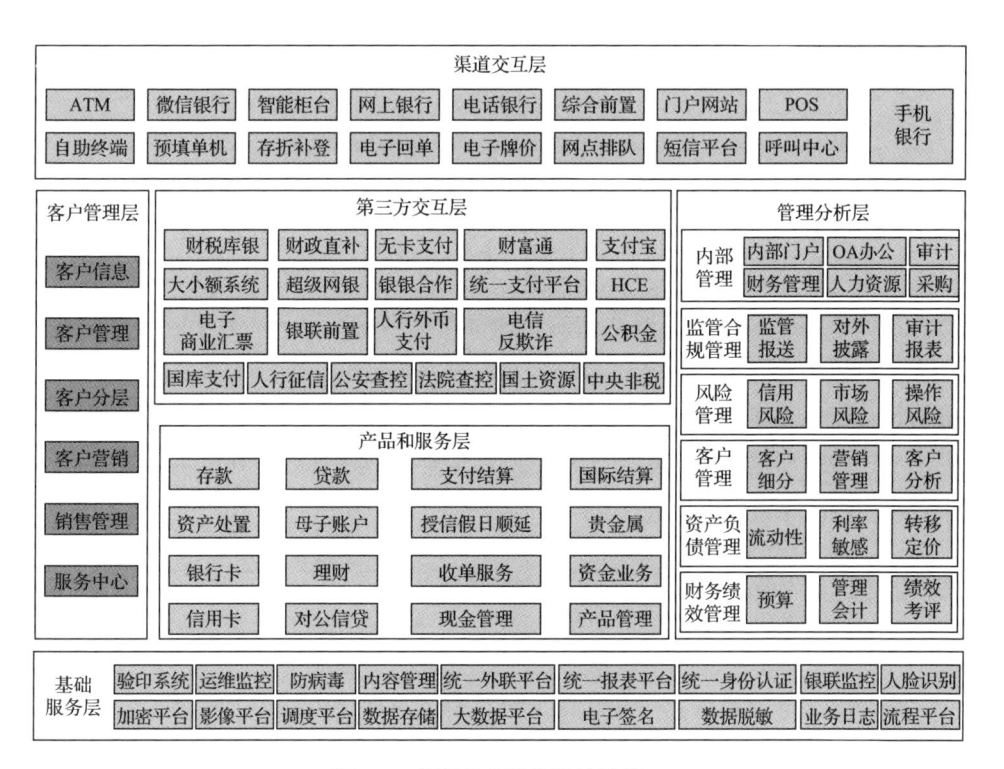

渠道交互层									
ATM	微信银行	智能柜台	网上银行	电话银行	综合前置	门户网站	POS	手机银行
自助终端	预填单机	存折补登	电子回单	电子牌价	网点排队	短信平台	呼叫中心	

客户管理层	第三方交互层				管理分析层			
客户信息	财税库银	财政直补	无卡支付	财富通	支付宝	内部管理	内部门户	OA办公	审计
	大小额系统	超级网银	银银合作	统一支付平台	HCE		财务管理	人力资源	采购
客户管理	电子商业汇票	银联前置	人行外币支付	电信反欺诈	公积金	监管合规管理	监管报送	对外披露	审计报表
客户分层	国库支付	人行征信	公安查控	法院查控	国土资源	中央非税	风险管理	信用风险	市场风险	操作风险
客户营销	产品和服务层				客户管理	客户细分	营销管理	客户分析
销售管理	存款	贷款	支付结算	国际结算	资产负债管理	流动性	利率敏感	转移定价
服务中心	资产处置	母子账户	授信假日顺延	贵金属				
	银行卡	理财	收单服务	资金业务	财务绩效管理	预算	管理会计	绩效考评
	信用卡	对公信贷	现金管理	产品管理				

基础服务层									
验印系统	运维监控	防病毒	内容管理	统一外联平台	统一报表平台	统一身份认证	银联监控	人脸识别
加密平台	影像平台	调度平台	数据存储	大数据平台	电子签名	数据脱敏	业务日志	流程平台

图 6-4 银行业务架构设计示例一

- 渠道交互层：面向银行用户，为用户提供交互界面，接收用户提交的指令，并展示处理结果。
- 客户管理层：对银行用户进行管理，包括客户信息、交易数据、评级等，以及对客户相关服务及营销的处理。
- 第三方交互层：银行与外部系统交互的应用层，对外来数据及服务请求进行接收，按照不同的服务类型，将相关数据发送到产品和服务层进行处理，同时对外输出数据和服务。
- 产品和服务层：负责银行具体业务处理的应用层，包含个人存/贷款、对公存/贷款、理财管理等。每一个应用负责处理一类银行业务。
- 管理分析层：负责银行内部管理与经营分析，可以大致分为内部管理、监管合规管理、风险管理、客户管理、资产负债管理、财务及绩效管理几大类型。
- 基础服务层：主要是一些配合其他应用群正常工作的公共功能模块，如企业总线服务、运维监控这一类全局性技术服务。

（2）案例分析2：银行业务架构设计二

该业务架构一共4层（见图6-5）：渠道门户层、前置层、产品应用层、管理决策层和基础服务层。最底层的基础服务层包括大数据平台、流程平台等。管理决策层是基于底层的支撑构建的，服务于上层的产品应用层。产品应用层包括银行的主要应用模块、负责资产和负债管理的核心业务系统、信贷和理财模块等，由前置层调用来服务于最上层的渠道门户层。客户通过不同的渠道和触点来访问由渠道门户层提供的服务。

（3）案例分析3：银行贷款业务架构设计

该业务架构分为6层，如图6-6所示。

- 最底层为支撑层，包含基础平台层和大数据平台层。大数据平台层由数据仓库、数据集市和实时分析平台等构成，提供最基础的数据支撑。基础平台层提供最基础的技术支撑、应用支撑和基础服务。

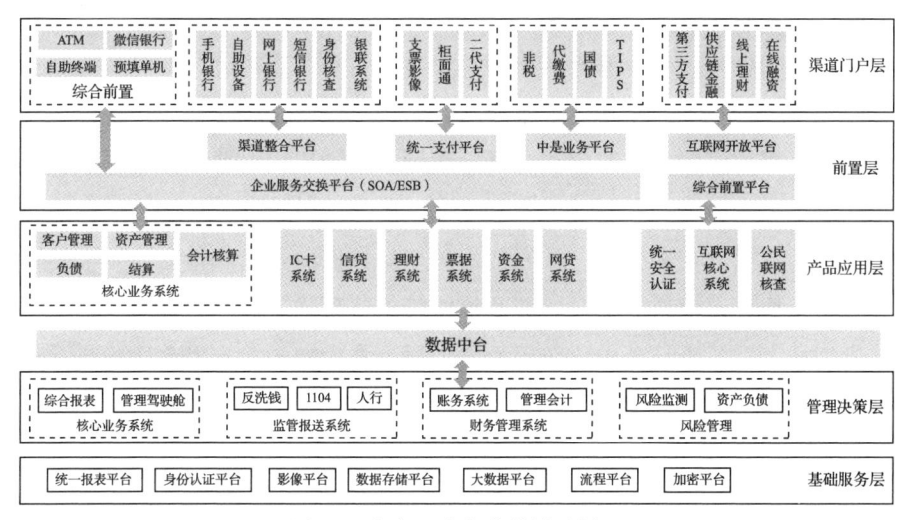

图 6-5　银行业务架构设计示例二

图 6-6　银行贷款业务架构设计

- 中间为服务层，包含核心业务层、风控平台层和决算平台层，这三个中间层主要是提供业务服务，把业务服务单独做成不同的服务，提供给最上层用户层来调用。
- 用户层给不同渠道、触点，包括线上渠道、线下网点、第三方渠道，提供不同的服务。

6.3.3 IT 架构设计

IT 架构是银行信息化建设的蓝图，包括应用架构、数据架构、技术架构。应用架构更多关注服务和对应的功能。我们常说的应用、系统、组件等一般属于应用架构范畴。数据架构突出数据模型，包括相关的实体、属性、关系等，以及相关的数据分布和管理。数据架构强调对数据的管理和运营。技术架构是支撑整个架构体系的技术部分，涉及传统的单体架构、服务化技术架构、平台化技术架构，以及云计算中比较前沿的云原生技术架构，支撑系统稳定、可靠及高性能运行。金融 IT 架构如图 6-7 所示。

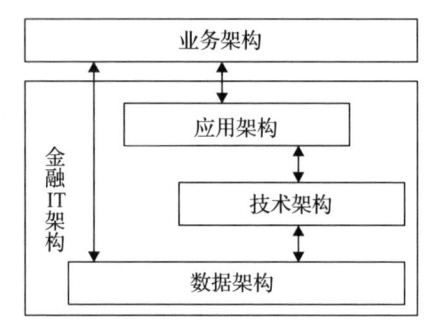

图 6-7 金融 IT 架构

目前，银行 IT 架构的敏捷度不够，不能满足数字化转型需求。传统竖井式建设的 IT 系统维护困难、集成混乱。数据被割裂在各个应用系统内，不能被自由利用。一些银行的 IT 系统依赖采购和外包开发，无法快速响应业务变化。由于在实际业务中涉及应用架构和数据架构设计较少，笔者这里主要介绍技术架构。银行数字化技术架构应具备以下特点。

- 面向银行内外部用户，以用户体验为中心，不断创新数字化产品并整合线上线下渠道，快速响应业务创新。
- 整合银行内外部数据、第三方合作伙伴数据，以数据驱动业务运营，以数据分析洞察业务。
- 大量业务流程实现决策自动化、监控自动化和运转智能化。
- 业务能力模块化、微服务化，在银行内部快速整合，支持小型组织向平台化转型。

- 银行内部整合的金融能力和技术能力可以对外输出,以数字化方式被渠道上下游、第三方合作伙伴使用。

(1)案例分析1:商业银行技术架构设计一

技术架构是对某个应用系统或应用模块的设计描述,比如使用的开发语言、开发框架,所需的操作系统、物理环境,必要的网络条件等。技术架构设计涉及网络架构、存储架构、开发框架(单服务还是分布式)、系统部署方案(多中心/单中心)等。

银行的网络架构一般分为发布DMZ、应用DMZ和核心区。DMZ(Demilitarized Zone,隔离区)也称非军事化管理区,介于企业内部网络与公共互联网之间,起到对内部网络保护与缓冲的作用,也作为内部网络和外部网络访问的桥梁。因此,隔离区经常用来进行网络策略的控制,比如单向访问还是双向访问。发布DMZ常用作业务访问的代理区或者接入区,将互联网请求接入行内网络。应用DMZ在发布DMZ之后,用于互联网应用、开放网关等的部署,进行更深一层的安全校验或业务的简单处理。核心区位于企业内部局域网的最里层,是重要业务系统所在的位置,安全级别最高。

存储架构一般分为集中式存储架构和分布式存储架构。分布式存储可实现高并发业务下的快速响应,支持利用多个存储服务进行数据处理,可以理解为多个集中式存储服务的共同作用。集中式存储可实现在业务处理中,将数据存储在某一固定的服务器或者区域中,比如磁盘存储、NAS存储、SAN存储等。NAS存储即提供一整块共享存储区域,各业务系统通过网络将数据存储到NAS中,达到数据共享或统一管理的目的。SAN存储在结构上与NAS存储类似,区别是使用了光纤通道进行传输,提供了高并发方案,因此比NAS存储更可靠、稳定。磁盘存储为了解决高可用与数据丢失问题,有多种磁盘阵列方式可选择。

开发框架的选择相对较多。不同科技公司、服务商的开发框架不尽相同。以Java开发语言为例,前几年,各大服务商参考Spring、Struts 2、Hibernate、

OSGI、SpingMVC 等开源框架进行二次封装改造，形成自己的框架进行服务部署。如今，各种微服务的开源框架（Spring Cloud、Dubbo 等）普及度越来越高，越来越有殊途同归的味道。

银行信息系统因涉及国民经济，对数据安全格外重视。因此，各银行在进行系统部署时常常要求双中心甚至多中心部署，以预防某一地域因不可抗力发生灾难时，其他区域的机房可以接管系统，持续提供服务。在这样的场景下，技术架构会更加复杂，需要综合考虑负载分发、DNS（域名）解析、IP 转换、网络带宽、数据同步等多种约束。

另外，应用系统需要运行在服务器中，因此我们在进行技术架构设计时还需要考虑操作系统、服务器资源（CPU、内存、I/O、磁盘等）以及所用的中间件（Tomcat、WebSphere、Weblogic）等。具体的技术架构见图 6-8。

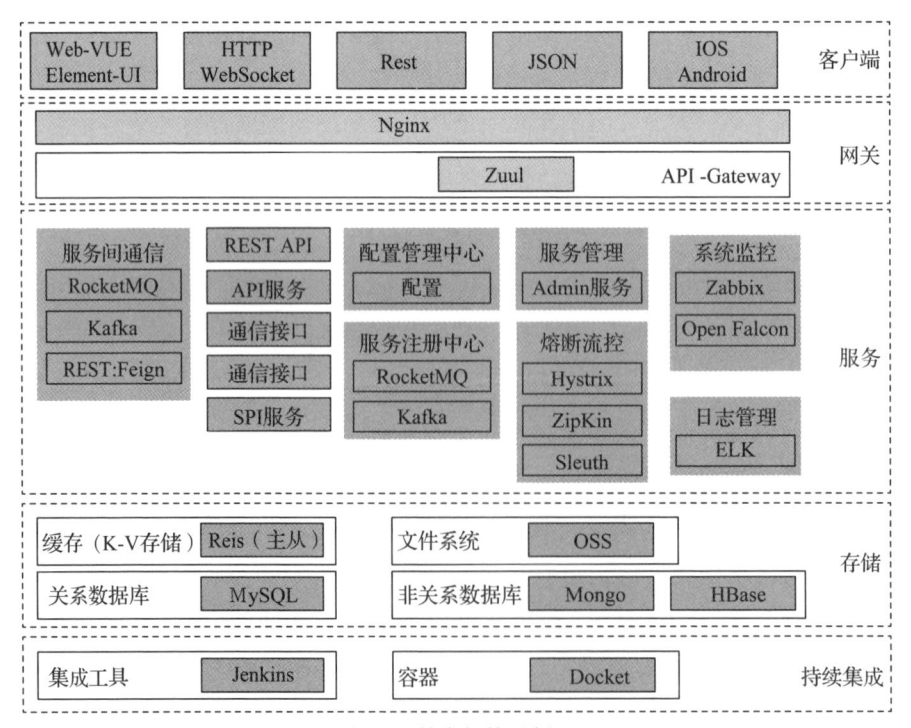

图 6-8 技术架构示例一

（2）案例分析2：商业银行技术架构设计二

该技术架构（见图6-9）分为5层平台，分别是前置平台、分布式服务平台、大数据平台、技术平台和云平台。最底层是云平台，云基础设施支撑上层大数据平台和技术平台，应用数据都集中在分布式服务平台，以便前置平台调用。

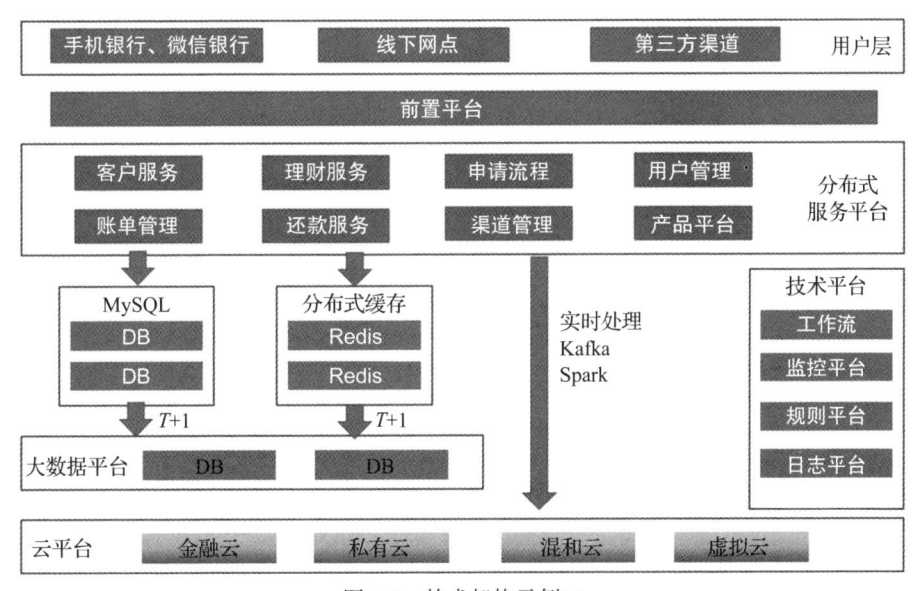

图6-9 技术架构示例二

数字化转型的技术架构需要支撑业务中台和数据中台服务，推动互联网、大数据和人工智能等技术对业务的全面赋能。

（3）案例分析3：建设银行新一代技术架构设计

建设银行新一代技术架构的总体设计承接了业务的落地实施，由7层、12个平台构成，如图6-10所示。该架构具有稳定、灵活、参数化和可扩展的特点，采用了"集中+分布"融合架构（整体采用分布式架构，关键应用采用集中式架构），既保证了主机安全、稳定、可靠和易于管理，又实现了降低成本以及海量数据并发处理。建设银行建成了经济、可靠、弹性和通用的云基础设施，建立了国内金融行业规模最大的私有云，构建了动态可伸缩的云化资源池，以有效应对互联网潮汐式的业务模式。

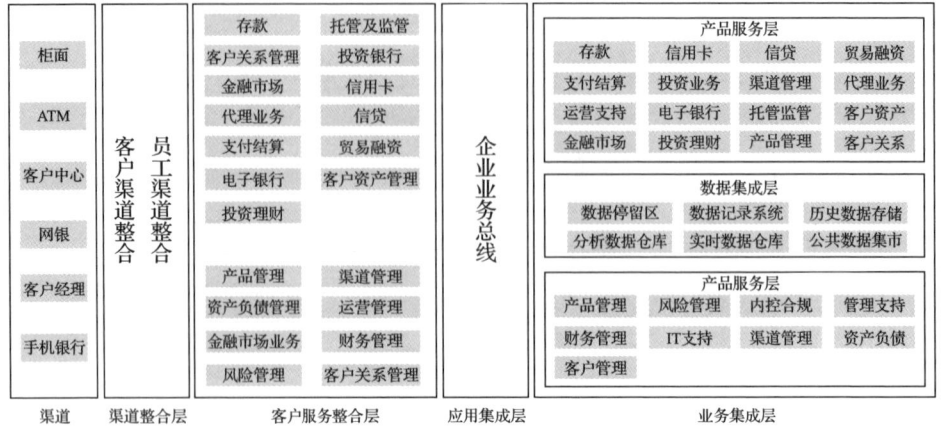

图 6-10 建设银行新一代技术架构

6.3.4 企业架构设计实践——北京银行

北京银行以"211 工程"统筹推进重点项目建设,通过业务架构转型和 IT 架构转型,切实落实数字化转型战略,向"数字京行"的发展愿景迈进。北京银行于 2020 年 12 月底启动企业架构顶层设计,2021 年 4 月启动批发业务建模项目,引进 IBM 公司专家作为项目实施顾问,以"统一模型、统一机制、统一平台、统一语言"为原则,从战略目标入手,运用企业架构构建方法论,以对公支付、对公存款、公司信贷、贸易融资、客户管理(对公)和营销管理(对公)6 个重点领域为切入点,推动业务流程再造,构建企业级业务能力。

- 业务建模:北京银行完成全部 63 个业务领域价值流梳理,重点在批发业务领域梳理,形成 210 个活动、876 个任务、585 个实体建模与 3900 个属性;形成 217 个业务对象和 90 个业务组件整体视图,完成全部 90 个业务组件及 217 个业务对象定义;建立全行产品目录,包含 106 个可售产品、45 个产品组件、363 个产品条件。
- IT 架构构建:北京银行分别建立了企业级应用、数据、安全、运维四大架构体系,从业务建模成果出发制定适用于建模项目实施交付的整套流程、方法、模板和指南,高效承载系统开发和业务创新。

- 架构资产管控：已经形成的业务架构资产在北京银行"架构管控平台"以结构化的方式配置和呈现。未来，北京银行将基于该平台管理模型资产、承接业务并对接 IT 研发，形成业务与技术融合的知识资产沉淀，指导 IT 架构设计和系统建设，助推业务和技术的全面、深度融合。

6.4 第四步：业务中台设计

中台是一套结合互联网技术和行业特性，将银行核心能力以共享服务形式沉淀，形成"大中台、小前台"的组织和业务机制，供银行快速、低成本地进行业务创新和建设。

业务中台可以将银行的核心能力以数字化形式沉淀为各种服务中心，目的是提高银行运营能力、降低创新成本。业务中台的核心是构建银行共享服务中心，过程是通过业务板块之间的连接和协同，持续提升业务创新效率。银行建中台最大的问题是上线成本高、周期长，这也是产品创新和用户体验提升的主要阻碍。

6.4.1 业务中台建设方法

业务中台建设是业务服务能力抽象、沉淀的过程，既涉及理顺产品与服务关系等战略层面的思想认知内容建设，又涉及服务识别、剥离、整合、优化等战术层面的具体操作。

1. 产品与服务分层

业务中台是对前台共性能力的提炼和整合，因此要对前台能力进行梳理、提炼、剥离，将前台个性与共性能力分离，将共性能力下沉到业务中台。前台尽量轻业务逻辑，业务中台根据业务特性进行抽象和聚合，保持前台的"敏态"和后台的"稳态"，这样一方面前台创新会更灵活，快速适应市场变化和监管要求，另一方面依托业务中台风控和数据服务能力，强化中台、后台风险统一管控能力。以银行互联网信贷业务为例，按产品和服务进行纵向切割，瘦身后的产品层主要负责用户交互、数据准备、流程串接，业务中台承担公共业务逻辑处理和风险管控，这样产品创新更敏捷，中台风险管控更及时。

2. 共享服务中心规划

共享服务中心是中台支撑能力的载体，服务中心规划要遵循"高内聚、松耦合"的原则。采用领域驱动设计的战略建模方法有助于厘清业务边界，合理划分共享服务中心。一是从领域维度划分，通常以领域内核心业务实体进行聚类，比如贷款业务中的客户、合约、押品等，子域可以按照是否涉及客户交易划分为核心域和支撑域。二是明确共享服务中心边界，明确子域的业务范围。多个子域按照业务高关联性或者相同的业务目标可以划分为一个共享服务中心。一个共享服务中心共享一套业务和技术人员达成共识的通用语言，形成一套界限上下文。三是用"一图两表"描述共享服务中心，用领域建模图描述领域划分，用共享服务中心定义表来明确业务边界和核心能力，用通用语言术语表来明确共享服务中心语义范围内的标准业务词汇。四是共享服务中心的微服务拆分，一个共享服务中心可以根据业务变化节奏、组织架构设置适度拆分为多个微服务。

3. 服务能力抽象

中台服务是业务能力对内、对外的最终表现形式，对业务场景有较好的适配能力，对用户友好、易用，且自身能保持相对高的稳定性。比如在信贷中台建设中，一是在产品中心进行产品规则、流程的集中配置，通过客户中心、用信中心的服务去适配不同产品，在SDK调用端或者服务端留有扩展点，通过编排设计合理划分服务粒度，让服务可按照产品需求灵活装配。二是服务的输出形式，最常见的输出形式为API或SDK（供产品层远程调用），也可以以公共页面的形式提供，比如信贷中台运行中心中的审批流转页面，通过与产品层集成，提供SaaS服务。三是服务能力抽象，产品、中台部门业务专家与技术团队一起在领域划分原则的指导下，结合现有系统，采用事件风暴等方法抽象实体、领域事件,并聚合到核心的领域实体和领域服务,将业务实体和事件映射到IT架构实现层面。

4. 组织保障

业务中台不同于技术平台,更加注重业务能力的建设,因此需要打造由业务、技术人员组成的全功能团队,践行敏捷研发模式,基于业务价值优先级快速形成可交付成果,并通过快速迭代不断实现业务价值。比如在信贷中台建设过程中,一是组建跨部门、跨层级的业技融合、总分联动团队,并通过实施业务规划、架构设计和需求前移等举措,有效提高项目运行效率和需求响应速度。二是探索实践DevOps研发模式,通过推行需求条目化、自动化交付等举措,实现交付周期从按月缩短为按周,有效提高业务交付效率和质量。

业务中台建设不是从0到1,而是从0到0.1不断演变的过程,无法一蹴而就,需要对业务能力进行持续沉淀、持续滋养,以满足前台产品日益旺盛的创新需求。

6.4.2 业务中台架构实践

业务中台将后台的部分服务职能前移,使之更接近客户,以便更快地响应客户需求和提供服务,具有衔接前台、后台的作用,如图6-11所示。业务中台作为企业的重要资源,在企业快速发展中发挥重要作用。业务中台可作为服务中心和资源调度中心。

风控中心管理全行所有的风控模型,以及对客交易、账户层面的动态安全策略,以底层机器学习平台为支撑,共享全行风险管理能力。产品中心管理全行所有渠道的产品,控制产品购买额度、购买条件、上下架等。

用户中心基于数据中台打通的全行用户信息,建立用户成长体系、权益体系,管理用户标签画像,分析用户行为轨迹,为旅程中心完成客户全渠道一致体验打下基础。

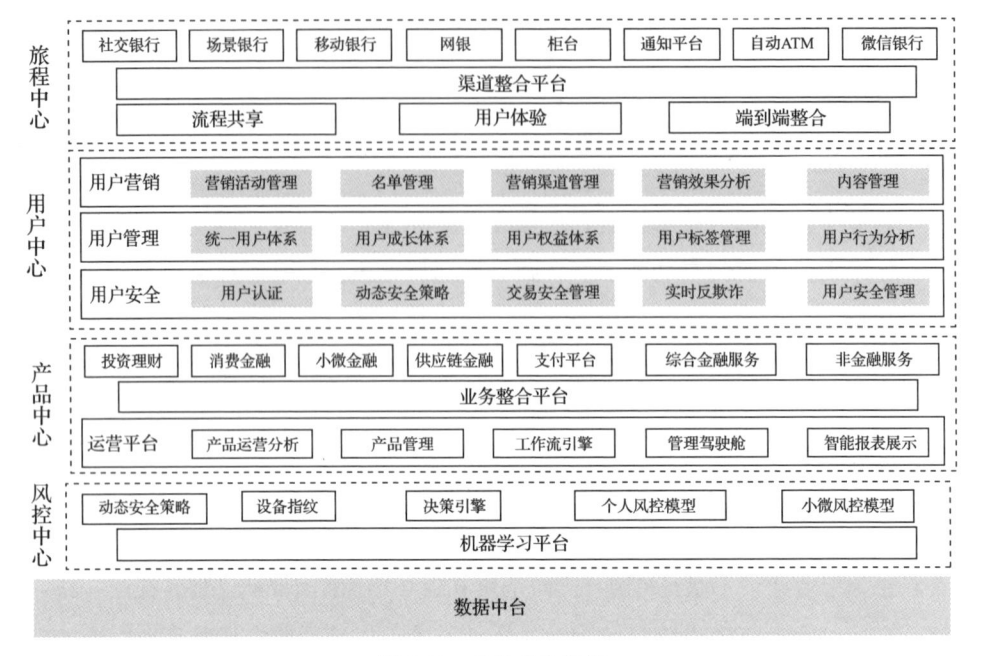

```
┌─────┬──────────────────────────────────────────────────────────────────────┐
│旅程  │  社交银行  场景银行  移动银行   网银    柜台   通知平台  自动ATM  微信银行 │
│中心  │                         渠道整合平台                                │
│      │        流程共享              用户体验              端到端整合        │
├─────┼──────────────────────────────────────────────────────────────────────┤
│      │  用户营销  营销活动管理  名单管理  营销渠道管理  营销效果分析  内容管理 │
│用户  │  用户管理  统一用户体系  用户成长体系  用户权益体系  用户标签管理  用户行为分析│
│中心  │  用户安全  用户认证  动态安全策略  交易安全管理  实时反欺诈  用户安全管理│
├─────┼──────────────────────────────────────────────────────────────────────┤
│产品  │  投资理财  消费金融  小微金融  供应链金融  支付平台  综合金融服务  非金融服务│
│中心  │                         业务整合平台                                │
│      │  运营平台  产品运营分析  产品管理  工作流引擎  管理驾驶舱  智能报表展示│
├─────┼──────────────────────────────────────────────────────────────────────┤
│风控  │  动态安全策略   设备指纹    决策引擎    个人风控模型   小微风控模型   │
│中心  │                         机器学习平台                                │
└─────┴──────────────────────────────────────────────────────────────────────┘
                              数据中台
```

图 6-11 业务中台架构

旅程中心从用户视角出发，以客户体验为最终目标，梳理、贯穿各渠道流程，整合、复用各渠道功能，最终达成全渠道客户体验一致。

业务中台是企业级能力复用平台，也是业务与技术共治的平台，通过将业务的核心能力进行沉淀与复用，应对外界的不确定性。中台建设是一个不断演进的过程，通过不断试错、快速迭代、积极拥抱变化、适应变化，在变化中让中台能力得到提升。

6.5 第五步：数据中台设计

数据能力是数字化转型的核心能力。我们知道，数字化转型就是要实现"业务数据化、数据业务化"，这需要强大的数据能力的支撑，保证数据可用、好用。

大多数企业建设数据中台的一个主要目的是打通数据孤岛，而且银行对于数据的应用很早就开始了，**大行普遍在 2008 年前后就建成了数据仓库，在基础

数据层面早已将烟囱系统打通。银行确实在数据方面很早就开始了尝试，加上金融是低频场景，因此在相当长时间内，$T+1$ 甚至 $T+2$ 的整合数据模式基本够用，更多数据整合和加工为的是满足监管和统计汇报的需求。随着移动互联网时代的到来，用户行为、市场、监管都发生了变化，用户使用产品的时间碎片化，金融特别是支付、理财等行为也变成了中高频交易，并且随着头部互联网企业的进入，市场变化不可同日而语，银行的危机感日渐增加。

业务需求响应再快，也赶不上市场、客户、监管的变化速度，而应用开发速度就更慢了，大银行半年左右，中小银行 3 个月左右是常态。应用系统上线后，传统的基于数据仓库、数据集市的数据采集和整合方式在时效性上已经很难满足要求。**可以说，银行在打通数据孤岛方面，或者更全面地说，在数据加工、分析及挖掘数据价值方面，尝试得很早，但是效果不佳：效率低、成本高、用户体验差**。

所以，数据中台是一套可持续让金融机构的数据用起来的机制，是一种战略选择和组织形式，是依据银行特有的业务模式和组织架构，通过有形的产品和实施方法论支撑，构建的一套持续把数据变成资产并服务于业务的机制。大多数中台是用来支撑业务创新的，数据中台亦是如此，能够帮助银行驱动业务增长，而不是花费过多时间在数据采集、处理等方面。数据中台的主要功能如图 6-12 所示。

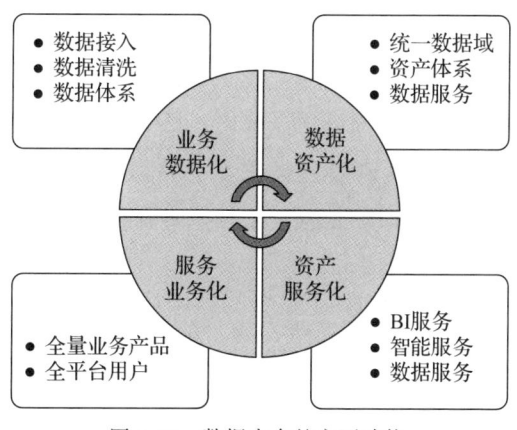

图 6-12 数据中台的主要功能

数据中台的核心理念是实现"四化",即业务数据化、数据资产化、资产服务化、服务业务化,达到从业务到数据、再到业务的完整闭环。这就很好地支撑了银行的数字化转型。

6.5.1 数据中台建设方法

数据中台支撑基础业务,帮助银行业务创新,在此基础之上驱动业务增长。在数据中台建设过程中,银行需要具备 5 个要素:数据高效使用、数据能力快速输出、解决方案、组织保障、建设方法论。其中,在数据能力快速输出方面,银行将其分为 5 个层级,如图 6-13 所示。

图 6-13 数据能力快速输出

- 建设数据模型:银行做数据分析时会先构建一套标准的数据分析模型,如用户行为分析模型、用户画像、数据挖掘模型。
- 设计数据服务 API:设计通用数据服务 API,满足产品调用需求。
- 覆盖基础报表:覆盖常用数据,并非 BI 场景下的分析报表。
- 数据可视化:实现全链路经营可视化,目的是帮助企业快速决策。
- 数据智能化:针对具体场景做探索,将数据智能发展成为一种能力,比如预算能力、文本识别能力等,并将其作为数据中台输出能力的一部分。

数据中台建设是一个宏大的系统工程,前期的整体架构规划在整个项目中尤其重要,按照数据活动可分为底层服务、数据接入、数据整合、数据挖掘、业务应用、数据服务管理 6 层,如图 6-14 所示。

第6章 银行数字化转型落地6步法

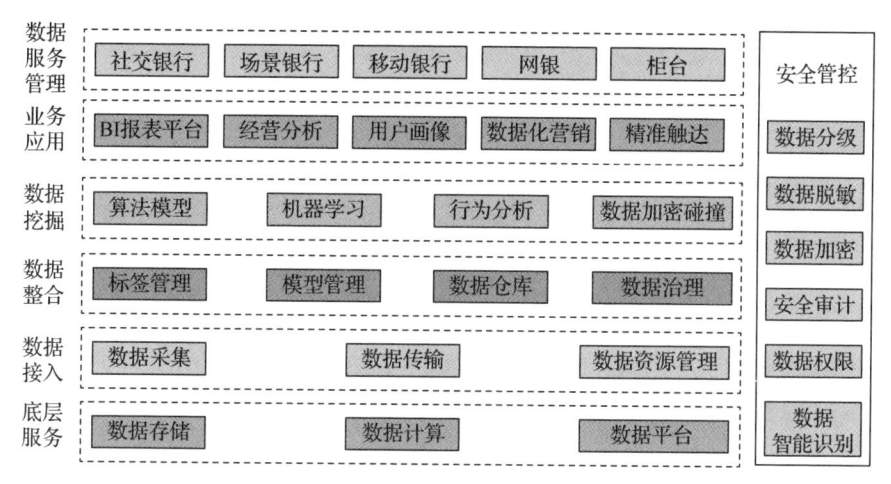

数据服务管理	社交银行	场景银行	移动银行	网银	柜台	安全管控
业务应用	BI报表平台	经营分析	用户画像	数据化营销	精准触达	数据分级
数据挖掘	算法模型	机器学习		行为分析	数据加密碰撞	数据脱敏
数据整合	标签管理	模型管理		数据仓库	数据治理	数据加密 / 安全审计
数据接入	数据采集		数据传输		数据资源管理	数据权限
底层服务	数据存储		数据计算		数据平台	数据智能识别

图 6-14 数据中台

- 底层服务：重点为从数据接入层到数据服务管理层提供统一的数据存储资源、计算引擎、数据处理中间件服务，增强了服务器资源的有效调度和统一管理。

- 数据接入：根据数据采集的业务场景，提供数据收集的工具及解决方案，实现数据采集→数据传输→数据存储→数据资源管理全链路自动化，并实现对活动任务的监控自动化。

- 数据整合：提供统一数据处理及标签、模型开发服务。该层根据数据使用场景对数据进行建模，生成如标签管理、数据仓库这样的服务平台，为数据团队、业务团队提供高效的、整合后的数据源，并对数据进行治理，例如编码规范、主题域划分、表模型规划、数据质量校验规则设计等，以便提供质量可靠的数据。

- 数据挖掘：该层整合了银行存在的几大数据挖掘工作场景，比如对用户行为数据进行分析、通过算法模型挖掘用户潜在的商业价值。该层提供的平台及工具基本覆盖了大部分数据挖掘工作场景。

- 业务应用：该层提供业务端使用的数据产品。业务人员可以直接使用这些数据产品高效地满足业务需求，甚至将这些数据与业务系统连通，缩短用户从产生数据需求→数据加工→数据使用的整个链路周期。此外，该层也可以通过提供满足特定业务场景的数据应用为业务赋能。
- 数据服务管理：该层提供统一的数据服务接口，目的是帮助银行提升数据资产的应用价值，同时保证数据的安全性和有效性。该层基于行业成熟的解决方案，构建数据服务接口来满足不同数据使用场景需求，同时降低了数据开发门槛。

数据中台建设面临的挑战如下。
- 梳理业务场景：搞清楚数据中台如何对业务产生价值是一大难题。
- 制定数据中台建设的优先级策略：需求可能大而全，但我们不能直接建大而全的数据中台，应该根据业务重要性来排需求实现的优先级。
- 数据治理：和业务独立的数据治理少有成功，通过数据资产目录将共有的数据维度、共性的业务模型提炼出来，在此基础之上结合业务场景进行数据治理也是一大难题。

6.5.2 数据中台架构实践

数据中台不是一个单纯的系统或者一个软件工具，而是一套架构、一套数据流转模式。数据中台建设需要采集数据作为原材料进行数据加工、数据建模，然后分门别类地存储，再根据实际的业务场景，打造各类数据服务（含数据应用平台），从而实现对业务的赋能加速。数据中台具体架构如图6-15所示。

- 数据汇聚：数据中台中数据接入的入口。数据中台本身几乎不产生数据，其所有数据来自业务系统、日志、文件等，这些数据分散在不同的网络环境和存储平台，难以利用，很难产生业务价值。数据汇聚是数据中台必须提供的核心模块，它把各种异构网络、异构数据源中的数据方便地采集到数据中台进行集中存储，为后续加工、建模做准备。
- 数据开发：通过数据汇聚模块汇聚到数据中台的数据，没有经过处理，基本是按照数据的原始状态堆砌在一起，这样还是很难被利用。数据开发是数据加工及加工过程管控模块。有经验的数据开发、算法建模人员利用数据加工模块提供的功能，可以快速把数据加工成对业务有价值的形式，提供给业务人员使用。

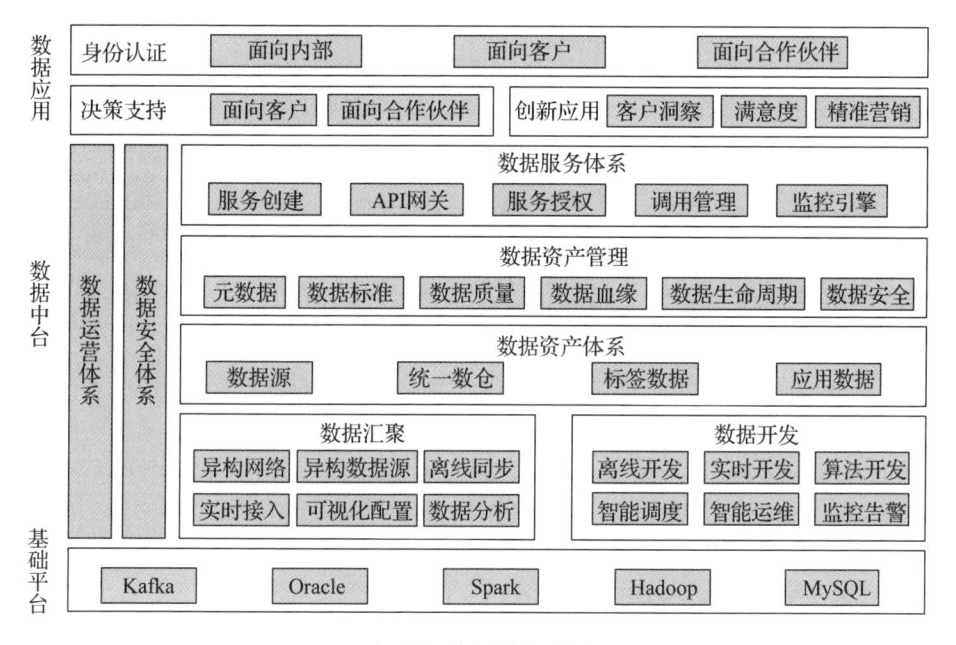

图 6-15　数据中台架构

- **数据资产体系**：有了数据汇聚、数据开发模块，数据中台已经具备传统数仓平台的基本能力，可以做数据汇聚以及各种数据开发，这样就可以建立企业的数据资产体系。前文说数据资产体系是中台的血肉。
- **数据资产管理**：数据资产管理包括对数据资产目录、元数据、数据质量、数据血缘、数据生命周期等进行管理和展示，以一种更直观的方式展现银行的数据资产，提升银行的数据意识。
- **数据服务体系**：利用数据开发模块开发数据资产，利用数据资产管理模块展现企业的数据资产，但是并没有发挥数据的价值。数据服务体系就是把数据变为一种服务能力，通过数据服务让数据参与到业务中，激活整个数据中台。数据服务体系是数据中台的价值所在。

数据中台功能架构如图 6-16 所示，由数据采集、数据存储、数据计算、数据服务和数据治理几大部分组成，其中在数据服务功能中的数据分析与数据标签化应用最为广泛。

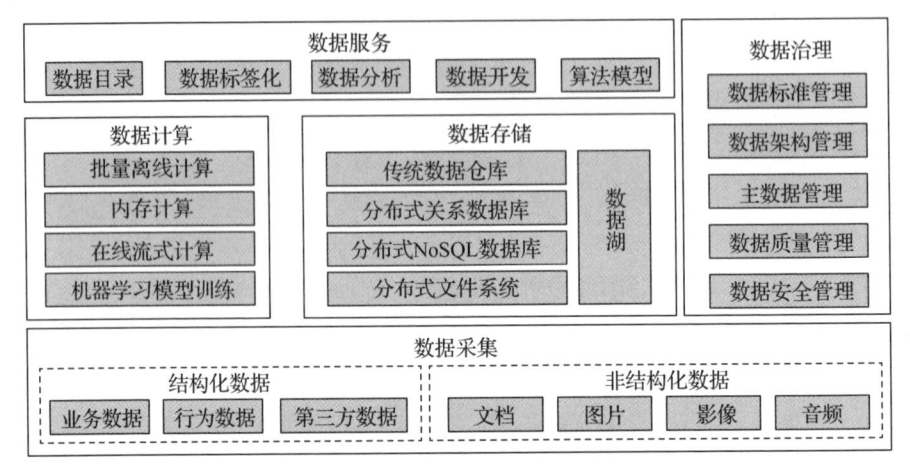

数据服务					数据治理
数据目录	数据标签化	数据分析	数据开发	算法模型	数据标准管理

数据计算	数据存储		数据治理
批量离线计算	传统数据仓库	数据湖	数据架构管理
内存计算	分布式关系数据库		主数据管理
在线流式计算	分布式NoSQL数据库		数据质量管理
机器学习模型训练	分布式文件系统		数据安全管理

数据采集						
结构化数据			非结构化数据			
业务数据	行为数据	第三方数据	文档	图片	影像	音频

图 6-16 数据中台功能架构

6.6 第六步：营销和运营数字化

银行的核心目标离不开获客创收、降本增效。数字化是为业务增长服务的，而数字化营销和运营可以快速展现数字化转型阶段成果，也有助于下一阶段各部门开展转型工作，最终推动全行的数字化转型。落地的数字化营销和运营可以帮助营销部门提高目标客群的触达率和转化率，进而提升客户体验，为客户带来价值的同时为银行带来交易量和利润的增长。

6.6.1 营销数字化

数字化时代以客户为中心，而只有通过数字化营销才能真正知道目标客群、产品定位、客户画像。

在移动互联网普及之前，得益于遍布大街小巷的物理网点，银行线下网点成了非常重要的金融交易场景，几乎没有比它更方便用户存款、理财、基金、证券开户的渠道。

数字化时代下，线上流量的获取成为银行的关键决胜点。相较手机银行、网上银行等银行自有渠道，微信等用户规模大、日活及用户黏性高的线上平台已经成为银行业务拓展的重要渠道与主阵地。打造银行全渠道营销场景更需数字化营销工具的助力。

1. 营销数字化的本质依然是营销

营销数字化的核心就是数据智能，通过数据智能加强线上精准营销，拓展线下新的营销场景，完成全场景、全链路的布局，以达到高效转化。图 6-17 展示了营销数字化在用户到达渠道的每个触点都给用户施加影响，从而改变用户想法，提高用户转化率和交易量。

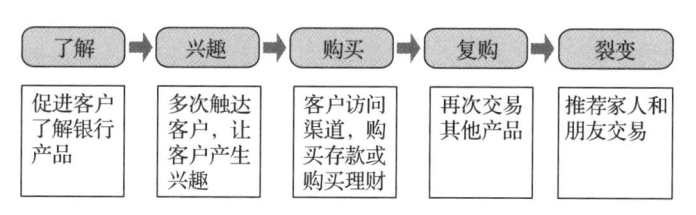

了解 → 兴趣 → 购买 → 复购 → 裂变

| 促进客户了解银行产品 | 多次触达客户，让客户产生兴趣 | 客户访问渠道，购买存款或购买理财 | 再次交易其他产品 | 推荐家人和朋友交易 |

图 6-17　营销数字化

营销数字化的核心逻辑仍然是用户旅程，目的是影响用户体验的每一步，从而让用户产生交易行为。因此，银行可以使用营销数字化方法，对每一个转化环节进行优化。

2. 营销全链路打通

银行线上线下数据打通很重要。营销全链路打通见图 6-18，这样用户在所有渠道的营销体验从前到后是可控的、衔接的、有逻辑的。比如用户在线下场景已经关注了信用卡或贷款产品，银行可以给用户推送带有产品促销的信息，让用户快速转化。营销全链路就是通过个性化推送，以数据中台为支撑，准确跟踪同一个用户的整个交互过程。

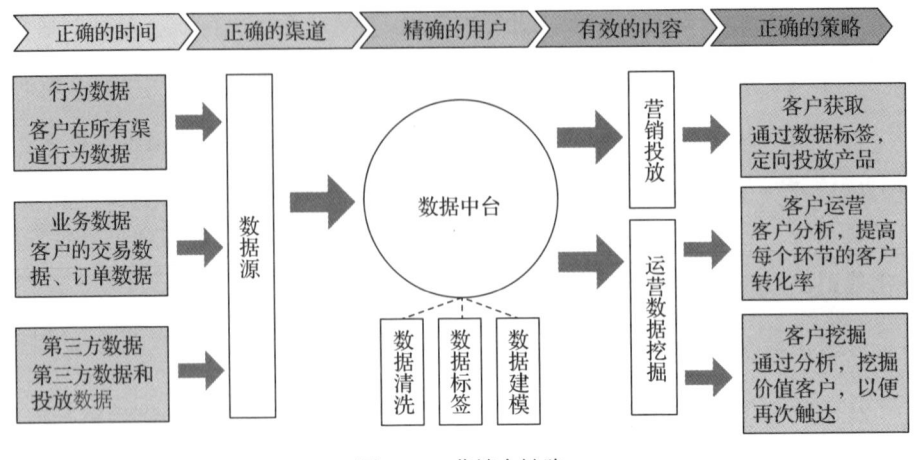

图 6-18　营销全链路

6.6.2　运营数字化

任何业务都包含 3 要素：产品、用户、运营。运营是通过一些手段让产品与用户之间更好地建立关系，这是一个长期的过程。银行运营需要与传统运营架构、存量客户、线上线下渠道融合。特别是现阶段银行发展已经进入成熟期，市场增速放缓，需要转向对存量客户的精细化运营，充分挖掘现有客户价值。

- 传统银行通过网点触达客户。但当银行业与其他行业一样进入移动互联网时代，单纯靠网点挖掘新客户就变得越来越艰难，市场增速也随之放缓。
- 新客户获取成本变高的情况下，银行需要对存量客户进行精细化运营，从而提升客户价值。
- 传统银行往往仅聚集高价值客户，而规模大的长尾客户未被挖掘，流失率高。
- 客户分层、营销触达、客户转化、促成交易等都需要基于数字化来运营。这都需要银行具有数字化运营能力，并有数据平台支撑。

数据驱动精细化运营如图 6-19 所示。精细化运营包含但不限于用户运营、产品运营、活动运营、营销运营,通过对运营问题基于数据进行分析,从而帮助银行决策,推动业务闭环与产品迭代,促进业务价值提升。

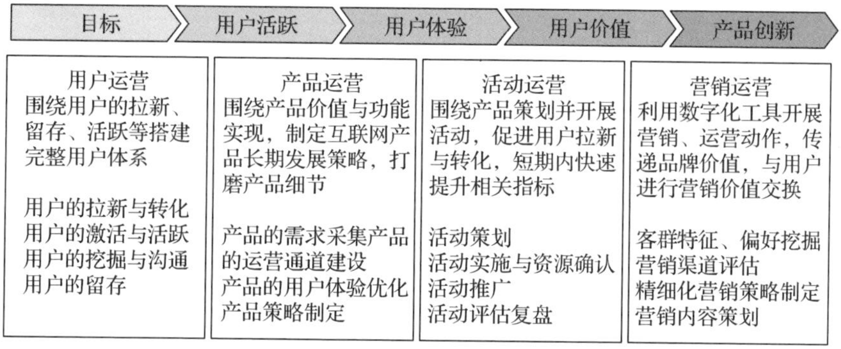

目标	用户活跃	用户体验	用户价值	产品创新
	用户运营 围绕用户的拉新、留存、活跃等搭建完整用户体系 用户的拉新与转化 用户的激活与活跃 用户的挖掘与沟通 用户的留存	产品运营 围绕产品价值与功能实现,制定互联网产品长期发展策略,打磨产品细节 产品的需求采集产品的运营通道建设 产品的用户体验优化 产品策略制定	活动运营 围绕产品策划并开展活动,促进用户拉新与转化,短期内快速提升相关指标 活动策划 活动实施与资源确认 活动推广 活动评估复盘	营销运营 利用数字化工具开展营销、运营动作,传递品牌价值,与用户进行营销价值交换 客群特征、偏好挖掘 营销渠道评估 精细化营销策略制定 营销内容策划

图 6-19　数据驱动精细化运营

运营数字化是通过新技术、数字工具与数据能力重塑产品和服务的各个环节,降低与用户之间的摩擦,提升用户价值的运营效率。银行可以基于数据运营逐步构建数字化运营能力,针对运营人员提升数字化运营技能,从而构建全面的数字化运营能力,最终真正实现可持续增长。

第 7 章 CHAPTER

银行营销数字化转型

在数字经济时代的存量市场中，**得用户者得天下，银行要把用户真正作为资产重视起来，特别是要对过去被传统银行所忽视的长尾用户进行体系化营销和运营，从而持续获得利润。营销是引入用户，运营是留住用户**。银行零售业务的主要策略放在加强数字化触点、场景布局和建设以用户为中心的营销和运营体系上。银行在数字化转型时，通常会遇到 3 个核心问题。

- 如何运营和分析自己的用户数据。
- 如何建立数据营销和运营团队。
- 如何在短期内快速展现转型成果，在全行内部建立信心。

这三个转型中的核心问题，通过营销数字化转型都能给出答案。从用户视角出发，以用户为中心，才能在数字经济时代感受到业绩增长的脉搏。从触点建设到营销策略的制定，再到线上线下渠道融合、洞察，以及营销转化、分享裂变整个营销链路，银行需要重构和优化数字化营销和运营体系。目前，银行在渠道营销过程中面临以下困难和问题。

- 难以有效触达用户：以往银行获客主要靠线下网点，现在银行网点服务客户少，更无法有效触达优质客群。
- 资源重复建设：营销体系变化快，重复建设严重，每次建设并没有营销效果。
- 部门墙：数字化转型最大的阻力不是技术，而是部门墙。各部门围绕考核指标和利益开展工作，造成了资源协调困难、跨部门协作效果差、组织流程流转不畅、资源重复浪费等问题。如果没有一套完整的内部生态机制作为保障，营销数字化转型很难推进。
- 产品同质化严重，没有竞争力：产品创新乏力，在银行业内没有竞争力，对用户没有吸引力。
- 金融服务低频：过去的金融服务消费频次低，对用户的黏性差，用户忠诚度低。
- 监管严：创新有力，营销手段受限。

用户运营需要有一个完整的成长体系，从公域获取的用户需要进入私域体系，主要包括拉新获客、促活转化、留存营销、精细化运营流程，见图7-1。

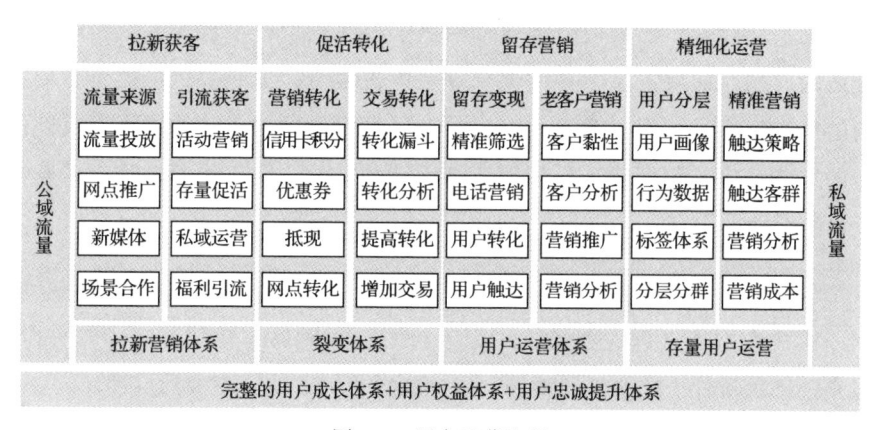

公域流量	拉新获客		促活转化		留存营销		精细化运营		私域流量
	流量来源	引流获客	营销转化	交易转化	留存变现	老客户营销	用户分层	精准营销	
	流量投放	活动营销	信用卡积分	转化漏斗	精准筛选	客户黏性	用户画像	触达策略	
	网点推广	存量促活	优惠券	转化分析	电话营销	客户分析	行为数据	触达客群	
	新媒体	私域运营	抵现	提高转化	用户转化	营销推广	标签体系	营销分析	
	场景合作	福利引流	网点转化	增加交易	用户触达	营销分析	分层分群	营销成本	
	拉新营销体系		裂变体系		用户运营体系		存量用户运营		
	完整的用户成长体系+用户权益体系+用户忠诚提升体系								

图 7-1 用户运营流程

7.1 营销数字化

营销数字化能够做到打通用户旅程全链路，从用户个体出发，关注每一个阶段的触点、环环相扣，让用户在全渠道触点中有很高的产品体验。

7.1.1 数字化触点

银行纷纷拥抱数字化和渠道变革，力图实现全渠道转型，陆续打造了线上线下、丰富多样的客户触点，来满足客户日常业务办理、渠道交易等需求。数字化触点产生海量、多维度的客户行为数据，不仅能够让银行更全面准确地洞察客户需求和绘制用户画像，也能反映客户对银行渠道的偏好和体验。在营销数字化转型过程中，数字化触点作为银行与客户交互的桥梁和展现渠道，是影响营销触达、客户体验以及营销转化等的重要因素，也是决定营销效果和实际转化的重要环节。通过数字化触点，银行可走进客户消费场景，建立全渠道营销触点，通过各渠道的活动提高营销触达性，提升客户体验，降低营销成本。

7.1.1.1 营销触达是营销数字化的关键开端

现在，银行客户已经很少去银行网点了，网点工作没有太多机会向客户介绍合适的产品。如果一个客户许久未登录手机银行，他有多大可能会看到为他投放的广告内容？如果一个客户已经退订了短信营销服务，他将不会收到给他发送的推荐短信。营销触达是任何营销活动的开端，数字化营销带来了营销边际成本的递减。

在线下网点和手机银行两种场景中，银行应该选择不同的收集方式、收集时间。客户在网点办理完业务之后，银行可以及时通过短信或电子邮件跟进，在客户记忆犹新时了解他们的感受，以此获得更加真实、有效的反馈。

网点需要向数字化营销网点转型，特别是区域性中小银行，网点分布较多，**网点营销需要走出去**，把金融产品和服务融入覆盖的区域，实现服务生活化和**场景化**，让客户行为数字化，如何时到访、办理何种业务、出入频次、参与线下活动的类型、生活消费需求等。网点的工作人员全部转型营销岗，主动走入周边场景营销。

如新上线一款理财产品或消费贷款产品，希望在网点做活动售卖，可以根据客群经常办理的业务类型、网点位置、到访时间进行活动位置和时间设计。

7.1.1.2 从客户旅程出发形成多触点、全流程客户体验

良好的营销体验可以大幅提高客户认同感和兴趣度，提高客户营销响应率。不同的客户触点在营销信息的传递方式、传递时效和展示形式上各有不同，给予客户不一样的营销体验。

多触点、全渠道、随时在线的消费环境让客户满意度不仅仅依赖于某个单一触点，而是更在乎全流程的体验。只有透过客户视角，关注整个客户旅程，以银行为代表的金融机构才能真正洞察如何大幅提升客户体验与满意度。

客户旅程可以将银行与客户交互的全过程以地图的形式呈现出来。银行业务的客户旅程会涉及全渠道，往往持续数天或数周。比如银行普通客户（称"长尾客户"）的旅程一般包括线上线下查询账户余额、转账、存款、取款等。长尾客户虽然资金量小，但是数量庞大。银行如果能够保证在客户旅程中始终如一地为长尾客户提供优质服务，就有望提高长尾客户的满意度，从而提升产品转化率和交叉销售率。

在实际营销过程中，银行需要结合客户触点的特点及营销需求，在保证触达性的前提下，选择合适的客户营销触点，合理配置多触点营销及触点协同策略（如短信+广告、短信口令+手机银行渠道等），通过多渠道优势互补，提供信息直观传递、客户操作便捷、个性化的营销服务，提高客户营销体验，增加营销引导成功率，保证精准营销效果。

7.1.1.3 触达过程中客户行为数据分析

客户在与银行进行业务交互过程中产生了大量交易数据、渠道访问数据、业务咨询数据。银行通过挖掘这些数据可以了解客户对银行各渠道应用的偏好。大量精准营销活动也留存了客户对营销活动响应与否的记录。通过这些数据，银行可以了解客户对营销渠道的接受和认可情况，具体分析见图7-2。

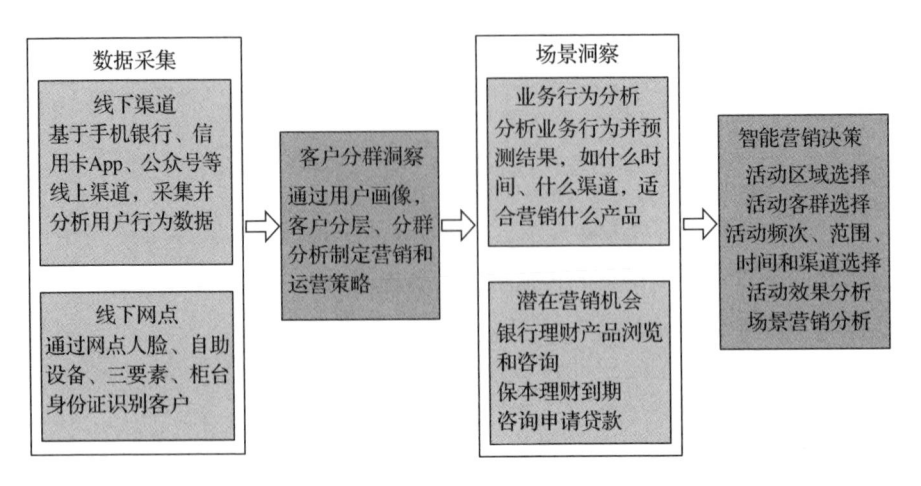

```
┌─────────────────────┐      ┌─────────────────────┐
│      数据采集        │      │      场景洞察        │
│ ┌─────────────────┐ │      │ ┌─────────────────┐ │      ┌─────────────────┐
│ │    线上渠道      │ │      │ │   业务行为分析   │ │      │   智能营销决策   │
│ │ 基于手机银行、信 │ │      │ │ 分析业务行为并预 │ │      │   活动区域选择   │
│ │ 用卡App、公众号等│ │ ┌──────────┐ │ 测结果，如什么时 │ │      │   活动客群选择   │
│ │ 线上渠道，采集并 │ ⇒│客户分群洞察│⇒│ 间、什么渠道，适 │ ⇒    │   活动频次、范围、│
│ │ 分析用户行为数据 │ │通过用户画像，│ │ 合营销什么产品   │ │      │   时间和渠道选择 │
│ └─────────────────┘ │客户分层、分群│ └─────────────────┘ │      │   活动效果分析   │
│                     │分析制定营销和│                     │      │   场景营销分析   │
│ ┌─────────────────┐ │  运营策略    │ ┌─────────────────┐ │      └─────────────────┘
│ │    线下网点      │ └──────────┘ │   潜在营销机会   │ │
│ │ 通过网点人脸、自助│ │      │ │ 银行理财产品浏览 │ │
│ │ 设备、三要素、柜台│ │      │ │ 和咨询           │ │
│ │ 身份证识别客户   │ │      │ │ 保本理财到期     │ │
│ └─────────────────┘ │      │ │ 咨询申请贷款     │ │
└─────────────────────┘      └─────────────────────┘
```

图 7-2 客户营销分析

基于这些数据，银行可以实现客户渠道偏好的深入洞察，研究和确定每个客户营销触点的偏好优先级关系，实现客户维度的营销触点推荐模型构建，为开展精准营销活动提供触点选择建议，在保证营销触达的同时，最大化提升客户体验。

银行必须建立数字化客户管理体系，以数据赋能，精准把握客户需求，精准营销，提升客户拉新、促活、留存、交易转化效果。

7.1.2 客户数字化

银行要建立数字化客户营销体系，深入细致地管理客户，从而实现从营销中获取较高的转化率和交易率，具体包括对目标客户属性和行为数据化，构建客户画像并进行标签化，以进行精准营销。

1. 整合客户数据

在移动互联网背景下，客户数据无处不在，银行获取客户数据的途径多样繁杂。有效的客户数据是产品优化和后续运营的前提。客户数据主要包括客户在所有渠道触点的行为数据、客户交易的业务数据、客户详细的属性数据、第三方合作伙伴的数据。

2. 客户价值模型

判断客户对产品的价值，对于提高客户留存率非常有用。RFM 模型是一个被广泛应用的客户关系分析模型，能够方便、快速、有效地量化客户价值和利润创收能力。

在 RFM 模型中，R（Recency）代表最近一次消费；F（Frequency）代表消费频率；M（Monetary）代表消费金额。

RFM 模型见图 7-3。

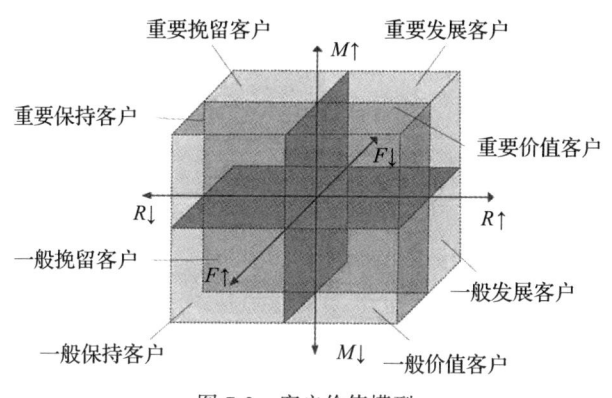

图 7-3　客户价值模型

不同的象限对应不同的客群，大致分为 8 类：重要价值客户、重要保持客户、重要发展客户、重要挽留客户、一般价值客户、一般保持客户、一般发展客户、一般挽留客户。

可以根据不同的客户价值进行针对性营销，比如针对重要发展客户、重要价值客户、一般价值客户、一般发展客户进行向上和交叉销售。而对于重要挽留客户，因为他们曾经很有价值，我们不希望客户流失，可以专门针对这一类人群进行召回。

3. 客户分群模型

客户状态、客户价值是基于客户消费行为的分析，客户分群模型则是完全基于产品业务场景来做客群区分。客户分群与产品是强绑定关系。一般来说，产品需要定义使用边界，进行客户交叉度分析。客观来说，客户分群越细越好。

一般来说，客户可划分为潜在客户、可推广客户、活跃客户、存款客户、忠诚客户、留存客户、回流（召回）客户、新增客户。

4. 客户生命周期管理

从客户角度来讲，整个客户生命周期会分为几个阶段，见图 7-4。营销数字化就是在客户生命周期的每个阶段去识别客户、了解客户，这需要我们建设数据中台和营销中台，打通数据前台、中台、后台，给营销提供数据工具，通过不同阶段的数字化自动营销，达到精准触达，最后实现获客、转化率的提升。

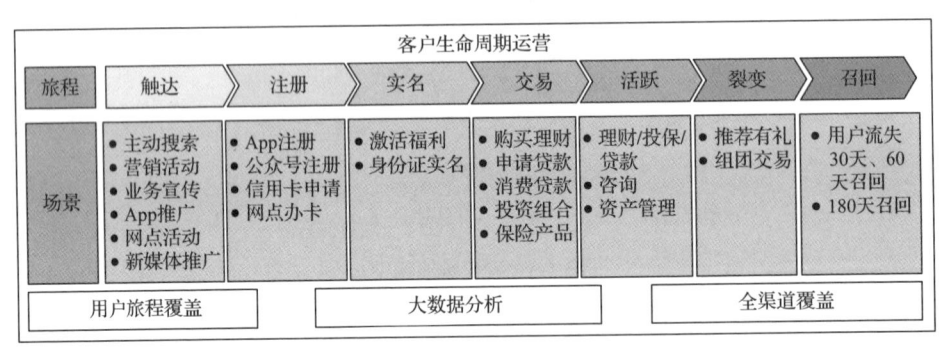

旅程	触达	注册	实名	交易	活跃	裂变	召回
场景	• 主动搜索 • 营销活动 • 业务宣传 • App推广 • 网点活动 • 新媒体推广	• App注册 • 公众号注册 • 信用卡申请 • 网点办卡	• 激活福利 • 身份证实名	• 购买理财 • 申请贷款 • 消费贷款 • 投资组合 • 保险产品	• 理财/投保 贷款 • 咨询 • 资产管理	• 推荐有礼 • 组团交易	• 用户流失 30天、60 天召回 • 180天召回
用户旅程覆盖		大数据分析			全渠道覆盖		

图 7-4 客户生命周期管理

7.1.3 打通数据链

与传统价值链理论不同，数据价值链以数据价值创造为核心，强调从价值链的各个价值活动中采集相关数据。**营销数字化转型需要将全渠道的线上、线下数据打通，构建数据中台和营销中台**，融合多方数据进行分析。

让数据在价值链中流动，打通客户线上和线下的数据，打通产品运营在各环节的数据，以提高经营效率的模式，也可以称为新零售模式。图 7-5 展示了全域数据分析，该模式利用大数据、数据建模等技术，将线下数据通过线上分析得出决策，再应用于线下，实现网点智能运作。

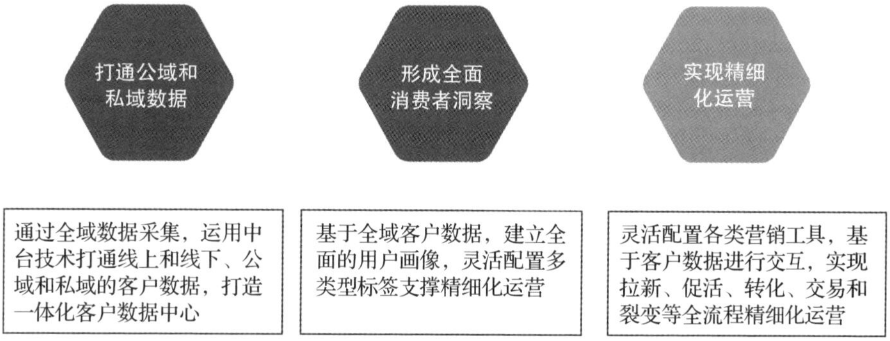

打通公域和私域数据	形成全面消费者洞察	实现精细化运营
通过全域数据采集，运用中台技术打通线上和线下、公域和私域的客户数据，打造一体化客户数据中心	基于全域客户数据，建立全面的用户画像，灵活配置多类型标签支撑精细化运营	灵活配置各类营销工具，基于客户数据进行交互，实现拉新、促活、转化、交易和裂变等全流程精细化运营

图 7-5　全域数据分析

（1）通过留存分析、漏斗分析、路径分析等，满足不同场景的数据分析需求。

例如，通过留存分析，结合客户交易数据洞察，发现留存率较高的客户群体；发现周一和周五是交易频率较高的时间；发现工资卡客户的工资留存率越高，对银行越忠诚。

（2）打通全场景数据链，实现消费者全生命周期价值增长。

根据客户带有时序性的行为与操作，步步跟进，识别客户在不同阶段、不同场景、不同网点中的不同表现，构建完整的客户全生命周期概览。无论新用户开户，还是老用户复购，在不同阶段设置不同的运营计划，通过自动化运营方式实时触发短信、弹窗或优惠券策略推送，真正做到抓住时机，精准营销，打通数字化运营闭环。

给客户建立不同生命周期阶段的标签、客户价值标签等，同时根据客户偏好标签提升客户转化率和赋能新产品。比如建立客户点击偏好和消费商品偏好的细分标签，对标签细分人群"投其所好"地推送偏爱的商品优惠券，实现千人千面，从而提升客户转化率。

（3）分析运营活动计划 A/B 测试验证效果，推动营销策略调优。

打通数据链以后，分析短信、弹窗、电销等全触点运营活动计划的 A/B 测试，让运营人员在策略执行后就开始追踪效果，推动运营策略调优，提升转化率。比如：圈选一批存款用户、信用卡或放款用户为目标受众，分别设置对照组、实验组 1 和实验组 2，对应的发券策略为免息券、无门槛 100 券、满 10000 减 200，在实验进行一周后，运营人员通过营销中台对运营结果进行深度分析，找到针对这批用户比较有效的发券策略，从而帮助运营人员实现目标人群圈选、策略差异化推送、策略目标达成反馈、目标达成分析的业务闭环。

7.2 全渠道营销

随着银行运营进入成熟阶段，客户分化和个性化越来越加剧，一个营销策略和单个产品想要抓住所有客户几乎是不可能的事情，单一渠道对客户影响力不足，而营销必须对目标客群有清楚的定义，精准把握他们的生活和工作轨迹、内容浏览和金融产品喜好，在他们可接触的全渠道投入资源。

7.2.1 全渠道管理策略

全渠道营销旨在建立各个渠道上一致的客户体验，制定差异化的营销策略。 无论客户通过何种方式办理开户、理财或贷款等业务，都会得到一致的客户体验。

这种一致的体验增强了客户对银行的熟悉程度和关联关系，提升了银行品牌的正面形象和客户留存率。全渠道营销的重点在于向客户提供差异化的产品推荐，提升每个客户触点的服务温度。

全渠道营销这一概念更是关于如何智能使用数据，实现与客户充分交互，更好地知晓每个客户，之后绘制出完整的客户旅程，进而了解在每个接触点何时和客户进行沟通最合适、最有效的。

7.2.1.1 多渠道、跨渠道和全渠道的具体区别

在移动互联网时代，客户获得的信息和产品非常多样，一致而流畅的体验将会减少他们的学习成本，让他们对银行品牌更感兴趣，表现在营销漏斗里的各层转化率高，进而让银行获得了更高的收入。这里有一个叠加效应，可能客户在 A 渠道了解到产品功能，在 B 渠道熟悉产品属性（如年化收益、风险级别等），在 C 渠道产生了购买行为，如果信息传达不一致，客户不太可能留存到 C 渠道，中间就会流失。我们还听说过相关的两个词：多渠道、跨渠道。各渠道的区别见图 7-6。

图 7-6 渠道区别

- **多渠道营销**：顾名思义，多渠道营销是一个银行品牌通过多种渠道与客户交互。需要注意的是，这些渠道是相互独立的，并不互通。也就是说，客户不能从一个渠道自行跳转到另一个渠道，无法到另一个渠道的对应点完成后续购买行为。例如，某用户通过线下渠道看到理财产品，之后想在手机银行购买，他们不得不回到原点重新搜索。
- **跨渠道营销**：跨渠道营销向前推进了一步，能做到在不同营销阶段、不同渠道之间平滑地过渡，实现流畅的客户体验，并能共享信息。
- **全渠道营销**：全渠道营销则更进一步，不同的渠道在这里完全是互联互通的，最大限度触达客户。不仅如此，客户可以同时使用不同的渠道与金融产品交互，在渠道之间无缝切换。

7.2.1.2 银行全渠道客户管理痛点

对于银行业而言，客户管理是一个老生常谈的话题。自人类有金融活动以来，客户就是金融活动的一个核心要素。伴随着金融行业的不断发展，客户的

重要性愈发凸显，成为金融活动最重要的战略资源。几乎所有的金融业务都要依赖客户。

在数字化转型中，新的技术为银行进行精细化客户管理提供了新的解决方案，越来越多的银行将技术手段运用到客户管理中，借助先进的技术对业务流程进行重组，整合客户数据资源，并在内部实现客户数据资源的共享和智能化分析。通过对客户的精细化管理，银行不仅可以细分客户群体，针对不同类型的客户制定不同的业务策略，改善服务，提高效率，降低成本，实现对客户的精准营销，还能提高客户的忠诚度和贡献度，并吸引更多的客户，推动业务创新，最终实现盈利和可持续发展。

因此，重视并加强客户管理，提升客户管理质量，具有非常重要的现实意义。目前，国内银行在客户管理方面主要存在四大痛点。

- 缺乏客户筛选意识，无客户梳理环节：长期以来，银行采用的主流客户划分方法是根据客户家庭金融资产的多少将客户划分为大众客户、财富管理客户（或称"贵宾客户"）、私人银行客户等。数据时代来临，客户分层更细，客户行为更加多样化，特别是随着长尾客户的崛起，仅依靠资产的多少去理解客户已经远远不够。未来，银行的客户分类不能仅依据资产规模简单划分，而应加入人口学、行为等更加立体的维度，比如性别、年龄、职业、爱好、风险偏好、渠道偏好等。

- 缺乏高效的数字化管理体系，客户管理效率低：缺乏高效的数字化营销体系设计，在客户分析、挖掘、维护等方面存在较多短板和不足。未来，银行会积累越来越多的客户数据。而对于海量的客户数据，技术不足会导致银行无法深度挖掘客户需求，针对不同类型客户研发产品、提升服务的能力相对较弱，客户管理效率较低。

- 线上线下客户信息分离，无法有效打通全渠道链路：银行拥有线上和线下多门类渠道，其内部每天都会产生客户行为数据和交易数据。但是，由于部门之间相互独立，无法有效整合线上线下客户信息，网点营销人员和数字化运营人员无法深度挖掘和分析客户特征，无法获取客户喜好、消费习惯等客户重要画像，客户迭代不能及时跟进，容易引起客户流失。
- **客户分析不全面，客户黏性不足**：随着时代变迁和客户成长的生命周期变化，消费需求、生活方式和消费行为发生了翻天覆地的变化。与此同时，围绕客户的数据变得非常繁杂，客户群体画像被无限细分和标签化，所需要的用户画像维度增多，运营规则也越来越精细。银行的市场竞争力最终体现在产品的竞争力上，尽管目前银行在产品创新方面做出了一定努力，但依旧是改良居多、原创较少，设计同质化这一现状仍未改变，对于客户的层级变化、需求迭代等无法给予及时、有效的跟进。这就容易造成银行客群细分标准、所提供的金融服务和客户实际体验严重错位。随着客户群体的金融消费特征改变，银行需要具备较强的客户分析能力，以提高客户黏性。但目前，银行对客户分析能力相对薄弱，仅能根据客户在本行的资金账目情况、对客户的熟知程度，以及客户关系管理系统中部分线上交易记录等进行分析，无法在不同场景和阶段满足不同群体的金融需求，客户黏性不足。

7.2.2 流量池

移动互联网时代，银行业从经营网点转向经营手机银行，典型表现就是拥抱用户、经营流量，从流量思维转变为流量池思维。

- **流量思维**：银行获取用户，对用户进行转化，变现后不再交互。
- **流量池思维**：银行获取用户，并进行运营转化、留存和裂变以获取更多用户，保持用户活跃度，提高用户复购率，打造自循环体系的流量池。

7.2.2.1 流量池概念

流量池思维更多不是在于网点获取多少用户，而是强调如何运营用户，提高留存，利用存量用户发展更多新的增量用户。流量池思维在于如何留住用户、促活用户、利用用户进行增长和裂变。

流量池的概念并不难理解（见图7-7）：把银行客户群体比作一个大水池，该水池拥有流入和流出两个口，每天都有新的水流进来，也有一些水流出去，只有水流入的速度大于流出的速度，水池里的水才会不断增加。可到了移动互联网下半场，线下几乎没有新的用户可以增加，水池里想要增加水，很可能要从别的水池里引进来，但同时也有其他人想着把你水池里的水引出去。

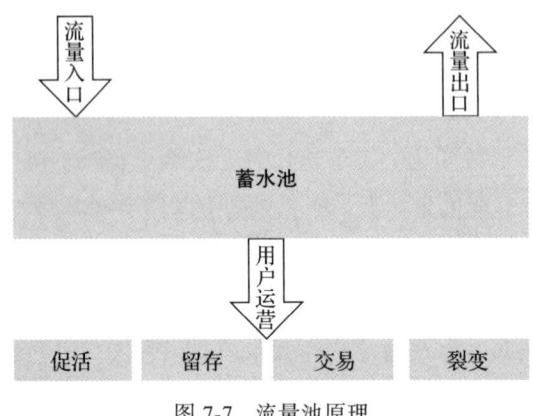

图 7-7　流量池原理

7.2.2.2　流量渠道

渠道是银行流量的载体，线下渠道以银行网点为核心入口，线上渠道以手机银行为核心入口，打造场景服务闭环。场景建设是将银行金融服务下沉到非金融服务，基于用户的生活方式、兴趣爱好，建立具有相似特征的客群，精准定位其金融需求，以非金融服务为导引，引发客户金融消费需求，从而实现服务闭环。

成熟、优质、稳定的渠道获客成本肯定是越来越高，短期内你可能拥有一个或多个便宜的入水口，但很快成本变高、用户质量变差、转化率下滑。

自有流量池需要多个入水口。任何品牌营销都需要所有渠道同时运作、互相配合、共同引流和造势，这样才能最大化效果。图7-8所示为银行的主要流量来源。

随着移动互联网技术的发展和客户习惯的变化，医疗、教育、政务等产品逐渐线上化，且用户规模持续增长，服务需求也大大增加。银行依托自身优势和资源，除了围绕医疗、教育、政务等提供金融服务外，还以高频场景带动低频场景，在生活缴费、美食娱乐、交通出行、政务便民等高频消费场景提供金融服务，如图7-9所示。

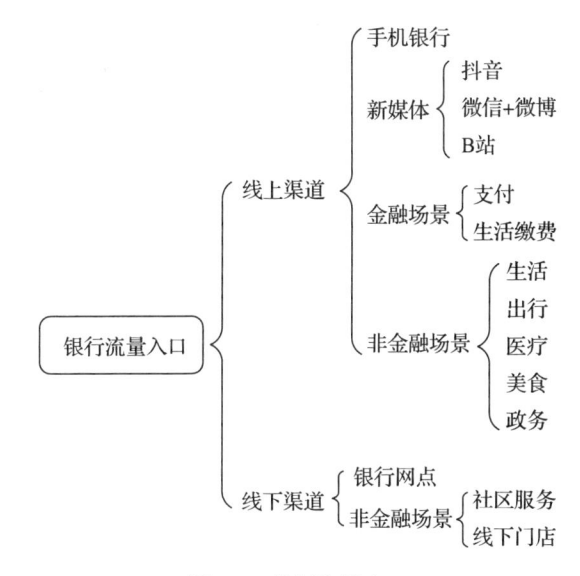

图7-8　银行流量入口

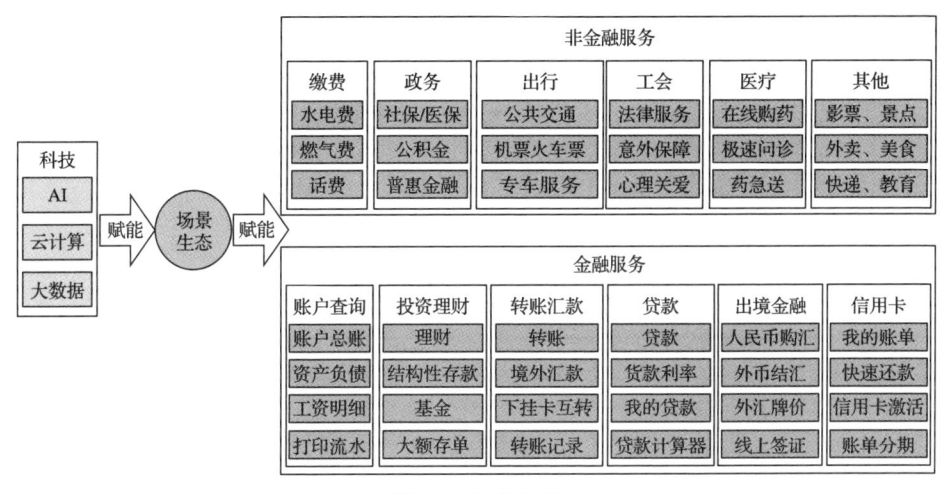

图7-9　场景生态

银行与互联网平台整合双方资金、流量、技术、场景等优势，在信用卡、借记卡、个人贷款、小微企业金融服务等方面开展深入合作，打造线上线下一体化场景，提升客户体验，如图7-10所示。

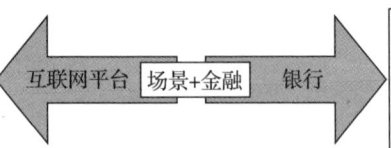

图7-10 一体化场景

打造流量池是利用各种手段从各种渠道获取流量，通过流量的存续运营，再获得更多的流量，如此往复，周而复始。一方面通过推广来注入新的流量，另一方面运营现存流量，提高转化，从而分摊流量获取成本，提高流量规模和质量。增加入水口，运营流量池，减少出水口流量，才能让用户规模持续增加。

场景生态成为银行数字化转型加速突围之路。**银行的流量入口是以手机银行为主连接的场景生态**，金融服务从半线上化向全线上化过渡，移动金融服务场景从线上向线上线下融合，并逐渐与高频的生活场景深度融合。丰富的生活场景和服务需求将成为提升网点和手机银行客户忠诚度和黏性的刚需。

7.2.2.3 银行用户运营盘点

通过渠道和营销获取的用户肯定不仅仅满足于只完成一次交易。银行有个蓄水池，有入口和出口，需要对引进来的用户进行精细化运营，再通过裂变让这个用户成为品牌和产品的宣传用户，表7-1是一些典型股份制商业银行数字化营销定位及获客效果。

表7-1 典型股份制商业银行数字化营销定位及获客效果

商业银行	数字化营销定位	获客效果
招商银行	通过联合营销、联动营销、场景营销、品牌广告营销、新媒体营销、社交营销打造零售获客的增长点，从客户思维向用户思维转变，努力把获客的流量池变大	借记卡数字化获客占比提升至25.78%，信用卡数字化获客占比提升至62.65%；官方App理财投资销售额达到3.91万亿元，同比增长30.33%

（续）

商业银行	数字化营销定位	获客效果
兴业银行	持续开展客户引流、产品推荐、个性营销、社交传播等活动，加强线上宣传与推广运营，促进业务产品销售，提升零售互联网金融客户活跃度	手机银行活跃用户日均综合金融资产14.69万元，较上年末增长4.48%
浦发银行	零售业务保持较快增长，财富管理、零售信贷和私人银行业务加快发展，信用卡业务深化结构调整，数字化、一体化发展水平明显提升	零售营业净收入达到370.56亿元，同比增长12.32%； 个人手机银行客户达到3892.07万，较上年末增长12.28%
民生银行	在数字化、轻型化、综合化目标下，零售银行业务和资金业务成为营销重点； 依托电子银行营销团队的轻经营模式，构建专业支持系统和财富管理科技平台，在不同细分领域推动数据营销、精准营销和营销闭环建设	理财经理重点产品人均月中收入达到5.25万元，较上个报告期增长105.05%； 小微存款余额较上年末增长20.37%
中信银行	金融科技推动战略转型在营销端体现； 打造聚合营销平台，有效提升了零售业务、信用卡业务交叉营销能力； 上线AI营销模型，提升联动营销、裂变营销和精准营销能力	个人客户达到9504.76万，较上年末增长7.62%； 零售中高端客户达到83.06万，较上年末增长13.02%； 个人存款达到7131.87亿元，较上年末增长20.86%

7.2.3 网点私域流量营销

银行营业网点数量逐年降低，导致以物理网点驱动业务增长的模式失灵。与此同时，银行的部分高流量业务被互联网平台取代，受到头部互联网平台的冲击。而银行公域流量的性价比逐年降低，获客成本持续走高。移动互联网时代，更精细化的私域流量运营将成为银行竞争的胜负手。

私域流量概念来源于互联网行业，如图 7-11 所示。私域流量是指从公域、线上或线下渠道引流到银行的私域手机银行或微信号的流量，以及私域本身产生的裂变等流量。私域流量可以免费、多次主动触达，并且转化产生交易。

```
         免费触达                    强用户关系

         反复触达    ┌──────┐      强品牌认知
                     │私域流量│
         企业触达    └──────┘      高转化率
```

图 7-11　私域流量

私域流量成为银行流量瓶颈的突破口，这也透露出银行经营思维从"流量"到"留量"的转变。银行的私域流量运营主要有两个工具：手机银行和微信群。适合在私域运营的产品具有高客单价、专业性强、结构复杂的特点，比如理财、贷款产品。

7.2.3.1　移动互联网时代流量的把持者

移动互联网时代，基本上所有行业都有一个叫作"流量稀缺"的关键痛点。行业发展得越快，获客成本越高。银行业竞争最关键的一环就是获客。当市场产品同质化严重的时候，通过降低获客成本夺得市场份额、提升核心竞争力就显得非常重要。

头部互联网平台的竞争边界越来越模糊，业务扩张已经开始无边界，大家不再只深挖单一业务，而是发力多元化业务。腾讯、阿里巴巴、字节跳动等企业都在布局线上线下的各种业务（如图 7-12 所示），它们控制和参股各种流量节点，已经相继实现流量闭环。行业的马太效应变得愈发明显。

信息流广告	搜索广告	应用商店
巨量引擎	Bai 百度	小米营销
磁力引擎	腾讯广告	华为应用市场付费推广
百度营销	360搜索	OPPO 营销平台
快手	搜狗搜索	……
腾讯广告	Apple Ads	
爱奇艺	……	
微博粉丝通 互动营销新标杆		

图 7-12　流量入口

银行为了获取流量与互联网平台合作，付出大量的导流费用或信息服务费。买流量的成本对于银行来讲非常高，但不掌握核心客户数据的结果就是沦为互联网平台的通道。只有自主掌握流量的银行才有未来。私域流量可以降低银行购买流量的成本，提升银行竞争力。银行掌握大量客户行为和交易数据，充分运营存量客户，可提高客户黏性，产生复购。

7.2.3.2 打造银行私域流量池

银行客户客单价较高，客户转化周期较长，传统网点营销很难实现对客户进行二次营销，特别是庞大的长尾客群，产品也无法触达客户。如图 7-13 所示，通过私域社群精细化营销，银行客户经理与客户之间可以产生联系，促进信任和依赖，从而降低客户的消费决策成本。

私域的本质是什么	银行经营零售客户关系的能力，不是一个客户交易渠道
私域运营的价值是什么	建立与客户有温度的情感连接
私域运营的目标是什么	员工人效提升，服务能力提升，客户量级提升，客户复购率提升

图 7-13 私域运营

1. 银行私域流量池搭建

从某种程度上来说，银行不必着急去做获客，最重要的是留存和维护老客户。但银行现有的资源仅仅是客户的信息，把客户积累到企业微信号上是搭建私域流量池的首要工作，如图 7-14 所示。

首先把社群价值用一段话表述，重点描述社群能够给客户带来的服务以及输出的价值。然后，在客户添加完成后，客户经理做一段自我介绍，讲述自己的背景以及添加客户的理由，之后给出社群的入口。当有客户需要进群时，他可以先回复一个关键词，客户经理再手动邀请入群。

```
                    • 客户经理承接
                    • 渠道来源标记
                    • 基础沟通SOP及话术
                    • 通过日常朋友圈和私聊来挖掘客户价值

   ┌─────────┐    ┌─────────────┐
   │ 线下网点 │───▶│ 客户经理微信号 │
   └─────────┘    └─────────────┘
                         │
                         ▼                      ┌──────────┐
                   ┌─────────┐                  │ 精细化运营 │
                   │  微信群  │─────────────────▶└──────────┘
   ┌─────────────┐ └─────────┘
   │ 手机银行和场景 │     ▲              • 与客户位置辐射近的群    • 通过社群统一管理、
   └─────────────┘─────┘              • 与客户需求点相同的群      服务客户
                                      • 入群欢迎词，强调社群价值  • 异业合作，通过商家
   • 将交易后的客户引导进群              • 见面礼，让客户感觉到社群价值  福利促进客户消费
   • 判断客户位置和感兴趣的商圈          • 提高客户留存率            • 利用抽奖、答题、优
                                                                 惠活动等激活客户
```

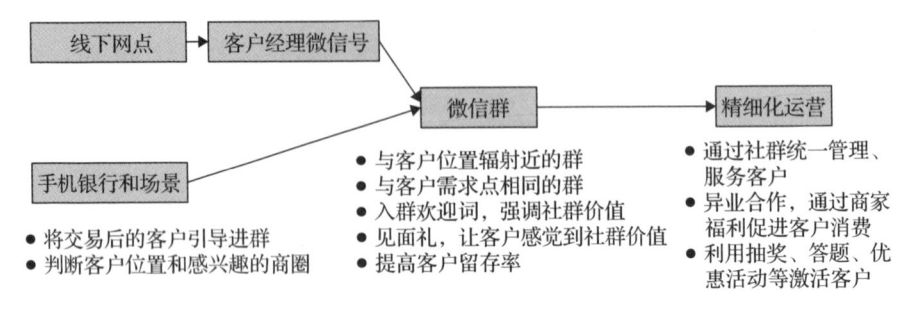

图 7-14　私域流量池搭建

在手机银行、公众号等场景下，客户经理可以通过判断客户位置和感兴趣的商圈，引导客户进入相应的企业微信客户群。图 7-15 所示是招商银行信用卡用户私域流量运营的一个典型案例。

图 7-15　招商银行私域

银行提供一定的福利作为客户进群的钩子，可以借用营销中台制定对应的进群活动。客户只要进群，即可参与抽奖，具体奖励可以由银行把控。利用活动去做社群拉新能够极大地增强客户进群的动力。

2. 私域流量的精细化运营

银行存量客户和流量规模大，建立私域流量池并不难，难的是社群搭建完之后的社群运营以及维护。很多社群的生命周期不会超过一个月，甚至不会超过一周，这主要是因为银行没有规划好社群运营。

鉴于社群能够进行多元化的内容体现，我们在进行银行私域流量运营的时候，通过游戏活动与内容输出的方式进行社群维护。我们把每周及每天社群的内容输出形成一个标准的SOP，其中会嵌入一些游戏活动，让客户在群里与客户经理进行一些互动。

如图7-16所示，通过精细化私域运营，用户到了某个时间就会想起今天这个平台会做哪个活动，引发关注。把这个逻辑应用到社群，比如每天发放优惠券，每周五固定开展活动，而且活动奖励相对高一些。通过长期的用户培养，用户就会知道每周五这个社群会做活动，进而产生期待。

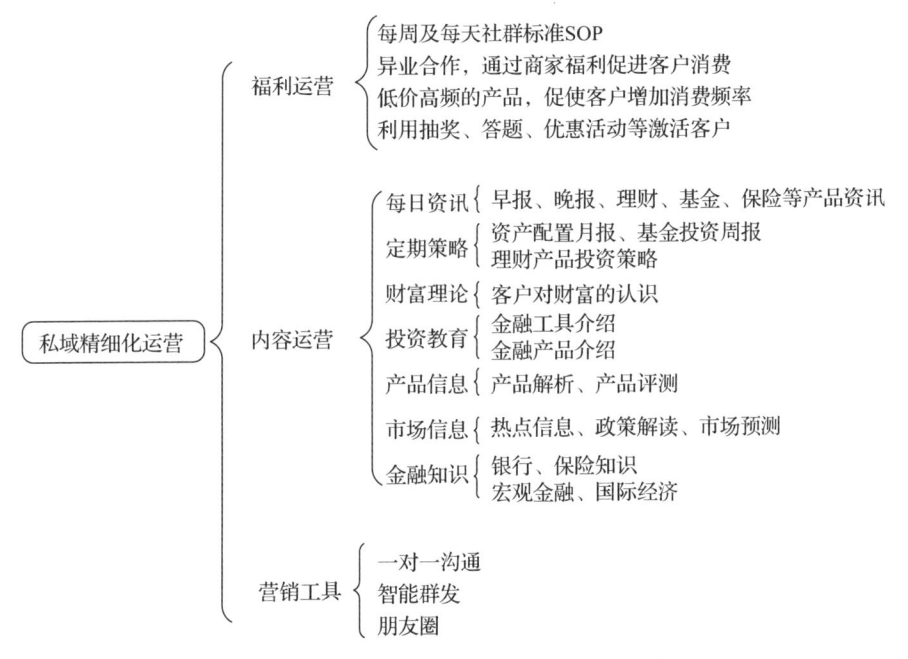

私域精细化运营
- 福利运营
  - 每周及每天社群标准SOP
  - 异业合作，通过商家福利促进客户消费
  - 低价高频的产品，促使客户增加消费频率
  - 利用抽奖、答题、优惠活动等激活客户
- 内容运营
  - 每日资讯：早报、晚报、理财、基金、保险等产品资讯
  - 定期策略：资产配置月报、基金投资周报；理财产品投资策略
  - 财富理论：客户对财富的认识
  - 投资教育：金融工具介绍；金融产品介绍
  - 产品信息：产品解析、产品评测
  - 市场信息：热点信息、政策解读、市场预测
  - 金融知识：银行、保险知识；宏观金融、国际经济
- 营销工具
  - 一对一沟通
  - 智能群发
  - 朋友圈

图7-16 精细化私域运营

金融行业因产品特性复杂、涉及知识专业，导致客户决策周期较长，因此需要有长期、稳定、高频的内容运营，这也是产品与客户实现互动的最佳方式。对客户进行知识传播和教育，会直接影响客户的理财投资决策和成交转化率。

营销私域流量是提高客户转化率的重要一环，有利于提高客户与产品的黏性。目前，商业私域流量的推广实践一方面是尝试精细化客户群，在金融生态中嵌入消费场景。如建设银行推出"建行生活"App，覆盖餐饮、外卖、充值、缴费、电影、购车分期等多场景，为不同客户群提供一站式极致体验。工商银行推出"爱购消费券"活动，覆盖加油、餐饮、商圈、超市等核心消费场景，安排员工驻店引导客户参与活动，同时营销信用卡、积分兑换等业务，宣传二维码、微信小程序等入口。另一方面是实行裂变机制，以老带新，基于信任和社交关系，达到流量引入并提高转化的效果。

7.2.3.3　银行打造私域流量池——招商银行案例实践

通常来说，拉新是银行打造私域流量池的第一步。如何更高效地将存量客户导入企业微信是私域运营最重要的工作。企业微信私域流量的主要来源入口包括手机银行或银行信用卡App、公众号和抖音等新媒体、线下网点和客户经理、线上和线下场景。

1. 手机银行或银行信用卡 App

银行的 App 是最重要的私域流量入口，手机银行或银行信用卡 App 中设有微信群二维码，扫码入群是最常见的导流方式。目前，招商银行正在大规模尝试私域流量运营。如图 7-17 所示，招商银行在掌上生活 App 专区中设置了导流页面，定向将客户导入微信群，目前已经在微信群引入近 500 万流量。

图 7-17　掌上生活 App 导流页面

2. 公众号和抖音等新媒体

公众号曾经是新媒体的主要导流渠道之一。目前，公众号中文章的打开率、粉丝黏性已经出现较大下滑。不过，公众号中的基本客户信息查询、账单通知和动账通知功能的使用率都比较高。图7-18展示了招商银行信用卡公众号设置了多个私域流量入口。

公众号已经与数据中台打通，可以直接把客户的基本信息和标签带过来，银行可直接通过客户标签对客户进行进一步触达和产品精细化推送。

图 7-18　私域导流入口

3. 线下网点和客户经理

银行还有一个做私域流量运营的先天优势——线下网点和客户经理，这一优势是许多互联网平台难以比肩的，只要使用得当，就能成为私域流量运营的利器。银行从来缺的不是客户，而是为不同客户群体提供个性化的最佳体验，并及时定位流失原因，唤醒沉睡用户和召回流失用户，提升用户留存率和忠诚度，促进用户活跃。

招商银行网点设置台卡引导前来办理业务的客户加入企业微信，相对来说会更容易一些。

导入私域的客户需要定期维护。此时，银行数量庞大的客户经理和线下网点资源就能发挥巨大潜力，以运营主的角色参与到私域流量的运营之中。

- 核心营销阵地：个人微信号、微信群。
- 专业IP：银行核心的优势是客户对银行的绝对信任关系，私域流量的一大特点就是客户对运营主有极高的信任度，而想要获得客户的进一步信任和转化，打造个人IP就显得格外重要。客户经理不仅要有专业的人设定位，如投资专家、理财专家、金融知识专家等，还要能为用户持续输出有价值的内容，如财经头条、理财知识、国际金融形势等，这样才能赢得用户的信任，为后续的转化打下基础。
- 留存策略：在把用户引入私域流量池之后，银行就需要通过持续的运营策略来留存和活跃用户，具体的方式有定期推送高质量内容、策划有趣的活动，根据用户标签和特点发放有特色的福利以及提供定制化服务。
- 客户标签化和客户分析：实现私域客户的精准转化，需要对客户的相关数据进行统计和分析，包括客户的画像、标签和具体需求等，以便圈定高潜人群、匹配相关的产品和服务、制定相应的触达和转化策略。

4. 线上和线下场景

线下进入场景或进入企业营销是客户导入私域的绝佳方式，如针对办理信用卡设计相应的福利，做好进入企业营销的准备，通过福利吸引客户进入私域。线下进入企业营销可以实现线上、线下联动，比如可以通过设计手机银行和公众号的活动链接，通过线下客群经营带动线上活动的活跃，引导客户享受线上福利，探索更多玩法。

银行可通过线下活动引导客群进入企业微信私域，向重点客户提供一对一专家服务，全面了解客户的金融需求，站在客户视角为其提供相应的产品和服务，而这也正是私域流量运营的精髓所在。

银行在建立私域时有一个误区，就是各大分行、支行都在重度服务高净值客户，而忽略中长尾客户。但这里最大的问题就是，不是中长尾客户没钱，而是他们没有选择将资产储存在你的银行。所以，如果能盘活广大的中长尾客户，那么通过私域流量，银行也能实现业绩飘红。

随着银行场景化营销的深入，线上线下场景与企业微信之间的结合将是改变客群经营模式的重要突破口，具体为在行内搭场景，在企业微信做客群经营。建设银行通过企业微信运营触达客户1100万，招商银行作为先行者，已经通过企业微信私域社群做到客户的全面覆盖。

7.2.4 产品创新和金融场景化

数字化转型为银行提供了不同产品体系和发展路径。在数字化转型过程中，以新的方式介入银行业务将给现有的银行体系带来新的挑战和机遇。新的银行业务模式不断涌现将颠覆传统的银行生态，从而丰富银行的产品体系和服务方式，同时由于转型的业务选择不同和数字化应用的体系不同，形成差异化的发展。

新科技的广泛应用将衍生出许多新的业务形态，如借助金融科技创新，以客户体验为中心，提供全渠道、无缝式、定制化的银行产品和服务，颠覆传统银行业务模式，打造以银行业务为核心、融合科技创新的一体化新兴金融生态圈。银行的服务方式将更加多样化，银行的产品体系也更趋于多样化，这将给传统的银行产品体系和渠道服务带来重构和重建。

金融场景化已经成为大势所趋，比如在客户工作、出行、购物、旅游场景中提供金融服务，或把支付、理财、贷款和信用卡消费等业务嵌入客户生活。场景化是大数据与客户需求多元化共同作用下的产物，也是解决客户和金融服务的主要突破和创新点。

7.2.4.1 信用卡

数字化转型大潮的来临，倒逼传统商业银行加速革新。在转型过程中，信用卡业务也面临着机遇与挑战。图 7-19 所示为信用卡客群运营,这一直是各大银行头疼的问题,尤其是在产品成长期。

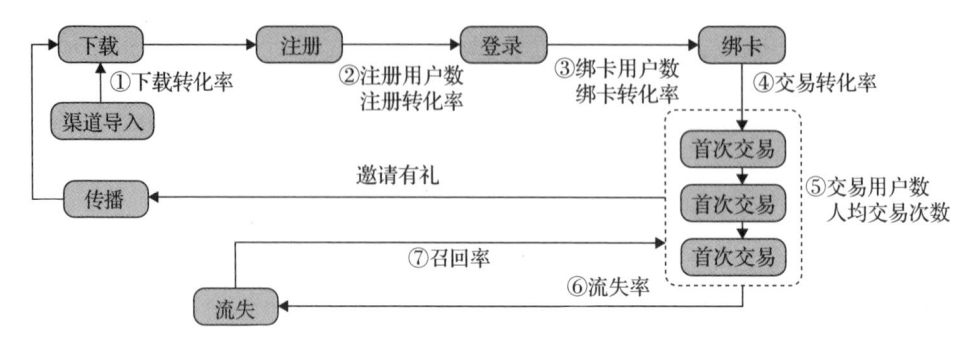

图 7-19 信用卡客群运营

在支付产品创新过程中,信用卡的增长红利已经回落,特别是打着"先消费、后付款"口号的京东白条、蚂蚁花呗,也在快速蚕食信用卡市场份额,银行现阶段更应该重视信用卡客群的促活、留存。信用卡作为金融产品不是高频消费产品,需要银行构建用户成长体系,这是一种让用户自我驱动成长的手段,可成为各大发卡行的留存策略。

进入移动互联网时代,发卡量不再是评判银行在行业中的地位的关键指标,取而代之的是信用卡 App 月活(MAU)。银行需要开辟流量的新战场,由 B 端切入 C 端。发力 B 端场景之前,**银行需要明确场景的搭建思路,那就是以 B 端客户刚需为主线,先场景,后金融**。比如企业的代发客群现在已经是多家银行争抢的优质客群。

银行应该积极转型突围,打造合适的以 B 端为出发点的业务场景,转化流量,以先赋能 B 端再服务 C 端为新赛道切入点,通过抢抓企业生产经营的刚需资源,构建对公客户与零售客户的画像,在精准、有效地为中小微企业提供金融服务的同时,信用卡等金融服务可以以类白条的形式下沉到场景生态,拓宽获客渠道。

7.2.4.2　Ⅱ类户开立

Ⅰ、Ⅱ、Ⅲ类户是个人银行结算实名制和互联网账户创新产品。实名制一方面明确了银行账户的规范实名要求，另一方面明确了弱实名账户的合法地位，使得银行合法利用线上渠道拓展客户，开展理财、信贷等业务。

Ⅱ类户从 2016 年 12 月 1 日开始推广，主要应用场景包括代发工资、小额报销、微信绑卡支付和支付宝绑卡支付等。不过经过这些年的推广，Ⅱ类户一直不温不火。Ⅲ类户的应用场景更少。目前，Ⅱ类户在互联网贷款场景中得到众多直销银行和互联网贷款平台的青睐。图 7-20 展示了 360、乐信和拍拍贷等头部平台通过开通Ⅱ类户，然后绑定微信支付来打通场景支付。

a）360　　　　　　　b）乐信　　　　　　　c）拍拍贷

图 7-20　Ⅱ类户绑定微信

- 乐信：乐信旗下产品乐花卡与白条闪付、美团闪付、南航闪付、携程闪游卡类似，均是企业与银行合作，由银行为用户生成Ⅱ类银行电子账户。但乐花卡最大的特色在于可直接绑定微信支付、支付宝，除了购买理财产品之外，只要是支持微信支付、支付宝的场景，乐花卡都可参与，包括转账、发红包等。换个角度看，微信支付已接受"银行＋企业"合作版的Ⅱ类户绑定使用。

- 拍拍贷：拍拍贷分期商城 KOO 钱包推出一个可绑定微信支付使用的信用支付产品——KOO 花卡。KOO 花卡本质是用户在百信银行（上海银行）开立的 II 类户，在微信支付绑定该卡后，基本上只要支持微信支付的场景，用户都能以 KOO 花卡额度结算。当用户成功开通 KOO 花卡并绑定微信支付发起交易扣款时，等同于发起一笔与支付金额相当的借款。
- 360：360 金融集团在旗下 360 借条 App 上推出产品"360 微零花"。360 微零花是 360 金融集团联合银行推出的一款类信用支付产品。用户开通 360 微零花，将获取一个独立于 360 借条的授信额度。成功开通微零花之后，用户将开立的 II 类户与微信支付、支付宝等第三方支付渠道绑定，就可以直接使用获取的 360 微零花额度进行消费支付。

7.2.4.3 互联网贷款产品

互联网贷款在 2015 年左右兴起，在过去几年里，很多银行和互联网平台做助贷引流，确实获得了一定利润，但问题在于，银行并没有获得客户，与互联网平台的合作程度越深，合作规模越大，对银行来说未来就会越被动。

2021 年 2 月 19 日，银保监会印发《关于进一步规范商业银行互联网贷款业务的通知》，对商业银行互联网贷款业务监管升级。随着新规的出台，区域性城商行、农信体系、村镇银行依赖外部助贷、联合贷等流量平台导资产的时代宣告终结。一方面，区域性银行将不能再通过第三方平台进行全国性资产投放；另一方面，头部资产输出平台也因为出资比例等约束而不得不放缓业务扩张甚至压降规模。

特别是区域性中小银行在数字化发展方面滞后于互联网平台，但其线下资源优势明显。几十几百个银行网点、几百几千个客户经理、良好的本地关系，这些都是建立银行自有流量体系的坚实基础。但如果用传统的方式获客，让客户提交一堆纸质材料获得金融服务，是无法快速扩大资产规模的。图 7-21 展示了如何参考互联网贷款平台快速线下拓客、线上运营，真正将区域性流量客户服务好。

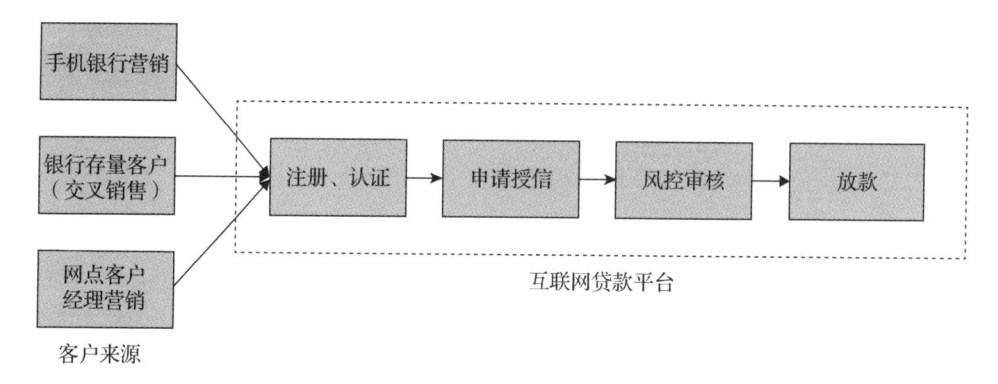

图 7-21　参考互联网贷款平台运营

- 客户来源：区域性中小银行因为有区域限制，在绝大多数场景下直接从互联网获客的成本和效果比较差，前期可以通过手机银行、新媒体等线上渠道获客；然后分析存量客户质量、梳理存量客户分类、针对存量客户进行分级分层，进行精准营销和唤醒；最后利用网点庞大的客户经理资源，将服务型网点转变为营销型网点，以银行网点为中心，以手机银行和微信群作为私域运营工具，服务社区重点客户和长尾客户，使用数字化工具，提高整体转型效率和交易量。
- 互联网贷款平台：中小银行尝试引入成熟的科技合作伙伴建立互联网贷款平台。合作伙伴不仅可以提供快速上线的成熟线上平台，也可以提供互联网贷款风控经验，帮助银行完善贷前、贷中和贷后风险管理，提升银行自主运营用户和防控风险的能力。

7.3　营销中台

银行业是数字化程度相对较高的一个行业，但是中台概念最早是由互联网公司提出的。究其原因，银行传统的金融业务相对比较固化，银行内部各业务部门之间竖井式的管理现状，导致各业务部门的营销动作是独立、割裂的，且很多业务的营销动作是有需要才执行，并没有维持持续性、体系化的节奏。

为了满足银行新零售营销形态下各业务部门的业务需求和营销支撑需求，银行应改变传统竖井式、各自为阵的营销模式，整合各业务团队的目标客群、业务范畴、服务和营销，最大化挖掘客户价值。此时，银行需要建设统一的营销中台（见图 7-22），通过分析用户数据来支撑各业务部门的持续运营工作。

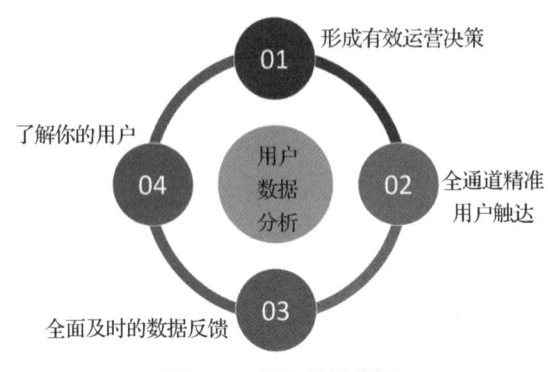

图 7-22　用户数据分析

营销中台需要抽象提炼银行核心的营销业务流程、客户标签、用户画像，以实现分类动态批量营销，以及基于客户当下行为及时响应的实时营销，进行营销业务流程重构，全面适配各类营销场景，提升业务运营效率。通过营销中台项目，客群、产品策略配置能力实现跨越式升级。银行可以灵活配置和沉淀各类运营场景，完善业务营销体系。通过营销中台配置好营销策略之后，银行就需要强大的营销流程引擎来驱动各个业务策略的高效运行。有了强大的营销流程引擎，银行可以快速落地具体的运营策略，及时优化活动策略，实现运营闭环。

7.3.1　营销中台支撑业务

近几年，互联网公司和银行纷纷建设中台。图 7-23 展示了营销中台、技术中台、数据中台构成完整的中台体系。营销中台需要整合数据与业务，抽象可复用的业务功能，赋能业务增长，支撑营销体系的工具化、自动化和数据化。

银行运营团队做营销活动的流程如图 7-24 所示。

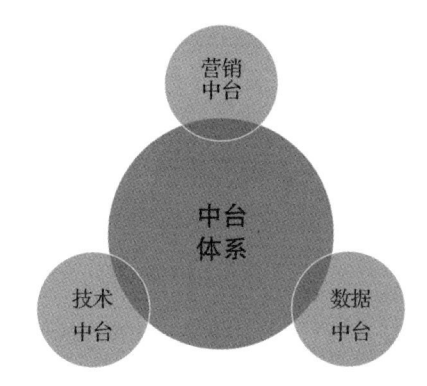

图 7-23　中台体系

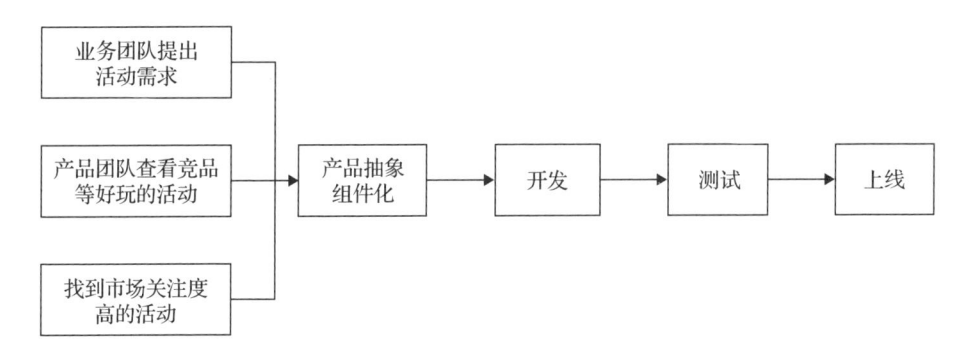

图 7-24　营销活动流程

- 产品团队拿到营销活动需求，沟通后产出具体的产品详细需求文案和文档。
- 技术团队在营销模块进行流程重构、开发。
- 活动页面和后台配置页面开发完成后，测试并上线到生产环境。
- 运营团队申请财务预算后，在生产环境配置营销活动详细参数，开始和完成活动。
- 活动结束后，运营团队分析活动具体转化数据，申请数据中心分析数据，进行活动复盘。

如果银行内部没有建立一个完善的营销中台，新建营销活动会重复的耗费人力、物力。中台最重要的优势就是功能复用。营销中台构建大中台、小前台来满足业务快速扩张的营销需求。

7.3.2 营销中台的产品模型

银行建设的营销中台需要具备以下特点：工具化、数据化、营销差异化、营销自动化和数据看板化。营销中台已经满足银行日常大部分营销和运营需求。营销团队可以在营销中台配置页面调整策略，以快速上线营销活动和触达客户。

图 7-25 展示的营销中台主要包括表现层、触达层和功能层。

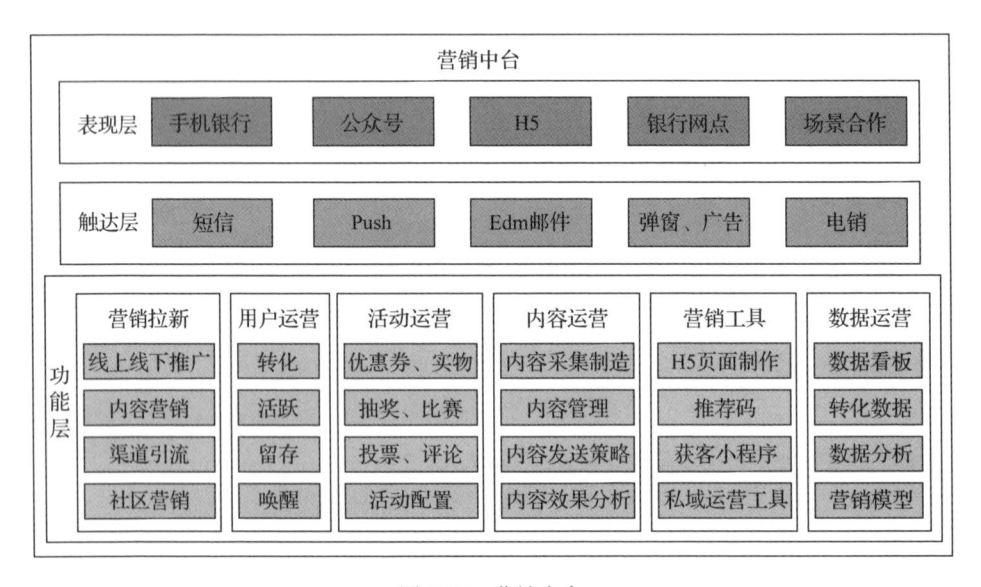

营销中台					
表现层	手机银行	公众号	H5	银行网点	场景合作
触达层	短信	Push	Edm邮件	弹窗、广告	电销

功能层	营销拉新	用户运营	活动运营	内容运营	营销工具	数据运营
	线上线下推广	转化	优惠券、实物	内容采集制造	H5页面制作	数据看板
	内容营销	活跃	抽奖、比赛	内容管理	推荐码	转化数据
	渠道引流	留存	投票、评论	内容发送策略	获客小程序	数据分析
	社区营销	唤醒	活动配置	内容效果分析	私域运营工具	营销模型

图 7-25 营销中台

- 表现层：可以抽取出各种各样具象的工具型产品，比如营销工具落地页进行了组件化拆解，以便用户快速完成落地页搭建，不需要耗费开发资源。
- 触达层：感知操作分为主动和被动两种，即可能是用户主动执行某个操作（比如点击、刷卡）参与了营销，也可能是被动接收银行发送的信息。营销中台提供所有的触达方式来批量营销客户。
- 功能层：根据实际业务抽象出来的功能模块，包括营销拉新、用户运营、活动运营、内容运营、营销工具和数据运营。

7.3.2.1 营销拉新

除了传统渠道外，银行的营销拉新还可以通过 App、小程序等方式将金融产品和服务无缝融入生活场景，并以线下网点服务为补充，最终实现获客、活客、留客、变现、反馈的生态闭环。

分群营销主要是针对具有共同业务特征的个人客户，进行客户批量维护和营销。网点通过细分每类客户特征，找准客户营销切入点，从客户职业特征和客户价值等多个维度出发，进行批量营销，有效提高营销效率和效果，扩大零售客户群。

随着互联网时代飞速发展，越来越多的银行以更加开放的态度寻求第三方合作，将过去独立的金融服务分散地嵌入一个个生活应用场景，搭建多样化营销场景，以极具吸引力的营销噱头与产品吸引用户。

银行可通过数字权益、积分运营、定制方案等服务，聚焦保险、互联网企业、电商、运营商等大型机构，集合美食饮品、影音娱乐、机酒出行、生活服务、知识阅读、运动健康、充值缴费等海量一线权益品牌资源，提供全链路综合权益解决方案。

银行需要将金融场景化与客户细分相结合，在手机银行的基础上建立递进式情感连接，通过丰富的营销手段，提升手机银行使用率，助力手机银行拉新。

7.3.2.2 用户运营

在用户运营时，银行一定要详细了解用户的基本情况，明确目标客群，只有以用户行为数据和交易数据为指导，才能做下一步具体运营动作。对于用户运营，最为经典的运营"3 板斧"如下。

- 了解用户：我们要知道用户在渠道上做了哪些动作，有哪些历史浏览轨迹，形成从业务流程到用户画像的全方位感知，通过用户数据洞悉业务需求。

- 制定有效的运营决策：通过漏斗分析、归因分析、留存分析、分布分析构建用户画像后，我们就需要制定运营策略。比如对于运营位的个性化配置，定位到业务的关键问题，从而规划出有效的解决方法。
- 触达用户：对用户的触达可以是全渠道触达，也可以是精准触达。比如针对端午节做活动，那么这个活动是针对 20 岁左右年轻人，还是 30 岁左右中产人群还是过去 7 天有相关浏览历史的人群。我们可以精准抓取这些用户，形成有效的触达。

新用户触达渠道时，我们需要定位其是可转化人群还是流失人群，诊断新用户体验，分析流失用户的群体特征和用户流失的节点，并且需要探索如何快速价值激活，让新用户快速认识到产品的核心价值进而实现留存。总而言之，不浪费一个流量，最大限度促使新用户留存。

7.3.2.3 活动运营

不同的业务线在不同的时间节点会产生不同的运营活动需求。活动运营流程如图 7-26 所示。

活动需求 → 设计前端页面 → 组建配置 → 发布

图 7-26　活动运营流程

活动运营模块应该包含优惠券管理、场景营销、数据埋点、内部资源管理等通用性功能。尤其是优惠券管理涉及优惠券支出预算问题，所以我们还需要在营销中台财务侧提前设定好预算申请流程。

7.3.2.4 内容运营

针对用户画像去做内容是内容运营的核心工作之一。我们需要对用户群体心理、用户行为等进行分析，选择内容发布在手机银行、公众号、微信群、银行网点等新媒体渠道，输出用户感兴趣的内容。内容运营流程如图 7-27 所示。

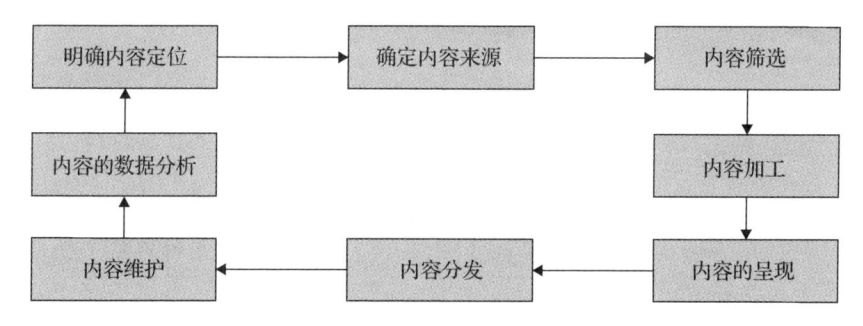

```
明确内容定位 → 确定内容来源 → 内容筛选
     ↑                              ↓
内容的数据分析                    内容加工
     ↑                              ↓
  内容维护  ←    内容分发    ←  内容的呈现
```

图 7-27　内容运营流程

内容营销是新媒体营销管理落地的低成本形式,通过内容来服务明确定义的目标渠道客户,通过创造、传播和传递价值来获取、留存客户。

内容营销的执行动作是创建和分发有价值的、相关的、持续一致的内容给明确定义的客户,也就是目标渠道客户,然后吸引和留住客户,在内容里可以直接嵌入要推荐的理财产品或贷款产品,也可以引流到手机银行、信用卡 App。

7.3.2.5　营销工具

一般的通用性营销工具包括 H5 活动页面、智能推送工具、互动游戏、分享红包、推荐码等。营销中台是作为一个公共服务层运转的,不受业务、场景的限制,有极大的自由空间,小到领取优惠券,大到返现、MGM(老带新)等,都可以抽象成工具提供给运营团队。常用的营销工具如下。

- 奖励,包括现金、卡券、积分、商品、虚拟币等。
- 用户体系积分、成长值。
- 为客户提供的各项权益,包括电子类和实物类权益,权益配置,权益发放管理,权益持续服务,权益跟踪,权益库存管控,权益全生命周期管理,权益可视化、智能化、差异化管理。

7.3.2.6　数据运营

数据运营即针对已记录的数据通过挖掘、采集,建立数据模型,落地数据看板,提炼核心指标,跟踪分析产品,持续优化迭代。我们可根据数据分析反馈，了解整体的分析数据和分析场景，搭建商业化模型。

数据中心的数据可基于用户画像进行归类、拆解、筛选，以满足业务人员的基本分析要求，为后续的智能营销、精准营销打下基础。

我们可根据数据分析，利用"用户画像+用户行为+用户习惯+时间+地点"等，给用户推送服务，以发挥数据最大价值。数据应用就是基于数据去做洞察、决策、触达和反馈。

用户在运营活动后会产生一些新的动作和行为数据。我们可通过前端埋点把新的用户数据采集并导入用户池，进一步完善用户画像，完成闭环。基于这个闭环，用户画像会越来越清晰，运营活动也会做得越来越精细。

7.4 营销数字化实践

数字经济时代，全国各地的银行以数字化手段提升客户服务的观点已经达成共识，纷纷大数字化转型投入，并从战略层面推动数字化转型的顶层设计，加快转型进程。移动互联网的兴起体现出营销数字化在整个数字化转型中的关键作用，把握时机推动营销数字化转型，集中发力才能在市场上赢得机会。

在银行业数字化转型的大背景下，很多银行针对行内存量客群使用金融服务过程中遇到的问题进行了系统思考，综合业务中台、技术中台和数据中台，打造了围绕营销中台的运营体系，为营销数字化打下坚实地基。在营销中台运营体系的框架下，银行结合行内数据现状和业务需求，尝试探索多个数字化营销获客、活客场景，有效提升营销质效，期望真正赋能以客户为中心、有温度的金融服务。

7.4.1 招商银行私域运营实践

招商银行数字化转型战略是做一家轻银行——轻资产和轻思维，目标是打造最佳客户体验银行，以北极星指标 MAU 为指引，重塑零售金融数字化体系，以数字化获客、数字化经营和数字化风控为手段打造客户服务体系。招商银行智能营销平台经历了 3 次迭代，在 2008 年至 2015 年的智能营销 1.0 时代，仅有 300 个金融属性标签，单纯依靠人工数据库进行营销计算，很快遇到了瓶颈。在 2014 年至 2016 年的智能营销 2.0 时代，招商银行深入改造中台、后台，重建营销系统，搭建营销数据集市，实现了全渠道协同营销和营销活动自动化，并建立了完善的营销评估体系。同时，招商银行还注重培养业务人员的大数据思维，进而将营销平台迭代升级为分析平台。营销人员从以产品为中心的思维转为以用户为中心，通过 A/B 测试和直观的图标清晰地对比不同营销方案效果。智能营销 2.0 时代支持营销活动较 1.0 时代增长近 2 倍，平台上线一年用户数实现翻倍。在 2017 年至今的智能营销 3.0 时代，招商银行从传统数据营销向事件营销和私域营销转变。传统数据营销基于客群细分，而事件和私域营销则基于用户行为变化，在时效和成功率上较传统数据营销有大幅提升。智能营销 3.0 时代通过大数据标签，以智能营销平台与个性化推荐系统为工具，实现个性化的主动与被动营销。招商银行智能营销 3.0 体系如图 7-28 所示。

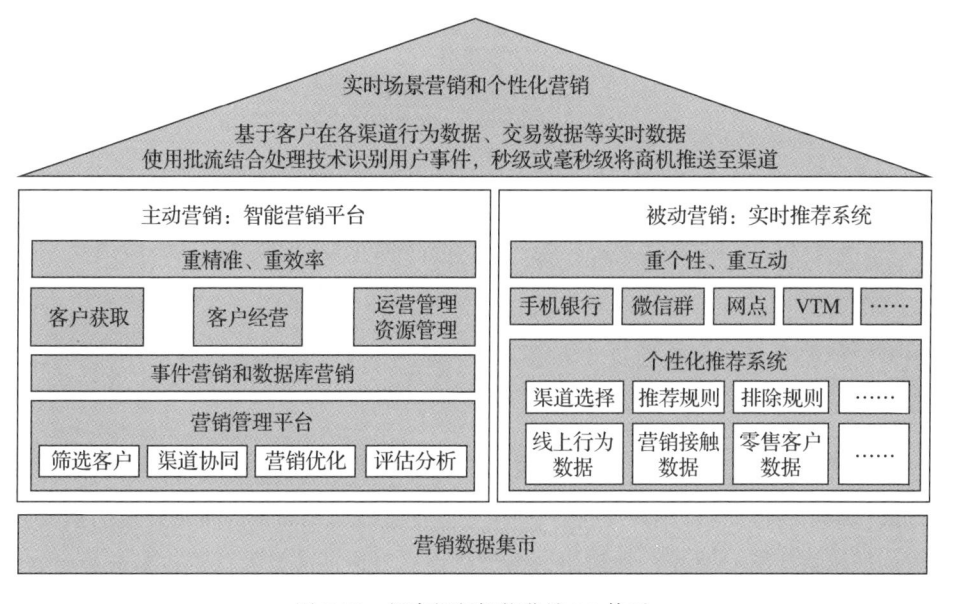

图 7-28　招商银行智能营销 3.0 体系

在当前银行业，招商银行在私域流量运营方面比较有特色，积极在数字转型方面尝试。

私域是在流量红利终结、获客成本越来越高的背景下逐渐被各行各业重视起来的流量运营模式，所以很少有人会把私域和银行挂钩。但现实是，银行之间的竞争也早已演变成针对存量客户的博弈，对于许多银行来说，如果不能留住流量，并进行有效运营，而是继续用广撒网的方式来获取流量的话，将产生巨大的成本。

如图 7-29 所示，招商银行的私域主要是手机银行 App、掌上生活 App 和微信群，微信群私域主要运营信用卡客群。

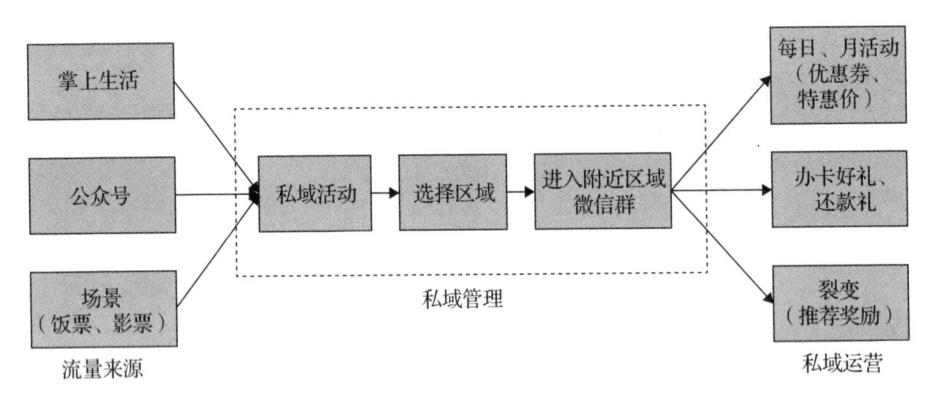

图 7-29 私域管理

7.4.1.1 流量来源

招商银行在社群私域上重要的流量来源是信用卡微信公众号，招商银行信用卡微信公众号的菜单通过"笔笔返现"里的三个子菜单来引导用户进入活动页面。

除了菜单栏有流量入口，信用卡用户只要关注了微信公众号并绑定了招商银行银行卡，每次消费都会自动收到一条提醒信息，而招商银行很巧妙地把私域引流的话术嵌入到信息里。在信用卡微信公众号里增加流量入口不仅引流效果好，而且引进来的用户很精准，都是持有招商银行卡并有一定消费能力的用户。

招商银行让用户加入私域的方式与一般企业有差异，并没有让用户 1 对 1 加客户经理，而是直接扫码进微信群。图 7-30 展示了根据用户的位置让用户选择距离最近的福利群，这样推送的门店福利最精准，后续交易转化效果越好。

图 7-30　私域进入流程

7.4.1.2　私域运营

用户进群后，第一时间会收到社群自动推送的欢迎语，包括详细的社群专属福利列表，比如星期几哪个时间点会有什么福利，客户一目了然。用户进入微信群后，招商银行在社群实施运营（见图 7-31），如果用户有信用卡之外的问题，可以私信专属客户经理。每天微信群的促转化不间断，公告、通知、优惠券和福利的发放都可以自动管理，不耗费客户经理的精力。

针对新用户增长，招商银行的方式则比较简单粗暴，借助足够打动老用户的福利，引导他们邀请身边好友办卡。邀请办卡的福利是按人数不断递增的，即邀请的好友越多，获得的福利就越大，这可以极大地提高用户的参与热情。

图 7-31 私域推送福利

7.4.1.3 运营方案亮点和提高点

招商银行的信用卡私域流量运营做得有声有色。那么在整个运营活动中，招商银行在私域运营上有哪些亮点和提高点。

- 整个运营体系围绕自己流量入口和微信群，日常管理自动化，不需要太多人力成本。
- 各种福利可以与商家合作，整体福利投入相对较小。
- 分区域进入不同的群，客户转化率会提高很多。
- 专属客户经理收集客户反馈，及时优化运营策略。
- 整体私域运营成本较低，但一些策略可以优化和提高。
- 仅运营信用卡客群，下一步可以扩展到其他客群，如理财客群、贷款客群等。
- 增加流量入口，如手机银行等其他场景渠道。
- 网点客户经理可以尝试参与社区私域运营，发掘优质客户进一步转化。
- 缺乏 1 对 1 精细化运营，客户退出群后难以再次触达。

互联网流量红利见顶已经是各行各业不争的事实，银行业也不例外，选择掘金私域已是大势所趋，但如何真正落地是需要认真思考的问题。对于商业银行来说，拉新在现阶段不是最关键的，最重要的是搭建自己的流量池，结合银行线上和线下渠道、产品和业务，设计用户运营和私域运营体系，把用户留在自己的私域里，让流量发挥更大的价值。

7.4.2　中信银行私域运营实践

中信银行的私域运营主要是手机银行、信用卡 App、企业微信这三个自有渠道。如图 7-32 所示，用户需要单独服务和咨询，只需在公众号或场景里添加客户经理的企业微信号，就能随时享受客户经理 1 对 1 金融服务。目前，中信银行企业微信号已经沉淀数百万客户。

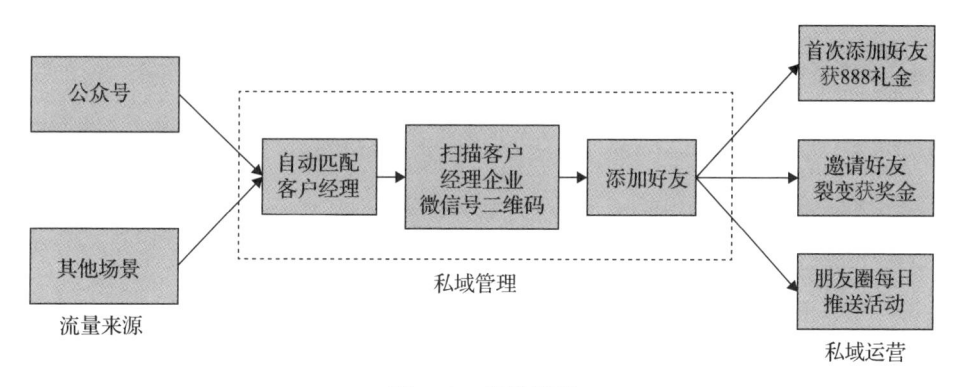

图 7-32　私域管理

7.4.2.1　流量来源

银行企业微信的入口主要在中信银行公众号中，在客户进入公众号后自动推送信息。客户可以点击"添加企业微信"，或者点击二级菜单"联系我们"，公众号平台会自动匹配相应区域的客户经理二维码，用户通过扫描二维码来添加客户经理企业微信号。

中信银行私域运营主要靠客户经理 1 对 1 服务客户。如图 7-33 所示，中信银行并没有使用微信群来运营，初期私域社群流量的来源主要是公众号里的银行卡客户。

图 7-33 私域运营

7.4.2.2 私域运营

添加客户经理企业微信号后,系统会自动推送新人 888 微信立减金,客户经理朋友圈也会每日推送活动。图 7-34 所示为具体私域福利。

- 进群福利包括添加礼和邀请礼。
- 推荐办卡裂变福利。
- 每日、每月、节假日福利。
- 支付宝红包。
- 学知识赢红包。
- 代发客户专属活动。
- 信用卡积分享立减。
- 资产任务奖(需要去手机银行 App 参加活动)。

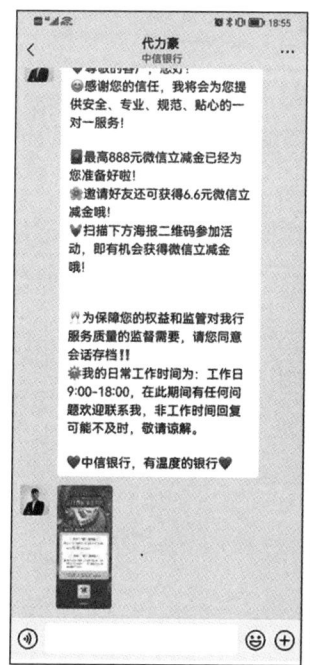

图 7-34　私域福利

7.4.2.3　运营方案亮点和提高点

中信银行在企业微信搭建私域，变成了一个全员营销的阵地，给客户经理配备了很多营销素材，比如各类福利、奖励、理财信息等。那么整个运营活动中，中信银行在私域运营上有哪些亮点和提高点。

- 客户经理 1 对 1 服务，让客户感觉被重视。
- 入群就有福利。
- 每日朋友圈有福利。
- 私域流量池没有成本。
- 客户经理企业微信号里的通知、优惠券和福利大多是自动管理，但还会有一些额外的人工服务，会耗费精力。
- 客户经理与客户沟通不多，信任关系需要逐步建立。
- 筛选客户经理没有得到客户确认，区域性服务不明显。

- 福利很难针对附近区域，没有建立全国网点式服务。
- 福利偏少，针对性不高。

传统银行正承受着金融科技机构的巨大挑战，需尽快制定符合自身实情的数字化转型战略和目标。银行要以客户为中心，构建"内部生态+客户生态+合作生态"三维商业生态。目前，越来越多的银行选择挖掘私域流量，但是如何利用、如何真正落地是一个比较严峻的问题。一些银行选择切入生活消费场景进行私域流量池的搭建，这是银行众多场景之一。银行可以结合自身的实际情况和产品特点设计不同玩法，充分发挥私域的重要作用。

第8章 银行运营数字化转型

金融业特别是银行业早已全面走向数字化，通过大数据、云计算、人工智能等新技术赋能运营数字化转型，可达到提升效率、创新模型、降低运营成本、实现增长等目的。运营数字化转型基于统一的数据中台打通银行各业务条线的数据，构建起完整的数据版图。运营最重要的目标是留存用户，构建起以手机银行、信用卡 App 和微信群体系为主的私域流量池，为后续业务运营、活动运营、客户管理等打下坚实的基础，通过多种手段，促活客群、提高转化、增加交易量。数字化的线上线下联合运营活动玩法更加丰富，创意空间无限，同时病毒式裂变让客户量呈指数级增长成为可能。运营数字化转型本质上是通过数据来驱动业务增长和业务决策，具体体现在以下几方面。

- **渠道运营**：在数字经济时代，大数据和数字科技逐渐颠覆传统的业务模式，银行需要调整自身服务模式，多渠道运营，建立更多服务触点，重构用户检验、深挖用户价值，才能实现业绩与品牌的双重升级。
- **生命周期运营**：银行数字化转型主要集中在提升客户体验方面，也就是围绕客户展开深度运营。客户深度运营成为许多银行加快数字化转型、从存量市场进一步打造竞技实力的重要方向之一，而客户生命周期系统的建立为后续客户深度运营奠定了基础，实现充分挖掘客户价值，制定合适的策略。

- **用户运营**：运营数字化转型让用户分层、分群精细化成为可能。精细化的用户运营能为银行降本增效。完善的标签体系和用户画像能让银行更深入地了解客户的真实情况和实际需求。用户运营数字化是基于前端全渠道的埋点采集用户行为数据，掌握用户生命周期触点，让运营更精细、更准确、更人性化。

- **新媒体运营**：新媒体成为各行各业提升形象、打造场景、拓展客户的有效方式，对拥有庞大客户群的银行业来说更是如此，例如在微信、微博、抖音等平台上发力，接触更多目标受众，建立完善生态圈和商业生态群。

- **数据运营**：数据分析、数据看板和数据监控可以实时反馈运营数据和运营效果，可视化的运营路径分析提供多维视角，为运营数字化目标管理、指标分析和决策制定提供依据。

8.1 渠道运营

渠道数字化一直在驱动银行发展，例如近些年的 B2B、B2C、C2C 等模式，多渠道整合、B2B2C 等，现在又产生了更多新的创新，如 OMO、生态金融、私域流量、B2P2B2C、开放银行、全渠道客户体验。可见，银行的渠道创新和渠道数字化一直在快速进化。

相对其他行业如零售业，银行业有不同的特点。零售业数字化本质上是从外部向内部扩散的过程，因为零售生态线上化驱动整个零售业务从实体向数字化发展。但是银行业不同，银行本身的产品和业务形态就是数字化的，**所以银行的数字化更多是从内部向外部扩散的过程。**

银行为什么要做出改变？原因是银行客户的偏好和行为在改变。过去客户在"消费"银行的产品时,更多是通过物理交互的方式实现。如今,无论客户的消费行为,还是日常的工作和生活,都日益线上化,这导致客户在和银行交互过程中,要求将金融服务和日常消费行为、生活场景结合在一起,要求银行从内部向外部数字化,实现多渠道的线上线下融合。

数字化并不是做线上渠道这么简单,而是把数字能力转化成业务能力,实现线上和线下、公域和私域全盘打通。

8.1.1 全渠道运营

全渠道运营按照互联网思维,在渠道入口将线下网点、网银、手机银行、微信小程序、微信银行、支付宝服务窗等渠道进行业务整合,让客户在各渠道的体验达到一致,具体实现为以手机银行为核心,根据各渠道特点,对产品和服务进行优化和重构,从中台服务上进行功能抽象和功能解耦,实现多渠道统一的用户体验以及"金融+生活场景化"的综合服务。

数据和指标是全渠道推广效果的衡量方式。银行不同渠道的推广类型、推广活动不同,如何分析出最具推广价值的渠道、优化推广效果,需要从全渠道、多场景、跨平台角度来设计和建立监测分析平台。

1. 全端采集

数据需要全端采集。打通各渠道用户数据,在前端不同渠道埋点、提取数据,特别是 App、小程序、公众号等。

2. 统一关联

数据采集主要是基于设备。如果一个或多个设备登录同一个账号进行了操作,我们认为这是多个用户的不同操作,要真实还原用户的使用场景和把握用户在产品中的生命周期,需要进行渠道打通、整合。在实际业务场景中,银行各渠道用户众多,用户与产品的触点丰富,因此也造成设备 ID 和用户行为轨迹混乱,最近接触触点用户和存量用户之间的关联关系断裂。将同一个用户在全渠道、场景和相关业务系统中的身份统一关联在一起，是下一步数据分析和精准运营的关键任务。

3. 渠道跟踪

用户触点主要包括线下网点、手机银行、信用卡App、公众号、小程序、广告平台等。

用户在接触触点后的转化旅程是：访问推广页面→注册→页面点击和下载→应用商店下载App→打开App激活→注册账号→绑卡→完成交易（见图8-1）。渠道推广过程中，我们需要分析数据反馈，量化推广效果。

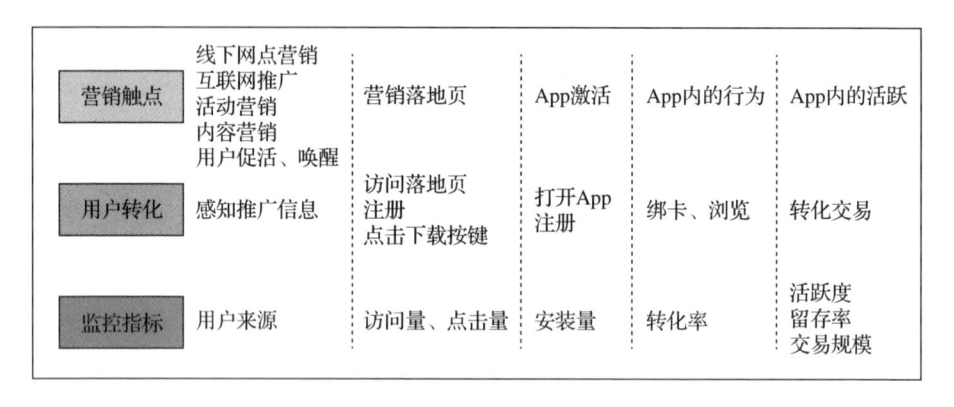

营销触点	线下网点营销 互联网推广 活动营销 内容营销 用户促活、唤醒	营销落地页	App激活	App内的行为	App内的活跃
用户转化	感知推广信息	访问落地页 注册 点击下载按键	打开App 注册	绑卡、浏览	转化交易
监控指标	用户来源	访问量、点击量	安装量	转化率	活跃度 留存率 交易规模

图 8-1 用户转化旅程

结合推广方式和转化旅程，我们可知，渠道推广获客的监测重点是：既要能追踪所有推广方式来源，又要能统计每个渠道后续的转化效果。

图 8-2 展示了全渠道数据统计过程中还会对数据实时排重，并以表格的形式一站式展现，同时有相应的渠道对比，实现横向评估各个渠道转化效果。

4. 可视化实时监测

有了全链路数据的实时反馈后，我们可以根据各个推广阶段，从相关指标入手分析，既评估推广中的素材效益，又计算渠道ROI。

（1）推广阶段：通过推广页面、广告素材的访问量、曝光量评估广告展现效果。

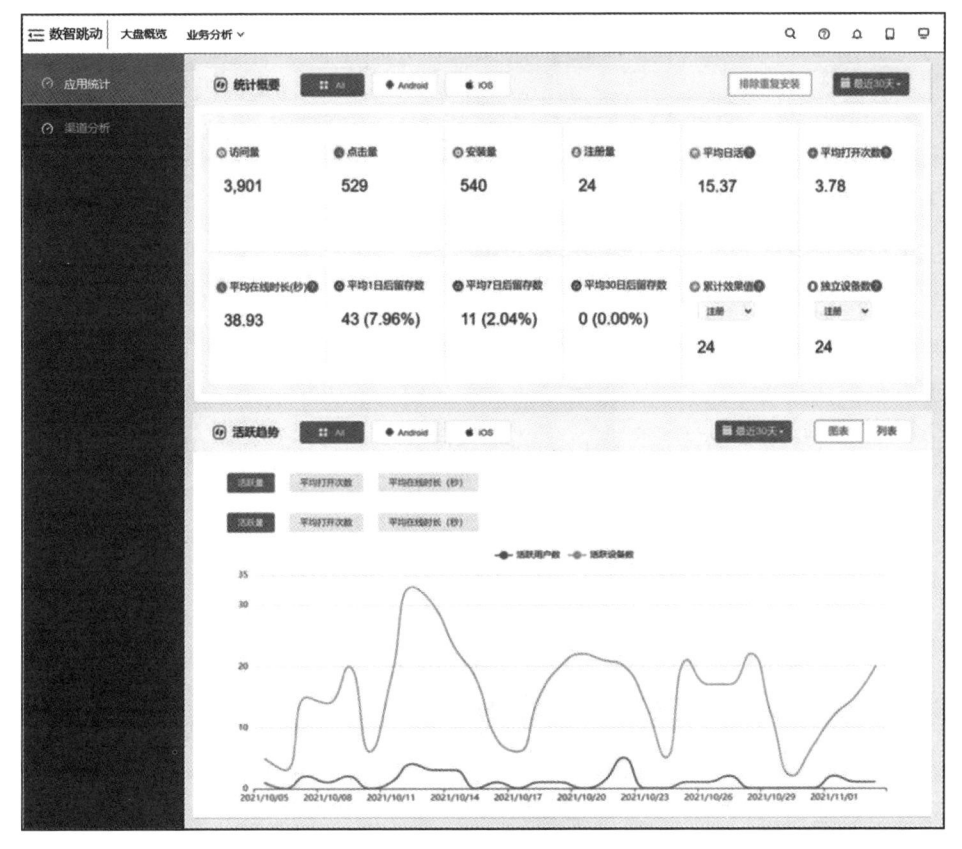

图 8-2 应用统计

（2）页面转化阶段：用户进入推广页面，点击"下载"按钮后跳转至应用商店，此时点击量加 1。我们可通过点击量评估推广转化效果。

（3）初步转化阶段：在用户下载 App 后，我们可通过安装量、注册量初步评估转化效果；此外，根据产品类型自定义搜索、上传、充值、购买等操作统计方式，进一步评估用户转化情况。

（4）深度转化阶段：通过 7 日、30 日内留存、增长趋势、活跃趋势，以及在线时长、设备分布、IP 分布等数据，进一步分析渠道转化效果和用户属性。

8.1.2 线上和线下运营

传统银行网点的客流量已经在断崖式下跌，但银行开拓线上业务的进展却未能称心如意，并未建立起清晰、明确、可自我主导的线上发展模式。现在看大多数银行特别是中小银行仍旧继续退守网点，毕竟网点一直是银行零售业务的主要经营方式和获客来源。未来，银行业务必须是完全线上化吗？**未来银行业务一定是完全数字化，但完全线上化不是绝大多数银行的发展目标。线上为主、线下为辅，在线上建立以手机银行为核心的获客运营体系，在线下网点建立以客户体验为中心的服务模式**。线下网点应该致力于以用户增长的全新模式进行营销和拓展，改变为营销中心和体验中心，主要任务是利用一切运营手段如打通线下生活场景，把客户引进银行私域，充分发挥线下优势，融入线上交易流程，打造平滑的线上互动和线下互动边界，构造全渠道的线上线下一致体验，提高客户转化率和交易规模。

1. 线上线下客户服务

金融市场竞争呈白热化态势，银行金融产品同质化越来越明显，差异化服务是银行增强核心竞争力的一个重要筹码。基于线下良好的客户体验，线下网点可以通过进一步的关系维护来拉开服务差距，以增强客户黏性，提升客户忠诚度，在激烈的竞争中赢得一席之地。线上线下客户服务需要解决以下核心问题。

- 谁是银行的目标客户？
- 银行理想的客户分层结构是什么样？
- 不同层次客户的服务需求是什么？
- 针对不同层次客户的服务营销策略是什么？
- 下次营销如何触达到目标客户？

线下渠道作为传统渠道，可直接触达客户，包括各级网点等；线上渠道是近年来银行拓展流量的新手段，包括自营渠道、短信、电话、微信及其他第三方社交平台等。随着移动互联网技术的普及和线上用户的增加，线上获客成为银行拓展流量的新方向。银行从线上和线下获取流量的渠道详见表8-1。

表8-1 银行流量获取渠道

渠道类型	具体渠道	代表银行	渠道特点
线下渠道	银行网点	各大商业银行	有实体、门槛低、稳定性强,受理业务全面,易于获取客户信任
线上渠道	手机银行	建设银行、工商银行、中信银行和招商银行等	有一定用户黏性,使用率高,流量可以直接转化
	信用卡App	建设银行、工商银行、中信银行和招商银行等	搭建线上生活场景,可以增强用户黏性
	短信、电销	交通银行	配置营销活动定制菜单,直接跳转到H5活动页面,主动、迅速触达客户,进行下一步转化
	微信公众号	四大国有银行和商业银行	提供多种轻量级服务,服务方便,转化率高
	视频号	广发银行、建设银行、工商银行和邮政储蓄	扩散、传播速度快,去中心化程度高
	微信小程序	工商银行、招商银行、浦发银行	服务简捷轻便,转化率高
	支付宝生活号	四大国有银行和商业银行	生活场景多,触达客户方式多
	抖音	四大国有银行和商业银行	拥有8亿用户,必须重点运营

2. 场景化分层运营

根据图8-3所示线上线下运营分场景,我们可以对不同的客群进行运营。对于场景化客群运营,首先可以通过自然属性进行分类。按照资产量不同,客群可以分为高净值客户、一般净值客群和低净值客群。按照地域不同,客群可以分为一线城市客群、二线城市客群、三线城市客群、城乡结合部客群、小镇客群等。按照性别不同,客群可以分为男性客群和女性客群。按照年龄不同,客户可以分为老年客群、中年客群、青年客群和少年客群,而老年客群还可以进一步细分为早期老年客群、中期老年客群和晚期老年客群。我们还可以按照职业、收入水平、兴趣爱好、风险偏好以及活跃度等来定义客群。

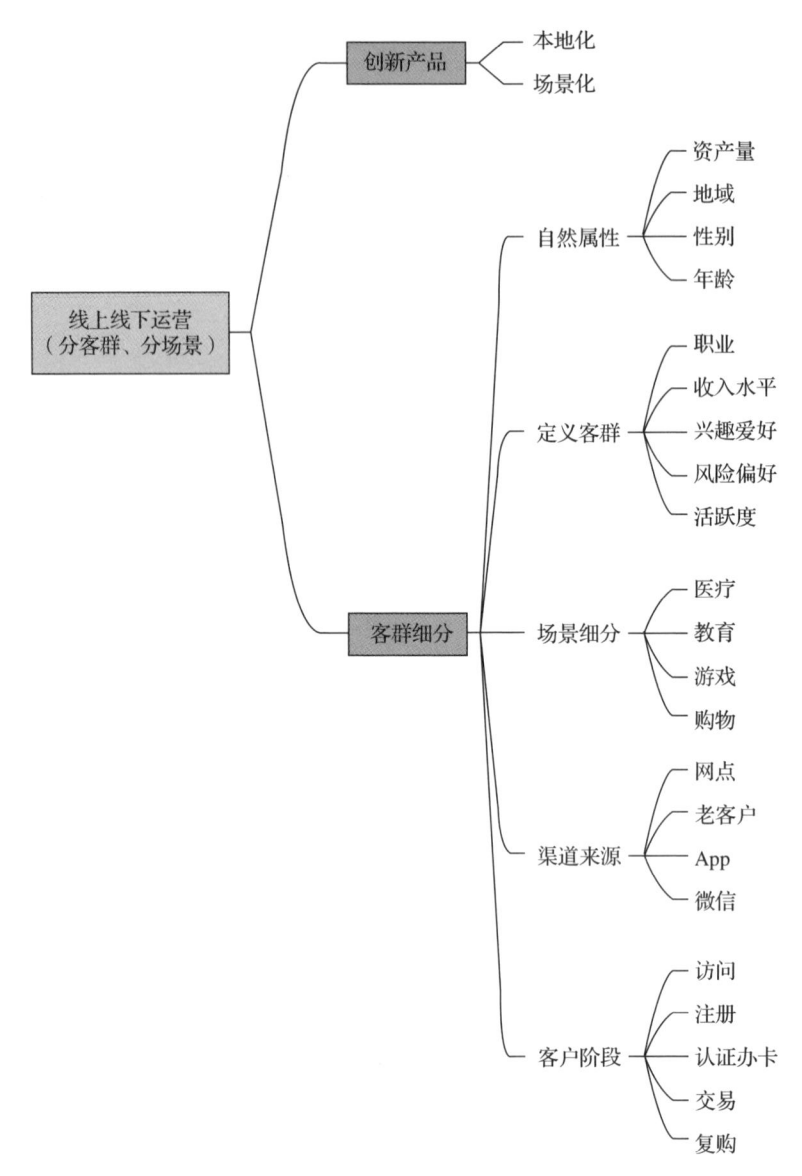

```
线上线下运营          ┌─ 创新产品 ─┬─ 本地化
（分客群、分场景）    │            └─ 场景化
                      │
                      │                    ┌─ 资产量
                      │         ┌─ 自然属性─┼─ 地域
                      │         │          ├─ 性别
                      │         │          └─ 年龄
                      │         │
                      │         │          ┌─ 职业
                      │         │          ├─ 收入水平
                      │         ├─ 定义客群 ┼─ 兴趣爱好
                      │         │          ├─ 风险偏好
                      │         │          └─ 活跃度
                      │         │
                      │         │          ┌─ 医疗
                      └─ 客群细分┼─ 场景细分┼─ 教育
                                │          ├─ 游戏
                                │          └─ 购物
                                │
                                │          ┌─ 网点
                                │          ├─ 老客户
                                ├─ 渠道来源┼─ App
                                │          └─ 微信
                                │
                                │          ┌─ 访问
                                │          ├─ 注册
                                └─ 客户阶段┼─ 认证办卡
                                           ├─ 交易
                                           └─ 复购
```

图 8-3 线上线下运营分场景

我们可以根据线上线下不同客群的客户场景化分层分群来运营，包括采集线上线下客群数据，将客群行为数据化：如明确定义何时到访、办理何种业务、出入频次、参与活动类型、生活消费需求触点等，结合用户具体交易数据，基

于产品和服务偏好、常出入场所、喜欢的渠道和营销激励,形成线下线上运营闭环。

线上线下运营一定要结合区域性金融服务优势和客群特征,以数据驱动和工具利用构建有效、差异化的线上线下融合场景,做好区域客户经营,实现业务目标。

8.1.3 公域和私域运营

私域流行不在于私域流量比公域流量优质,而在于现在买流量的成本太高了。尽管私域搭建成本高,但复用成本非常低。不过,私域的劣势在于它需要精细化运营,而且投入的人力成本较高,相对于直接买流量做投放来说,短时间内不一定会有非常显著的转化效果。

不是所有行业都适合私域运营,银行是最适合做私域运营的。首先绝大部分客户对银行有绝对的信任,其次用户交易后很有可能成为银行的长期客户,最后银行目前缺的不是流量,而是运营流量的能力,即如何把现有客户引流到私域,运营成忠诚客户。公域和私域的区别如表 8-2 所示。

表 8-2 公域和私域的区别

区别	公域	私域
定义	需要付费并且价格逐年攀升,一次性使用、流量属于互联网平台	可以反复利用、多次触达,流量属于自己
流量来源	购买	购买或导入
流量属性	一次性	反复利用
产品忠诚度	低	高
交易环节	陌生人交易,转化率低	有一定信任感,转化率高
触达	不可控	可以灵活触达
所有权	属于互联网平台	属于自有平台
精细化运营	属于用完即走	灵活运营、长期运营
成本	越来越高	一次性投入、基本无成本的多次转化和复购

1. 多渠道运营，"公域+私域"运营两条腿走路

在图 8-4 的 AARRR 运营模型中，A(Acquisition，获取)、A(Activation，激活)属于公域运营部分，而 R（Retention，留存）、R（Revenue，收入）、R（Refer，传播）均是属于私域运营部分。

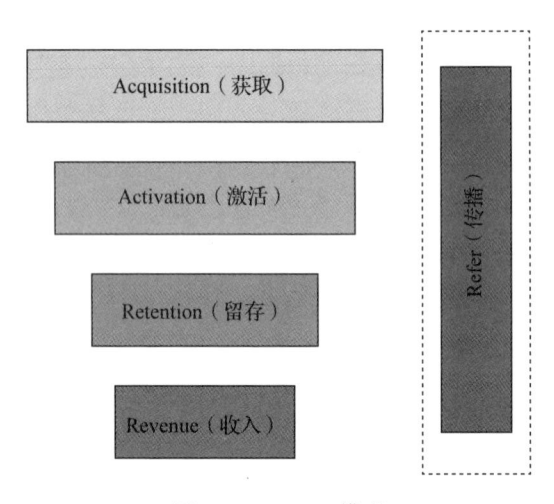

图 8-4 AARRR 模型

银行必须进行多渠道运营，也就是说，"公域+私域"运营两条腿走路，通过公域平台来提升银行品牌的影响力，获取新客户，然后通过私域平台来沉淀流量，提高单客价值，提高用户黏性和复购率，并不断促成老带新。

2. 打通数据：提升公域流量使用率

公域和私域可以通过不同形式的组合产生新的营销化学反应。银行如果能将公域和私域数据打通，让银行既能从公域获取客户，又能将客户沉淀到私域，最大化挖掘存量客户的价值。

公域、私域数据打通，组合玩法，形成统一的银行流量资产管理，以直接或间接带来业务增长。在玩法上，做公域运营可以低成本获得高价值用户，做私域运营则可以通过灵活触达、精细化运营存量客户，这样的组合方式可以在当下获客成本很高的情况下，挖掘存量客户的价值，实现业务增长。

8.1.4 分周期、分群、分层运营用户

线上线下用户有差异，不同渠道的用户也有差异，用户需要按照在产品中的生命周期分层、分群，在不同线上和线上渠道运营，这是用户达到一定规模必须要做的动作。

首先，当用户规模较小时，运营人员可以通过 1 对 1 情感沟通来维护用户。但随着用户规模不断扩大，运营人员的精力和时间有限，这时就需要进行用户分层、分群，以提高运营效率。

其次，即使同一属性用户也有着不同的产品使用习惯，运营人员这时就不能采取"一刀切"的手段来运营，而是要根据不同人群针对性运营，满足差异化用户需求。

最后，用户分层还可以帮助运营人员更好地梳理用户所处的流程状态，进而可以针对不同状态的用户，制定不同的运营策略。同时，精细化运营可使得运营产品化，形成标准化的"人群 – 策略 – 触达 – 反馈 – 优化"，使得运营资源高效转化，把每一份投入产出控制在最合理的有效区间。

8.2 用户生命周期运营

用户生命周期指的是用户从开始接触产品到离开产品的整个过程。用户生命周期长短直接影响银行的营收，因此将用户生命周期科学地量化，在合适的时机执行合适的运营策略，从而延长用户生命周期。

如图 8-5 所示，用户生命周期是用户成长体系的内容。用户成长体系一般包括用户生命周期的分层管理、会员等级管理、积分管理等。银行金融类平台的用户运营管理主要以用户生命周期和会员等级管理为主。其实，用户成长可简单地定义为用户使用银行产品的旅程。用户成长体系可以简单概括为，通过银行运营体系搭建以及运营工具，提高在整个用户旅程中对产品的黏性，从而提高用户对产品的贡献度。

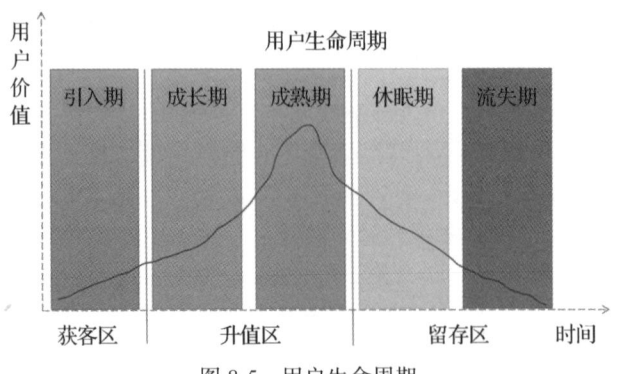

图 8-5 用户生命周期

用户生命周期一般分为 5 个阶段：引入期、成长期、成熟期、休眠期、流失期。不同时期的用户为银行带来的利润不同，对应的运营策略也有所不同。

在引入期，银行只能获得用户的基本信息，用户还没有给银行带来任何收益。

在成长期，用户开始为银行做贡献，银行从用户交易中获得的收入大于投入，开始盈利。

在成熟期，用户愿意为产品和服务支付较高的价格，带给银行较大的利润，而且由于用户忠诚度的提升，银行将获得良好的间接收益。

在休眠期，用户对银行提供的产品和服务价值不满意，交易量回落，银行利润快速下降。

在流失期，用户丧失对银行的兴趣，完全不再使用银行提供的产品和服务。

8.2.1 引入期

在引入期，用户来自线上和线下场景。针对不同的场景，银行需要采用不同的用户运营方式。

- 银行网点：用户来到线下网点有明确的目的，如开办银行卡、咨询理财产品、处理其他事项，线下网点应该给予用户有温度的服务和产品介绍，了解用户的困惑和基本情况，给予用户福利，帮用户下载手机银行、添加客户经理企业微信或引入微信群，以便后续通过福利持续激励用户交易。
- 手机银行或信用卡 App 等：用户下载 App 后，已经有明确的意向和成为忠诚用户的可能，银行需要将潜在客户快速带入注册和认证绑卡流程，将潜在客户转化为实实在在的新客。
- 其他线上线下场景：通过渠道布放的营销活动或产品宣传 (如营销活动、图文等) 触达陌生人群，让用户产生进一步了解的意愿，让用户在当前渠道以最短路径完成注册流程。用户转化运营如图 8-6 所示。

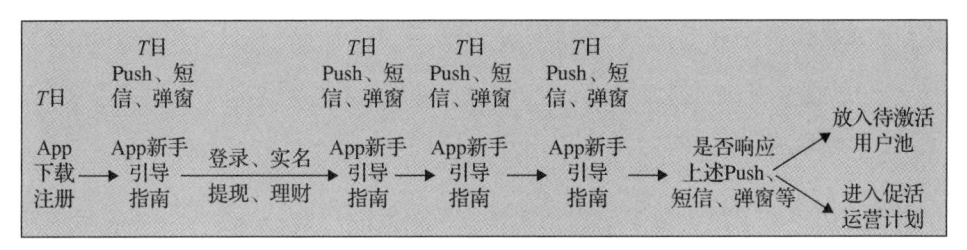

图 8-6 用户转化运营

银行把潜在客户转化为新客户时主要解决两个问题——激励和体验。

- 激励：包括激励的有效性和相关性，用户需要获得实在的激励和福利，切忌过度包装和泡沫福利。

举例：某银行告知用户注册手机银行后可获得百元大礼包，然而用户完成注册后，发现百元大礼包是有条件限定的，必须在商城里购买电子类产品 1000 元后才能使用。这种营销手段过度透支用户的信任，很难长期留住用户。

举例：激励需要与产品相关，如提供免息券的奖励，可以在宣传借贷产品的同时，提升客户首次体验产品的动力。相反，某些企业为了实现惊人的用户增长，通过发放现金红包的方式，花钱"买"新客。这种激励方式带来的往往是大量"薅完即走"的"羊毛党"，对于希望通过产品留住客户、产生长期价值的银行来说，没有太多实际意义。

- 体验：用户体验是数字化转型的关键目标之一，也是完成注册的关键。提升注册体验需要解决两个问题：一是场景，即在哪儿完成注册；二是流程，即用户需要经过怎样的注册过程。结合互联网平台的实践，银行应当采用"近"场景和"轻"流程的策略。

场景"近"即让用户"足不出户"地在当前渠道完成注册，不需要在多个渠道间"来回奔波"。比如对于微信渠道，银行可以通过微信小程序的方式，让用户就近完成注册，不用下载 App。

流程"轻"即让用户以最短路径完成注册。根据互联网的实践，每增加一步流程，注册成功率就会下降 10%。**运营团队应该不断尝试，缩短用户转化路径，提高用户转化率。**

8.2.2 成长期

提升用户的单位价值是在成长期和成熟期做的动作，因为导入期的用户没有产生具体的价值。针对留存、活跃、付费用户，我们需要做到以下 4 点，如图 8-7 所示。

用户行为路径梳理 → 数据采集 → 通过数据分析来运营 → 用户精细化运营

图 8-7 用户运营

不同产品的用户成长期定义是不同的，以零售银行为例，具体如下。

（1）成长期的储蓄卡用户：存入或转入 500 元及以上金额或者购买相应金额的理财产品的用户。

（2）成长期的信用卡用户：单次交易超过 100 元。

（3）成长期的借贷用户：发生过一次借款行为。

完成一次交易的用户相对于没有交易行为的用户的留存率高很多，这个阶段的运营策略就是促使用户交易和复购。具体的运营方案为：引导新用户借款，只要用户完成首次借款，就可以领取福利，这不仅提高了交易，还可以提升用户的忠诚度。

8.2.3 成熟期

用户深入使用产品和服务，贡献较多的产品使用时长、较高存款金额或购买理财等。用户成熟期的信号基本上是重复交易，或者频繁登录、经常使用等。成熟期的用户是银行最重要的用户，也是能够带来最多收益的用户。银行用户运营的工作重点也是在这个阶段的用户。增加成熟期用户的留存时间，防止各阶段用户流失就是在延长用户生命周期。

在用户成熟期，银行运营的目标在于提高用户复购率，提高用户分享率，最大限度挖掘用户的价值。运营策略应根据用户偏好投其所好，培养用户使用习惯，提升用户对产品的好感度，并配合适当的奖励，引导用户分享、传播，起到老拉新的效果。

8.2.3.1 活跃用户分析

成熟期的用户是最活跃的也是最有价值的客群，所有的银行或公司抢占用户也就是在抢占私域里使用产品时间长和交易次数多的用户。

活跃用户的定义大同小异，主要以用户交易次数来判断。但是，大多机构只关注活跃度，忽略了活跃度的背后的各种真相。一般而言，活跃用户数与产品的市场体量有关，活跃度与产品的健康属性有关。新用户的活跃度高，产品进入稳定期后有了一定的用户规模，活跃度数据就不会有太大影响。怎样更详细地监控用户活跃度呢？我们可以引入桑基图，如图8-8所示。

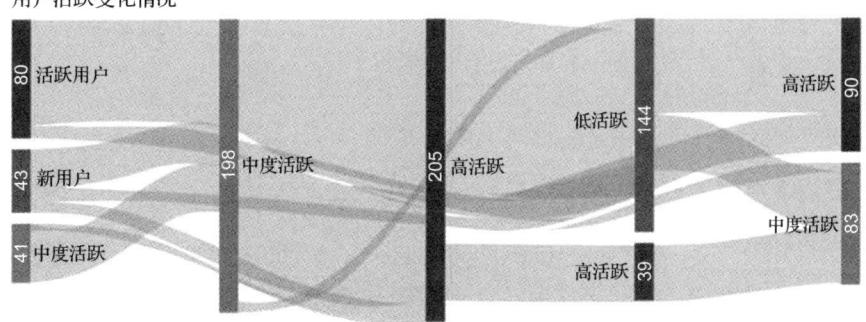

图 8-8 用户活跃变化

用桑基图看用户活跃度数据比单纯的表格清晰多了，而且桑基图能够显著体现不同活跃层的变化。万千变化，存乎一图。有了数据和趋势，我们应该集中精力到怎么将其应用到运营和业务上，具体分析如下。

- 某一段时间回流用户增加是因为产品更新、渠道推广，还是活动营销？
- 本月，不活跃用户增加比以前多，要不要做一次用户访谈找找原因？
- 活跃用户用 Push 营销，流失用户用短信营销，这是不是一个好方法？
- 观察忠诚用户，发现他们有什么共同特征，为什么爱用我们的产品？
- 观察用户流失问题出在哪里？
- 用户忠诚或流失是否是在推广渠道上有显著差异造成的？

运营是与用户交互的过程，是人与人打交道、交朋友的过程。想要做好用户运营，我们就要学会观察用户的情绪，以及用户的需求点。以上种种问题，皆是用户运营需要考虑的，也是要和全行各部门协同解决的，应贯彻整个用户生命周期。

8.2.3.2 流失预警

对于成熟期用户，运营目标是防止他们出现不满意的情况，最后流失。对于这部分用户，我们可以做到以下几点，以防流失。

- 查看成熟期用户画像。
- 从现有流失用户中筛选出在成熟期流失的用户，并根据现有成熟期的用户画像筛选特定细分群体。
- 分析流失用户中这些细分群体的行为数据和交易偏好，探究这些群体的共同点。

用户流失预警机制建立的主要步骤如下。

- 筛选出流失用户。
- 查看流失用户画像，描述基本特征。
- 通过流失用户的交易数据，查看流失用户流失前是否有相似的流失路径，并通过对特定路径的分析来查找原因。除了上述分析中提到的数据外，如果有渠道来源数据，我们可以进一步分析、筛选出劣质渠道与优质渠道；如果有产品优化、运营活动等外部数据，我们也可以进一步定位流失的原因。
- 根据流失用户画像和关键行为指标建立预警模型，并根据业务经验赋予这些行为指标不同的权重。
- 模型建立后，我们可以选取样本进行测试，以判断模型准确性，并根据结果迭代。
- 设立预警值，并对达到阈值的用户采取一定的运营措施。

8.2.4 休眠期

在进入休眠期后，用户的活跃度明显下降，产品打开率降低。在这个阶段，运营目标在于唤醒他们，提高留存率。用户休眠期的定义和成长期类似。不同行业对用户休眠期有不同的定义。

有些行业把一段时间内不登录产品定义为进入休眠期（时间周期比流失短一些）。互联网平台习惯性地把一段时间内未下单定义为进入休眠期。这个阶段的用户价值开始走下坡路。对于银行来说，休眠期用户可以是卡里余额为零或很少，没有贷款，甚至忘记这张卡，通常在 30 天内没有任何交易行为的用户，各关键指标都在下滑。对于休眠期用户，银行可实施如下措施。

- 福利刺激：通过优惠来唤醒客户。
- 个性化服务：通过私域来触达用户，针对用户的个性化需求进行满足。
- 安排 AI、客服对这部分用户进行回访，了解他们不再交易的原因和真实需求。

银行用户从交易到离开肯定是有原因的，如果不找出原因那就意味着没有真正地解决问题，并不能单纯靠福利就能挽留用户。运营策略可以是通过各种优惠活动、优化产品和服务等唤醒用户，提高用户对产品的新鲜度，让用户可以不断从产品中获得价值，进而提高留存率，让沉睡用户再次活跃。

8.2.5 流失期

用户流失期是用户已经卸载 App，甚至忘记我们的产品。运营策略可以是采取智能触达的方法召回，在召回之前，对用户进行 App 卸载原因分析，找到用户卸载手机银行或信用卡 App 的原因，进行针对性的召回，提高用户召回率。

8.2.5.1 定义流失用户

不同银行对流失用户有不同的定义方式，比如可以根据召回效果来定义，如 10 天、20 天、30 天的召回效果肯定是下降的，那么是否存在一个点，在这个点之后召回效果大幅度下降？这个点就是定义流失用户的关键点，如图 8-9 所示。

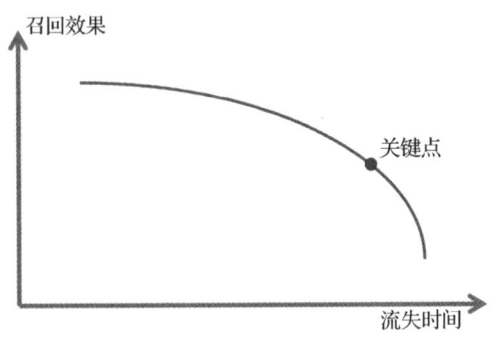

图 8-9 用户流失召回

8.2.5.2 召回周期

假设公司把 60 天未交易用户视为流失用户，那么召回并不是从第 60 天才开始的。15 天、30 天、45 天等关键时间点就需要开始召回了。比如每半个月拉取过去 15 天内没有交易的用户名单，这些就是 15 日流失用户。运营团队可通过 Push 或者短信进行召回。

这样的工作每月都要重复进行，因为用户的流失是无声无息的，虽然我们定义 60 天为流失关键点，但其实用户并不是在 60 天这个时间节点突然流失。因此，如果我们可以在流失第一时间就对用户进行召回，效果肯定是最好的。

这里强调一下，15天、30天、45天等，是不同运营团队召回策略选择。具体如何确定召回时间节点，又如何确定产品的召回周期？只有熟悉自己银行的产品和业务，结合数据反馈进行优化，才能确定最适合自己的召回时间节点。

8.2.5.3 召回工具

用户真实流失后，手机银行或信用卡App一般早已删除，需要选择多种工具来召回。这些常用工具包括App通知召回、Push推送召回、邮件召回、短信召回、电话回访等。

每一个召回工具有利有弊，选择适合自己的即可，多种方式搭配，效果更佳。目前，主流的召回方式是"Push推送+短信"的搭配，虽然现在邮件的触达率不高，但邮件也是一个不错的选择。

并非所有用户都是按照引入期→成长期→成熟期→休眠期→流失期走完一个完整的生命周期。很多用户可能在导入期或者成长期之后，因为各种原因就直接流失了。

那么，依托数据，找到流失的共同原因，其实是用户生命周期管理的一个重点工作。运营团队针对用户生命周期进行管理，归根结底就是为了让用户价值最大化。处于不同生命周期阶段的用户的价值是不同的，因此运营团队需要针对性处理、精细化运营。

我们真正应该做的是找出用户流失的原因并设置预警机制，以防更多的用户流失。

8.3 用户运营三板斧

银行类App用户运营的逻辑与其他行业有所不同，用户下载手机银行或者信用卡App的目的是对银行卡、信用卡进行查询、转账、理财等操作。而用户不会因为下载了一个银行App去办一张银行卡。当然，这里也有一种可能性，民营银行也就是所谓的"互联网银行"，因为大多没有线下网点，用户直接下载

App 使用产品和服务，银行提供的服务已经全部实现线上化。图 8-10 所示的用户运营重点是提高用户活跃度和留存率，从而提高转化和收入。

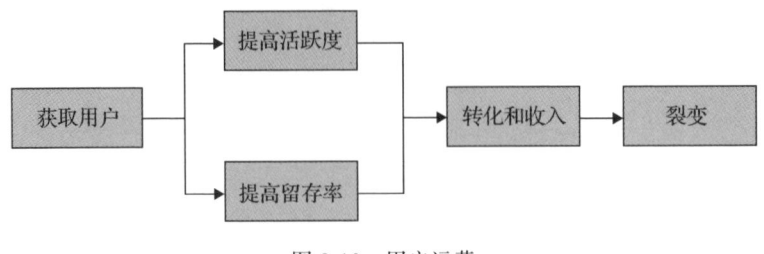

图 8-10 用户运营

用户办理银行卡后就是银行的新用户。银行完成第一步获客之后，才是具体的运营工作。

8.3.1 留存

无论线上还是线下获得的用户，用户运营经常会遇到一个难题：获客之后发现大部分用户再也不使用银行的产品，更不会继续交易。

没有留存的用户是几乎没有商业价值的，也就意味着在这些用户上的营销拉新投入全部浪费了。有的用户继续使用了几次银行服务之后，也成为流失用户。相反，那些在一定时间段里能够持续保持活跃使用服务的用户，我们称之为留存用户。留存用户占这批次新增用户的比例，我们称之为留存率。图 8-11 尝试展开用户留存分析。

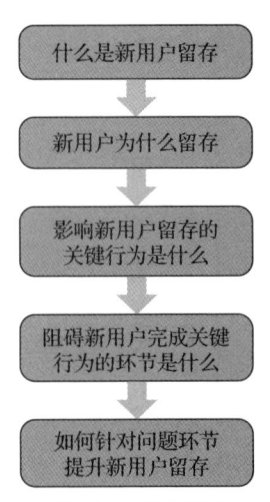

图 8-11 用户留存

8.3.1.1 用户留存定义

留存是衡量银行产品、用户质量和运营能力的关键指标之一，具体的留存分析如图 8-12 所示。

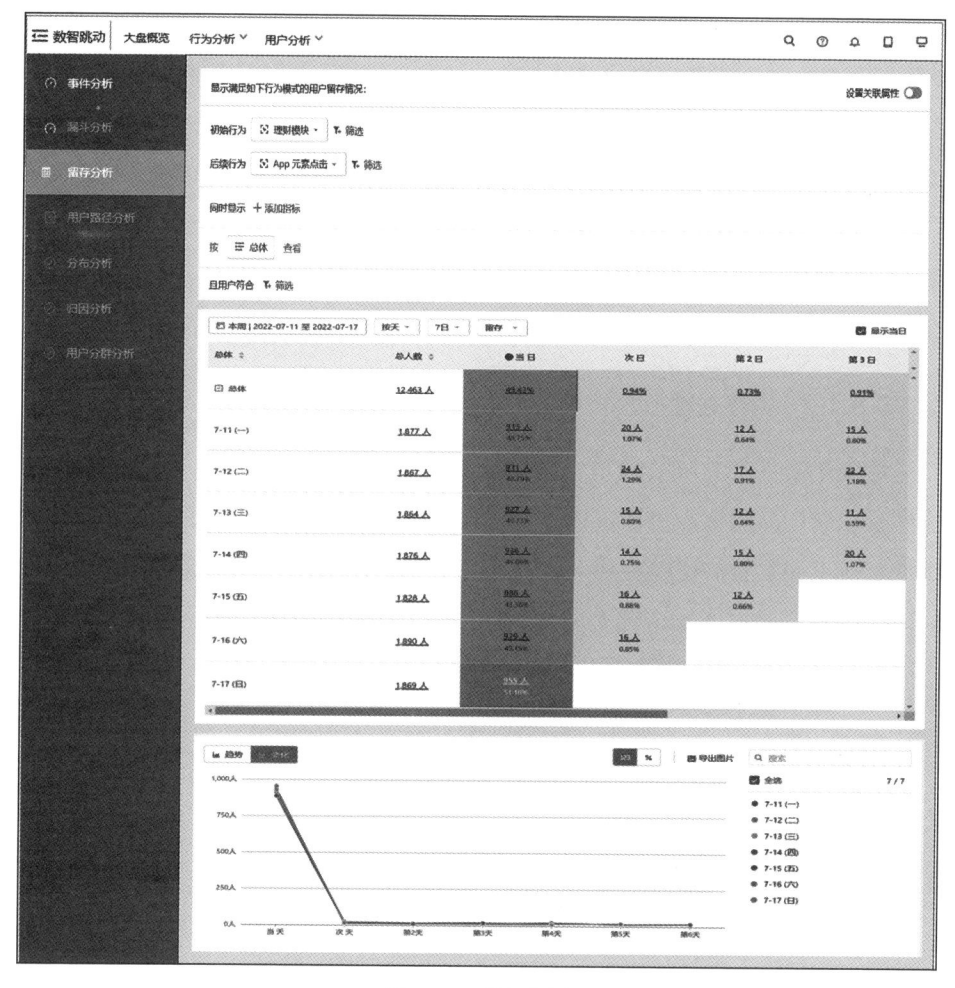

图 8-12 留存分析

金融产品一般不追求每日活跃用户数（Daily Active User，DAU），大多数考核每月活跃用户数（Monthly Active User，MAU）。新用户监控有如下几个重要指标。

- 次日留存：因为是新用户，所以我们可结合产品的新手引导和新用户转化路径来分析用户流失原因，通过不断调整转化路径来降低用户流失，提升次日留存率。通常，次日留存率达到 40% 就表示产品非常优秀了。

- 周留存：在周时间段里，用户通常会经历一个完整的使用和体验周期，如果在这个阶段用户能够留下来，就有可能成为忠诚度较高的用户。
- 月留存：金融产品更关注月留存，月留存能够反映金融产品的用户留存情况，通过比较月留存能够判断金融产品是否对用户有吸引力。
- 渠道留存：因为渠道来源不一，用户质量也会有差别，所以我们有必要针对渠道对用户进行留存分析，而且在排除用户质量差别的因素以后，再去比较次日留存、周留存、月留存，以更准确地分析产品问题。

8.3.1.2 留存关键行为

每个产品都有其核心价值。新用户要快速、无障碍地完成一些关键行为，才能认识到产品的核心价值进而留存。但不同类型产品需要完成的关键行为的次数有所不同，有的可能完成一次就能体验到。比如一个信用卡用户完成一次信用卡 App 交易或者刷卡就是一次关键行为，每个月至少完成一次就说明该用户已经留存。新用户的留存公式如图 8-13 所示。

谁	在	多长时间内	完成	关键行为	多少次
新用户		决策时间		关键行为	魔法数字

图 8-13　新用户留存公式

所以，提高新用户留存的关键在于找出这个关键行为，并且确定完成的最少次数，也就是常说的魔法数字，完成次数是越多越好，但也会给用户带来很大负担，所以这里需要找出可以让用户留存的最少关键行为完成次数。

新用户留存关键行为至少完成次数寻找步骤如图 8-14 所示。

提出备选行为 ⇒ 确定关键行为 ⇒ 找到魔法数字

图 8-14　新用户留存关键行为至少完成次数寻找步骤

了解到影响新用户留存的关键行为（见表 8-3），如何让新用户更快、更容易地完成这一关键行为，或者说新用户完成这一关键行为的障碍在哪？只有搞明白这些问题，我们才能定位到问题的症结，进而对症下药。

表 8-3　关键行为

产品类型	关键行为
银行卡	完成一次刷卡、转账
信用卡	完成一次刷卡或信用卡 App 交易
信贷平台	完成一次借款
存款、理财产品	完成一次交易

关于新用户关键行为分析，我们可以使用漏斗分析模型，只有定位到流失环节，才能有针对性地进行产品和运营动作的优化。针对用户关键行为漏斗分析，我们也可以从定量分析和定性分析两个维度进行拆解。

（1）定量分析：首先基于对业务的深入了解，梳理新用户完成关键行为的主要流程，也就是关键行为漏斗分析。分析漏斗中每一个流程的转化率，定位流失严重的节点，探索导致新用户流失的原因，这是最关键也是最困难的，因为用户流失的原因错综复杂，需要从不同角度进行探索。一般来说，我们可以从以下维度进行拆解。

新用户完成关键行为的路径过长，导致用户需要执行很多步才能体验到产品的核心价值。新用户使用产品过程中缺乏引导，导致新用户冷启动困难而放弃。

不同类型的用户流失原因可能不同，因此我们需要进行用户分群，分群维度可以有：

- 基本信息如年龄、性别等；
- 是否有网点与客户经理互动；
- 是否有福利优惠券拉动。

（2）定性分析：通过电话回访了解用户为什么流失，在哪一环节的体验不好，是产品的问题还是运营介入不够；是产品功能无法满足需求还是用户使用体验糟糕。

基于数据的关键行为分析是精细化运营和自动化运营的核心，所以做好用户的关键行为分析，对于用户持续和良性增长有着至关重要的作用。

8.3.1.3 留存观察周期

对于一个金融类产品，用户可能一月左右才打开一次。如图 8-15 所示，用户对电商类 App 比金融类 App 使用频率高，对新闻类 App 的使用间隔可能是 1 天。如果统一按 1 天为周期来计算 App 的留存率，显然对评估金融类 App 的留存率不合适。

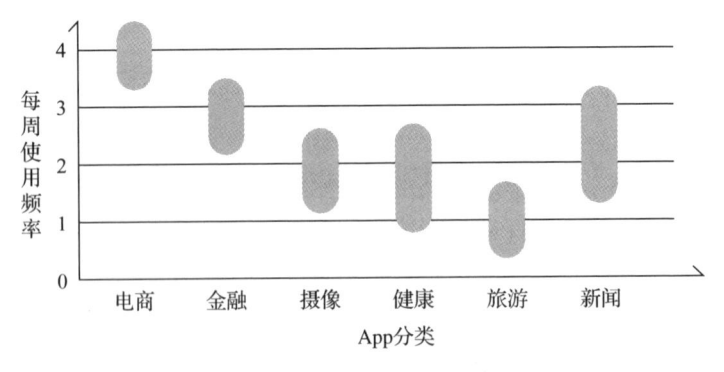

图 8-15 App 使用频率示例

可以看出，不同行业的 App 使用频率区别很大，这是由产品使用场景决定的。我们也可以通过产品内部的数据监控系统进行观察，取较长的时间段，抓取完成两次以上的关键行为，查看两次行为的时间分布，即可获得产品现阶段的使用周期。使用周期代表了一个用户使用产品的标准时间间隔。根据一个用户是否在一个标准时间间隔内触发关键行为，我们可以评估该用户在这个周期里是否留存。

8.3.1.4 留存曲线

一个比较基础的留存描述方法是留存曲线。它以时间为横坐标描绘用户留存随时间推移的变化轨迹。如图8-16所示，一般留存曲线会先迅速下降（新注册用户快速流失），然后随着产品的不同出现了三种变化趋势。

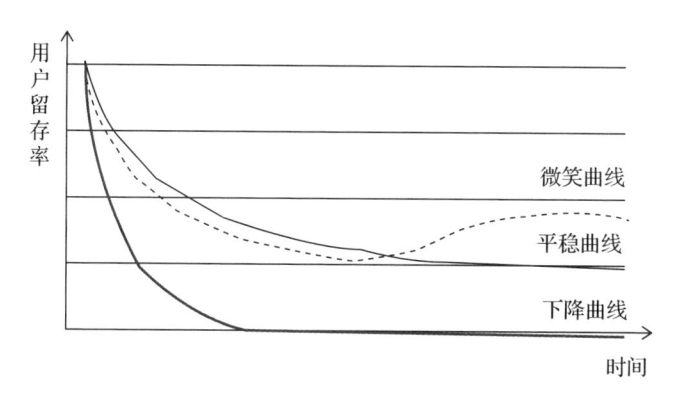

图8-16 留存曲线

- 平稳曲线：这种曲线在迅速下降后会保持平缓，既不上升也不下降，代表在这一用户群中，用户数量达到了平衡。一般来说，留存曲线是平稳的能够让人感到安心，因为它代表产品用户数量不会萎缩。
- 下降曲线：这种曲线持续下降而没有保持平缓，最终会降到一个非常低的值，代表在这一用户群中，用户持续流失，极少甚至没有用户找到产品的价值。这时，我们需要优化产品，先让一部分用户成为忠诚用户，让曲线达到平稳的方法。
- 微笑曲线：这种曲线在迅速下降后先趋于平缓，再缓慢上升，代表经产品的持续改良，更多新用户看到了产品的价值而回来。

通过分析影响新用户留存的关键行为，我们知道了新用户最可能在哪一环节流失，之后就可以针对性地制定方案，提升新用户留存了。我们可以从提升动力、减小阻力和不定时奖励助推等方面入手。

- 提升动力：提供千人千面的个性化服务，或者将产品核心价值前置，让用户提前感受，或提供优质内容和优质体验，激励用户使用。
- 减小阻力：减少一切加长用户激活时间的冗余步骤，如避免不必要的信息录入，缩短用户转化路径，给予适度的用户引导，突出关键路径和关键功能等。

- 不定时奖励助推：运营人员在新用户决策犹豫期快速介入，通过运营手段让用户快速了解产品功能，让用户留存，比如通过 Push、短信、邮件和公众号等站外渠道，也可以通过站内信息、资源位推广等站内渠道及时触达用户，并采用新用户注册福利等方式吸引用户。

留存是保持增长的基础，**不能保证留存率的增长永远是银行最大的痛点**。留存率是留存力表现的关键指标。除了会看留存，我们还需要会定义关键事件和观察周期来构建留存看板，尽量提高留存、前置产品激活点，以有效提升用户价值。

8.3.2 促活

促活工作应该在用户引入期就展开，等到大量用户沉默或流失时再进行补救无异于亡羊补牢。促活工作开展的第一步是要了解用户，在新用户进入产品前，就需要我们先做好数据埋点，建立基础的用户行为数据监控机制，为用户贴标签，做好用户分群。

了解了用户标签和所处的生命周期阶段之后，我们需要建立用户动态群组，针对不同群组内用户进行针对性运营，直到目标用户的行为表现达到活跃用户群组的标准。

提升用户活跃就是最大化占有用户时间，使用户成为产品的忠诚用户。用户活跃的度量指标主要有 DAU（日活跃用户数）、WAU（周活跃用户数）、MAU（月活跃用户数）。我们可以在注册、绑卡、使用等行为发生时发放各种积分、礼券和奖励，鼓励用户经常使用，同时提高用户使用深度，提高用户转化率。目前，积分到期兑换礼品活动在各行业内是非常流行的，不管对拉新还是获客等都有很好的效果，让用户真切体会到积分所带来的实际收益。图 8-17 是某行积分到期礼品兑换活动的一个推送响应情况。

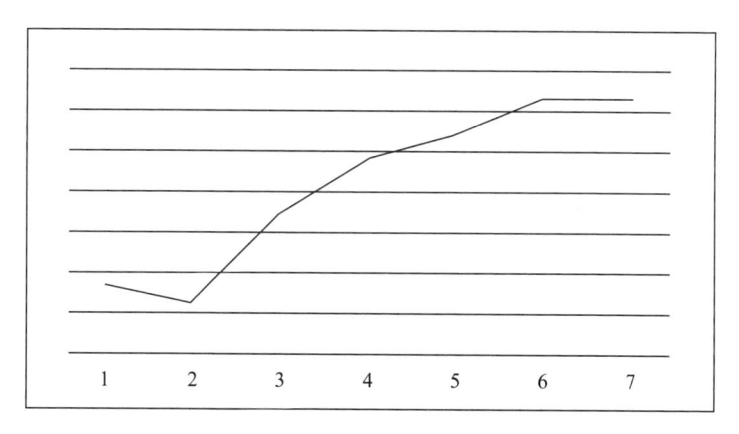

图 8-17　积分到期礼品兑换活动响应情况

用户促活可以通过策划活动、制定激励机制、设置任务实现。

- 策划活动：活动是活跃用户比较好的一种方式，不管对于手机银行、线下网点还是合作场景。活动的内容、形式可以多样化，如根据重要节假日、热点进行活动策划，也可以策划日常性活动，比如签到、登录后获取积分和优惠券。
- 制定激励机制：用户激励是金融产品运营工作中非常重要的一部分，甚至可以说，手机银行或信用卡 App 用户运营就是通过各种方法激励用户，以使其做出符合运营预期的行为。预期行为可以是活跃、发帖、互动和消费等，需要根据银行业务场景进行设定。用户激励可以从物质激励、精神激励、功能激励 3 方面考虑。
- 设置任务：用户任务运营是需要用户不断探索的一种活动形式。任务完成的每个阶段都有奖励，可以推动用户继续往下进行，获得更多福利，如裂变式邀请用户、请人助力。

用户促活是每个金融机构都必须具备的重要营运环节。如果用户活跃不起来，银行的产品和服务终将只是一个没有灵魂的空壳，不仅缺乏发展的动力，更有可能出现用户流失现象，如图 8-18 所示。

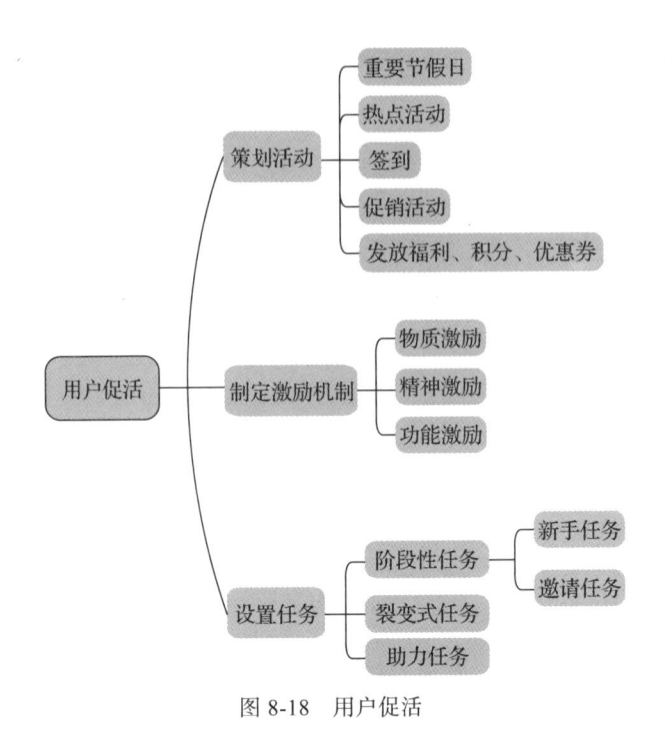

用户促活
- 策划活动
  - 重要节假日
  - 热点活动
  - 签到
  - 促销活动
  - 发放福利、积分、优惠券
- 制定激励机制
  - 物质激励
  - 精神激励
  - 功能激励
- 设置任务
  - 阶段性任务
    - 新手任务
    - 邀请任务
  - 裂变式任务
  - 助力任务

图 8-18　用户促活

8.3.3 转化

很多银行认为只要用户注册了就成为银行的用户了，往往只关注用户增长，忽略用户转化，将大量投入放在用户获取上，而忽略用户转化。

如果只是拉新，银行的用户只是你的注册用户，不能成为价值用户；如果进行好的转化，银行的用户会成为价值用户，为银行创造交易、产生价值。转化可以提升用户的生命周期价值，帮助银行挖掘用户更多潜力。转化可以让忠诚用户成为口碑用户，向外对银行产品做宣传，产生裂变。

银行在提高用户转化时需考虑以下几点。

- 高流量不等于高转化：在实际运营工作中，银行需要根据相应的数据分析结果，分析线上线下各个渠道对于核心转化指标的贡献，才能做出合理的运营策略。流量大小和转化效果之间的关系微乎其微，高流量≠高转化，我们在关注流量的时候，更要关注转化效果。比如，某城商行与支付宝合作针对指定区域用户策划绑卡活动，活动很火热，引来大量用户，但是后续缺乏针对新用户进一步运营，虽然流量进来了，活动风风火火，但是没有实际转化，活动效果和价值大打折扣。

- 总体转化率：比如银行同时在支付宝和微信两个渠道做营销活动来转化用户，最后支付宝渠道的转化率为10.1%，微信渠道的转化率为9.57%，总转化率看起来差不多，但将两个渠道的每个活动环节的转化率算出来，可发现支付宝渠道的第一环节转化率有22%，但最后一个环节转化率达93%，而微信渠道的第一环节转化率有42.9%，最后一个环节的转化率只有53.7%。针对这样的数据，银行在支付宝和微信优化的转化流程是截然不同的。所以，我们不能单纯地关注总转化率，而是要细分到每一个环节的转化率，并针对整体漏斗转化分析发现问题，找到相应的解决方案。

- 用户体验提升：**数字化转型最关键的任务之一是提升用户体验**。通常来说，用户体验提升了，用户就会经常使用或是购买我们的产品，这时银行通过提供完整的信息和明显的注册、购买按钮等就会很容易地吸引用户点击，对应的转化率也会跟着提升。

8.3.3.1 转化路径分析

互联网平台打造极致的产品体验和短的用户转化路径为用户节省学习成本、时间成本，因此在流量和用户转化层层递减的情况下，简化用户转化路径就越能留住用户。我们看看从新用户注册到完成首次交易的路径，如图8-19所示。这是我们理想状态下的路径。

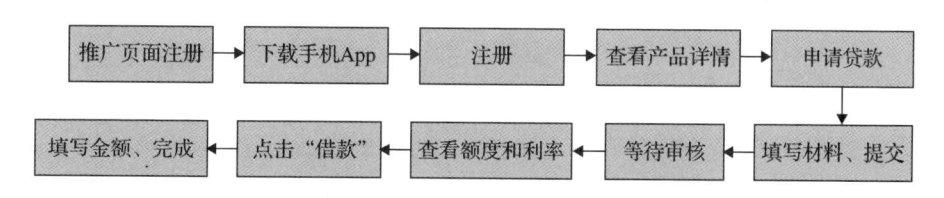

图8-19 理想状态下的用户转化路径

实际的用户转化路径如图 8-20 所示。

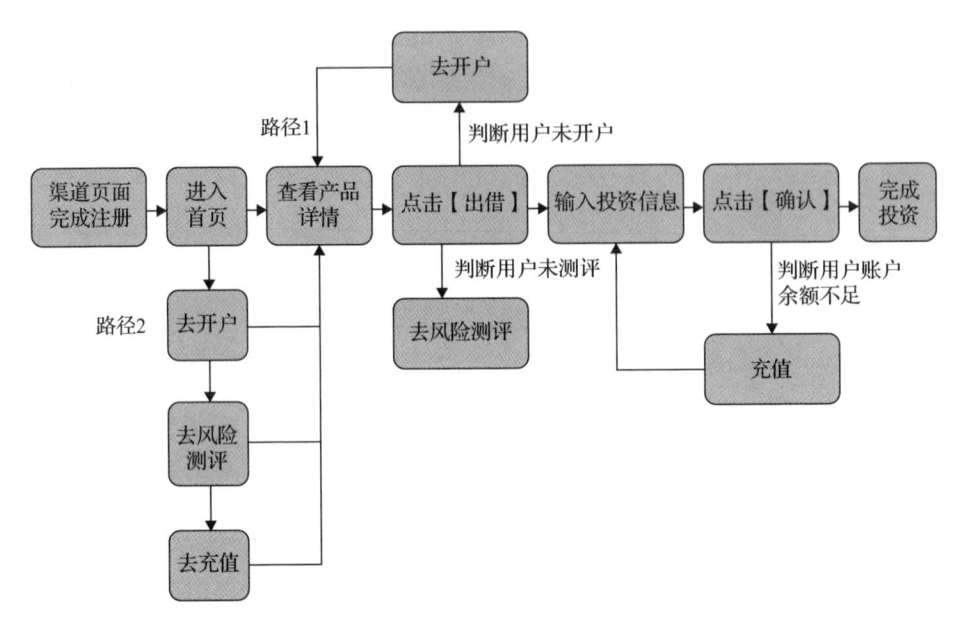

图 8-20 实际的用户转化路径

从用户路径图可以看出，新注册用户想要完成交易，需要经历至少 7 个页面，中间需要经历填写开户表单、风险测评这两个耗时较多的必要环节。对于复杂的路径，我们可以寻找机会点减少重复路径，比如投资后进入充值页面，充值成功后系统扣款完成投资；避免操作打断，比如在未开户用户浏览产品时展示开户提示，避免用户在决定投资时被迫转去开户。

数据分析时，我们需要有用户交易路径、点击页面和转化数据，通过简单地逻辑判断和计算，分析用户转化，如 100 个用户从手机银行入口进来，到了注册页面还剩 80 个，再到产品页面还剩 50 个，再到交易页面就剩 20 个，完成支付的用户就剩 10 人，漏斗数据就是 100 → 80 → 50 → 20 → 10。各个环节流失了多少用户，为什么流失，是产品设计问题，还是转化路径太长，让用户对产品不喜欢等，都是可以进行深入分析的，如图 8-21 所示。

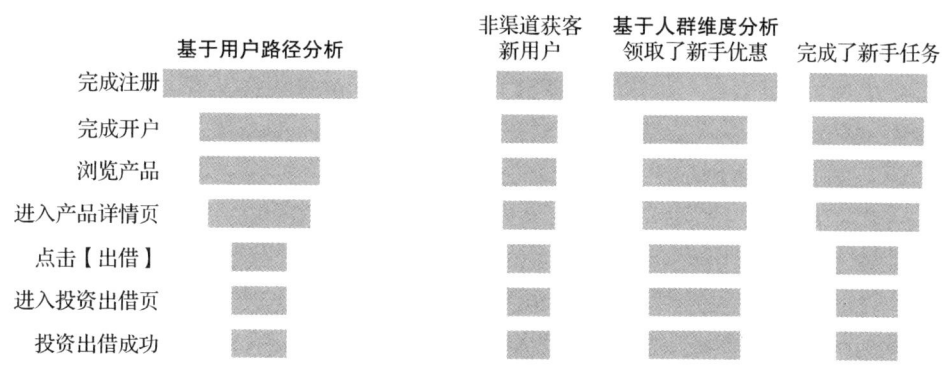

	基于用户路径分析	非渠道获客新用户	基于人群维度分析 领取了新手优惠	完成了新手任务
完成注册	████████████	███	███████	████████
完成开户	██████	██	███████	████████
浏览产品	██████	██	███████	████████
进入产品详情页	█████	██	██████	███████
点击【出借】	██	█	███	████
进入投资出借页	███	█	███	████
投资出借成功	██	█	██	███

图 8-21　用户转化分析

8.3.3.2　转化客群选择

漏斗模型和转化路径分析已经发现一些可以优化的地方，但是我们无法确定这些优化点是否真的是用户痛点。用户调研可以帮助我们了解用户的行为意图，同时发掘更多优化点。

比如在城商行这个互联网贷款项目中，因资源和时间关系，我们采取了"用户调查问卷 + 少量用户访谈"的形式，分人群（已注册未认证、已认证未提交授信、有额度未提款等）进行调研。问题设置围绕用户转化路径中每个事件的操作过程，目的是探究用户的操作行为和预想是否相同，并且了解用户决策时的心理。

8.3.3.3　用户决策模型

我们可以通过以下 4 个问题来大概评估用户的决策模型。

- 用户在当前环节，最重要的目标是什么？
- 为了达成目标，用户需要完成的最重要的任务是什么？
- 哪些可能是激励用户完成当前环节并进入下一环节的主要因素？找出最重要的三个。
- 哪些可能是导致用户放弃当前环节并离开的主要因素？找出最重要的三个。

关于以上 4 个问题，我们可以结合对业务的理解、用户调研获取结论。

首先，流程复杂、信息架构混乱等，这些可能都是用户放弃当前环节并离开的重要因素。

其次，结合自身对业务的理解和用户调研情况，对各个因素设立影响权重，构建用户在该环节的决策模型。综合用户在各个环节的决策模型，获得用户在产品上的整体决策模型。

用户决策模型可以帮助运营团队梳理优化方向。**基于公式用户行为 =［动力 - 阻力］× 助推 + 奖励**，运营团队可以通过增加动力、减少阻力、设置助推、奖励来促动用户发生关键行为。每个优化策略不可能完美，需要在不同渠道测试和迭代，也需要根据业务变化和运营资源变化随时调整。

8.4 新媒体运营

相比传统的旧媒体（电视、报纸、广播），新媒体充分利用数字技术以及互联网在各种新媒体平台进行各类信息的传播。现有的新媒体平台包括但不限于微信公众号、支付宝生活号、微博、知乎、小红书、豆瓣、抖音、B 站、今日头条等。

新媒体运营的目标是精准获取潜在用户并引导到银行私域。新媒体运营工作包括内容生产、渠道运营、商务合作、活动策划等。新媒体运营就是通过各种新媒体，帮助用户在购买产品后，更好地达成当初购买产品的目标，从而让用户推荐更多的用户购买产品，或者自己购买更多的产品。

随着互联网技术的发展，以自媒体为代表的新媒体平台不断迭代。新媒体运营主要依靠内容运营和活动运营。针对应该选择什么平台做运营，如何投入，流量怎么运营，如何将注册用户转化为交易客户，银行只有洞悉新媒体平台特点，洞察用户画像，才能真正布局好新媒体运营。

8.4.1 平台特点

常用的新媒体运营平台特点如下。

（1）微信公众号：拉新功能偏弱，主要用于品牌宣传、活动营销和用户服务，为用户提供服务时，将用户导入微信群进行下一步转化。

（2）微信视频号：视频化的企业营销和服务，与公众号互为补充，本身拥有良好的私域（公众号、小程序、社群）积累。

（3）抖音：8亿日活用户，通过买量和短视频运营获客，是私域运营的渠道流量来源之一。

（4）支付宝生活号：具有天然的金融和支付属性，官方对挂牌金融机构比较支持，生活号运营得好可以圈一波免费流量。

（5）微博：银行动态、品牌营销和舆情监控的阵地。

（6）B站：用于品牌破圈和宣传。

（7）小红书：做红人投放。

银行如果目前不计划在新媒体运营方面投入太多资源，可先考虑代运营，根据现阶段目标与对方确定好运营指标。但银行如果想创造更高的价值（比如建设私域），可以考虑在抖音或者公众号自建新媒体运营团队。

8.4.2 微信公众号

微信体系下衍生品包括公众号、视频号、社群、朋友圈、小程序、客服号（包括企业微信）。短视频的崛起让微信号的热度下降，但目前微信作为中国最大的社交流量平台，微信生态仍然不可替代。随着功能迭代，微信也出现了新的运营元素，如何进行技术和内容的有效结合，成为致胜关键。**以公众号为传播载体进行元素连接，在私域集中沉淀流量依然是非常普遍的**。微信公众号运营对工作人员的品牌营销认知、综合技能也提出更高要求。

（1）银行公众号常见运营误区：有些银行搞不清公众号内容给谁看，容易做成自嗨式内容，将公众号做成企业文化和制度宣传窗口，比如简单节日问候、转载无关的资讯、日常行内新闻宣传等。

出现这些情况的原因是选题策划随意，不关注用户感兴趣的内容，不注重传播数据反馈；不重视内容风格，品牌没调性、排版不规范、更新不稳定。

（2）公众号运营原则：明确账号功能定位，品牌的第二官网，品牌提供服务的工具。坚持用户至上，传递品牌文化，提供服务价值。利用菜单栏、回复、模板消息等，根据用户点击情况进行优化，捆绑人工客服、下单、领券等功能。注重转化，提高用户参与感，即传播的内容要有利于用户拉新、留存、活跃、变现、复购等，比如发布新品爆款活动、福利活动，给用户提供实实在在的好处。及时跟进数据，优化反馈，即关注公众号后台系统传播数据，通过表单等方式收集用户画像、服务反馈等，结合运营场景元素，找到北极星指标。

新媒体时代，微信公众号作为极其重要的流量入口，受到众多银行的重视，但真正能把微信公众号做大、做好的银行其实非常少。银行运营公众号一定要立足现状及现有可利用资源，明确开设公众号的目的。目前，众多银行将公众号作为信息推送渠道，单方面输出各种信息，缺乏互动性。

其实，公众号不仅仅是信息发送的渠道，更是用户集合的平台。目前，众多银行对公众号的功能挖掘并不充分，其实银行可以将公众号作为全客群综合服务平台去运营，基于微信用户属性开发更多功能，如提供金融服务、进行渠道引流、构建金融场景等。

银行还可以根据区域特点，开设地方银行公众号，针对当地客户提供内容，也可以在公众号上细分业务，如开设围绕信用卡业务或贷款业务的公众号。

8.4.3 支付宝生活号

支付宝生活号类似于微信服务号，支持通过支付宝朋友列表和首页搜索进入，支持主动给用户推送消息。生活号提供了很多功能。银行可以通过图片、文字、直播、视频等多种形式，与用户进行沟通、交互。支付宝打通了小程序和生活号之间的壁垒，支持用户直接从生活号跳转至小程序，在用户看到生活号的服务信息、动态以及底部链接后，可以一键跳转到小程序进行下单等。例如，用户在看到生活号的服务动态后，可以点击链接直接跳转到银行信用卡小程序，完成相应的操作或者交易。

与现在主流内容社区平台相似的是，除了生活号的内容形式以图片、文字、视频等信息流为主外，生活频道还支持用户转发、点赞、收藏以及评论。

支付宝生活号的主要运营目标如下。

- 已有粉丝进行产品购买、转化。
- 便捷地为用户提供服务、账号查询、对账单。
- 与现有线上渠道、小程序形成新的矩阵。
- 引导用户关注。
- 引导添加至朋友页。
- 公告消息推送（产品信息、消息推送）。
- 做福利活动，比如签到领红包（促活）。

从产品形态上看，支付宝生活号与微信公众号没有什么区别，二者均支持图片、文字、视频等内容形式，点击链接可以直接跳转到小程序。生活号对于金融机构比较有利的一点是，支付宝一直都是重金融、支付工具的社区，在支付宝上所开展的业务大多与金融有关，所以银行类金融机构入驻支付宝生活号有现成的流量。图8-22展示了很多银行已经入驻生活号并已经成熟运营。

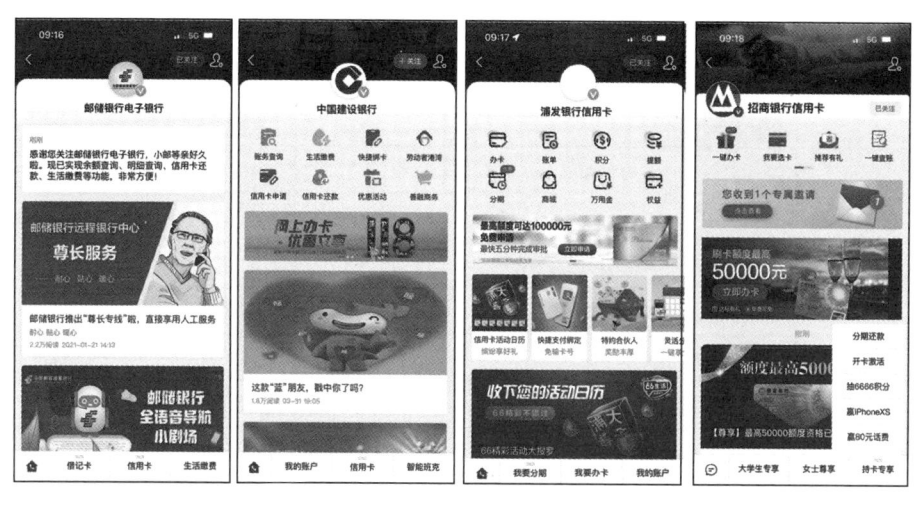

图8-22　支付宝生活号

各家银行在支付宝生活号上开通的服务差异不大，主要以信用卡为主，包括借记卡业务、信用卡申请、分期业务、还款、查询、生活缴费、活动运营。

8.4.4 抖音

目前最热门的新媒体表现形式当属短视频。短视频占用了人们大多碎片化时间。目前，抖音DAU（日活跃用户）突破8.09亿。如此庞大的用户基数，引得各大银行纷纷入局抖音，试图通过抖音流量池为自己引流，在短视频领域分一杯羹。部分银行入驻抖音情况（截至2022年12月底）见表8-4。

表8-4 部分银行入驻抖音情况

银行	抖音号	有无认证	粉丝数	粉丝数合计
中信银行	中信银行信用卡服务号	有	104.4万	193.5万
	中信银行南昌分行	有	3.8万	
	中信银行信用卡	有	17万	
	中信银行	有	68.3万	
招商银行	招商银行App	有	227.9万	703万
	招商银行	有	316.9万	
	招商银行信用卡	有	158.2万	
建设银行	建设银行深圳分行	有	28.8万	124.2万
	中国建设银行	有	95.4万	
中国银行	中国银行山东省分行	有	4.7万	7.9万
	中国银行大连市分行	有	2.0万	
	中国银行福建省分行	有	3334	
	中国银行云南省分行	有	8976	
光大银行	光大银行信用卡	有	94.7万	94.7万
交通银行	交通银行	有	8.8万	8.8万
农业银行	中国农业银行	有	61.6万	63.4万
	中国农业银行重庆市分行	有	1.8万	

从表 8-4 中可以看出，银行抖音运营已经出现分化，运营情况参差不齐，中信银行、招商银行以及建设银行在短视频运营方面堪称佼佼者。粉丝破 10 万的银行包括网商银行、光大银行、平安银行等；一些城商行在抖音运营方面处于起步阶段。归根结底，很多银行只是将抖音作为一个普通的推广渠道来利用，并没有清晰的定位。较少有银行是以抖音运营思路、抖音运营规则来运营其抖音账号。

银行抖音账号定位不清晰，发展方向未统一就无法打造垂直内容，更别提引起用户的持续关注。

银行发布抖音需要推出一个具体的银行工作人员 IP 形象，以便用户辨认和记忆，从而产生信任感，比如招商银行在不同的抖音号分别推出"胖胖"和"崽崽"两个具体 IP 形象，让人记忆深刻，从而提升用户活跃度和转化率。

银行抖音账号定位可以是金融时讯、金融知识、金融业务服务、办事指南等。

想要在短视频领域发力，银行还需要对抖音算法及推荐逻辑进行探究，细化用户画像以便内容创作，最终实现引流、粉丝增加到客户转化。

8.5 数据运营

没有数字平台的支撑是做不到精细化运营的。数据规划是整个数据运营体系的基础。只有先搞清楚目的是什么、需要什么样的数据，接下来的数据采集和数据分析才更有针对性。

数据规划中有几个重要概念：指标、维度、数据采集和数据报表。

- 指标：也被称为度量，用来衡量具体的运营效果，比如 MAU、交易金额、转化率、留存率等。指标的选择来自具体的业务需求——从需求中归纳事件，事件对应指标。指标分为数量型指标和质量型指标，MAU、NDAU、交易规模等是数量型指标；平均访问时长、访问功能、流失率等是质量型指标。
- 维度：用来对指标进行细分的属性，如表 8-5 所示。选择维度的原则是：对指标可能产生影响，数据记录尽可能全面。

表 8-5 数据维度

维度类别	内容
人口属性	性别、年龄、职业、爱好、城市、地区、国家
设备属性	平台、设备品牌、设备型号、屏幕、GPS
流量属性	渠道来源、场景类别
行为属性	活跃度、是否认证、是否交易、停留时间

- 数据采集：数据主要来源包括用户数据、业务数据、第三方数据和用户行为数据，其中用户行为数据需要通过埋点来采集。只有数据经过采集、清洗、处理后，数据运营人员才能摆脱数据整理，把更多时间放在业务分析中。
- 数据报表：向业务部门提交数据报表分析结果、运营活动优化建议等是数据运营重要的工作之一。数据报表建立在指标体系基础上。数据运营应该让数据报表分析工作尽量自动化。数据分析是数据运营的重点工作，数据规划和数据采集都是为了数据分析服务的。我们的最终目的是通过数据分析定位问题，提出解决方案，促进业务增长。

8.5.1 指标体系

在实际数据分析工作中，往往一个指标没办法解决复杂的业务问题，这就需要使用多个指标从不同维度来评估业务。指标体系从不同维度梳理业务，把指标系统地组织起来。指标体系的作用如下。

- 监控业务情况。
- 通过拆解指标寻找当前业务问题和需要优化的点。
- 分析业务可改进的地方，找出下一步工作方向。

指标并不是越全越好，和业务贴合才是最好的。产品的差异、业务复杂性和运营模式决定了没有一套指标体系是通用的。指标体系建设如图 8-23 所示。

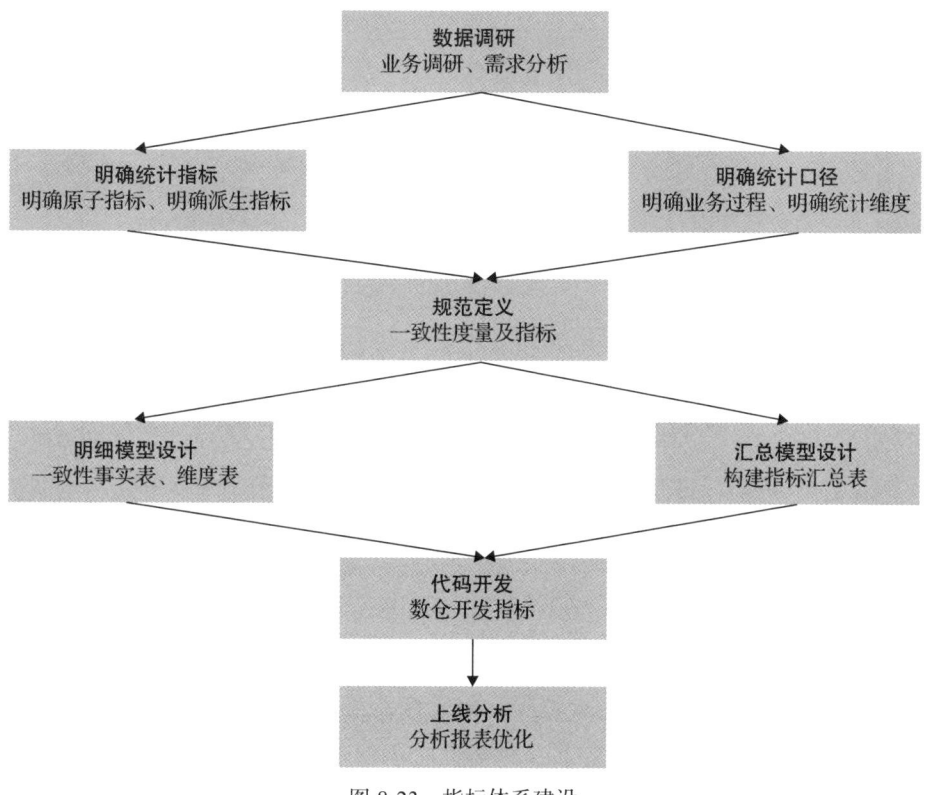

```
                    数据调研
                  业务调研、需求分析
                  ↙              ↘
        明确统计指标              明确统计口径
     明确原子指标、明确派生指标    明确业务过程、明确统计维度
                  ↘              ↙
                    规范定义
                  一致性度量及指标
                  ↙              ↘
        明细模型设计              汇总模型设计
     一致性事实表、维度表        构建指标汇总表
                  ↘              ↙
                    代码开发
                  数仓开发指标
                      ↓
                    上线分析
                  分析报表优化
```

图 8-23　指标体系建设

8.5.1.1　指标体系建设流程

数据本身是分层的，我们在选择指标的时候，也应该有一个层级概念。指标分级可以帮助我们更高效地定位问题，验证方法论。指标体系的搭建分两大部分：设计指标体系和落地指标体系，这两大部分又可以拆成一些小步骤。我们先来看指标体系从设计到落地的整体流程（见图 8-24），再拆解为具体的步骤来落地。

设计指标　　　　　　　落地指标

需求来源 → 一级指标 → 二级指标 → 三级指标　　数据采集 → 数据应用

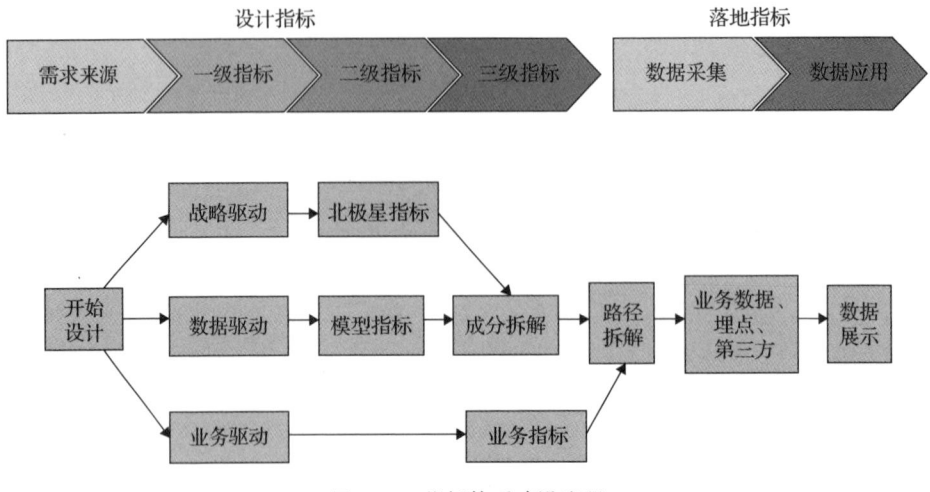

开始设计 → 战略驱动 → 北极星指标
开始设计 → 数据驱动 → 模型指标 → 成分拆解 → 路径拆解 → 业务数据、埋点、第三方 → 数据展示
开始设计 → 业务驱动 → 业务指标 → 路径拆解

图 8-24　指标体系建设流程

8.5.1.2　指标分层

我们可以针对不同的指标进行分层，基本上 3 个层级就能指导运营团队去做精细化运营。

- 一级指标：根据产品及银行的 KPI 找出一级指标。一级指标必须是被业务人员认可的，是衡量业绩的核心指标，可以指引银行达成战略目标，衡量银行业务目标达成情况，数量控制在 5～8 个，与银行行业紧密结合，不能仅仅是财务指标，需要同时衡量全行的商业目标，如银行存款用户、银行卡数量、月活跃用户、交易规模等。

- 二级指标：了解公司的业务之后，在一级指标基础上拆解出二级指标。二级指标是针对一级指标的路径进行分析拆解。当一级指标发生变化的时候，运营团队可通过查看二级指标快速定位问题，如针对交易规模增加和银行卡用户增加，潜在的路径拆分包括申请信用卡用户增加、活跃用户增加、网点"双 11"活动效果好。

- 三级指标：根据业务流程，在二级指标基础上拆解出三级指标。通过三级指标，我们可以定位二级指标波动的原因。三级指标需要有直接指引一线运营、决策的作用。运营团队看到三级指标数据后，可以直接发现问题。如：月活数据提升后，运营团队拆解后发现转化率是二级指标，进而发现三级指标下的某些网点和 IOS 客户端转化率有提升。

表 8-6 展示了围绕用户生命周期挖掘一些重要的指标。在众多指标模型中，AARRR 模型能很好地覆盖用户的生命周期，美中不足的是遗漏了用户流失这一环节。个人觉得 AARRR 模型比较能完整覆盖用户生命周期。

表 8-6 AARRR 模型

一级指标	二级指标	三级指标
AARRR	获取	DNU
		ROI
	促活	MAU
		绑卡
		交易
	留存	次日留存率
		7 日留存率
		30 日留存率
	转化	网点转化
		IOS 转化
		安卓转化

8.5.1.3 指标落地

落地指标时不需要像设计指标那样首先着眼于一级指标，而应首先着眼于二级指标，因为一级指标是由二级指标组成的。当二级指标埋点好之后，一级指标自然而然地可以计算出来。根据实际业务搭建的指标落地如图 8-25 所示。

8.5.2 数据分析

我们可以根据不同的业务场景和业务需求，选择不同的数据分析模型进行数据分析。常用的数据分析方法包括事件分析、漏斗分析、留存分析、用户路径分析、分布分析、归因分析。

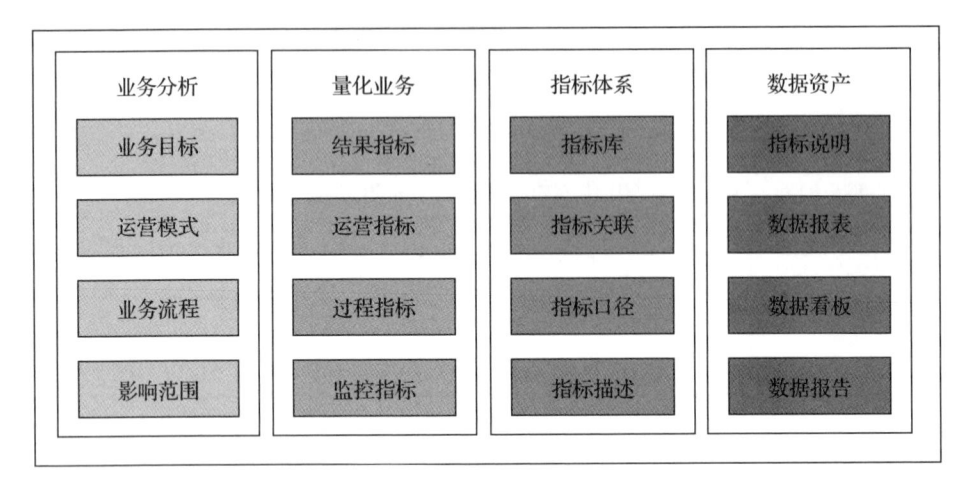

图 8-25 指标落地

8.5.2.1 事件分析

事件分析用来研究用户的具体操作行为对银行业务的影响。银行的运营团队可以通过研究与事件关联的所有因素来挖掘用户行为背后的原因、交互影响等。在用户行为数据分析中，事件是指用户操作产品的某个行为，即用户在产品上做了什么事情，转为描述性语言就是"操作+对象"。事件类型包括注册、登录、绑卡、实名认证、交易等。事件分析示例如图 8-26 所示。

事件分析是所有数据分析中最基础的一种，指对用户行为事件对应的指标进行统计、维度细分、筛选等。例如，对于"银行开户"这个事件，我们可以用总次数、用户数、人均次数来度量，对应的指标可以是"开户结果"。事件分析线图可用于观察一个或多个数据指标变化趋势，也可以用于同比分析。

通过事件分析，我们可以了解用户产品上产生的事件，根据产品特性合理配置追踪路径，回答关于指标变化趋势等问题。

8.5.2.2 漏斗分析

漏斗分析是一套流程式数据分析模型，将用户的各个行为节点作为分析节点，来衡量每个节点的转化效果。漏斗分析能帮助我们清晰地了解在一个多步骤过程中，各个阶段的转化率，通过漏斗各环节相关数据的比较，发现问题所在，提升转化表现。在图 8-27 漏斗分析中，我们需要清晰以下 3 个基本概念。

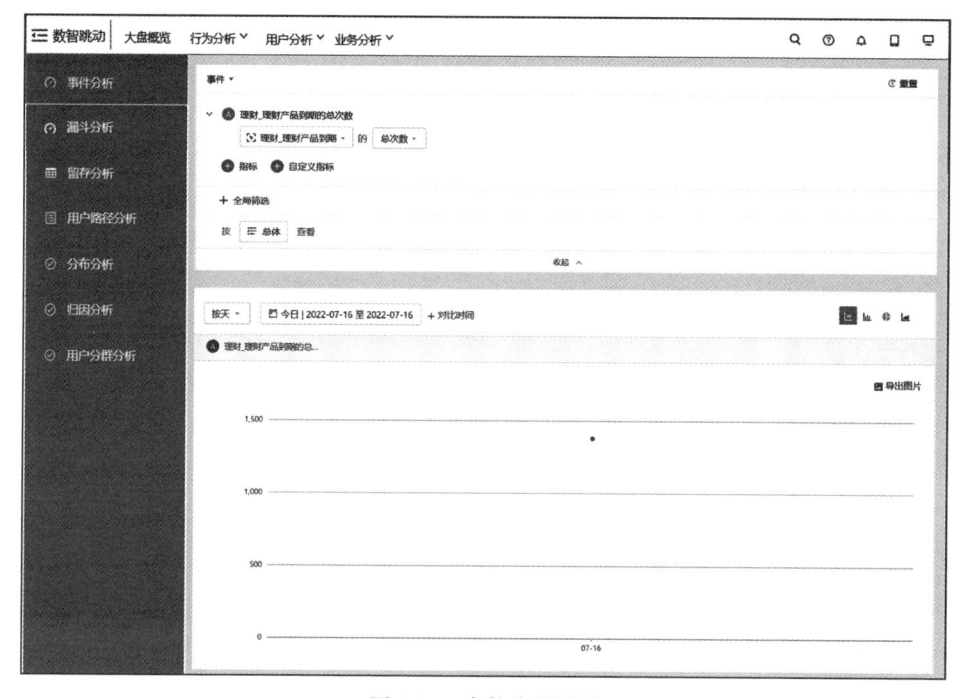

图 8-26 事件分析示例

- 步骤：指用户行为。
- 时间范围：指每一步发生的时间范围。
- 转化周期：指用户完成行为的时间限制。漏斗分析只统计在某个时间范围内的具体转化。

漏斗分析可以度量用户每个环节的转化率和整体操作转化率。除了呈现每个步骤及总的转化情况外，我们还可以按照时间维度，监控每一环节和总转化趋势。

8.5.2.3 留存分析

留存分析是一种用来分析用户参与情况、活跃度的分析方法。留存是衡量产品是否对用户有持续吸引力及用户黏性的重要依据，可以通过表格和线图呈现。留存表格展示了目标用户的留存详情，而留存线图可以呈现随着时间推移，用户数衰减情况。在留存分析中，我们要明晰以下 3 个基本概念。

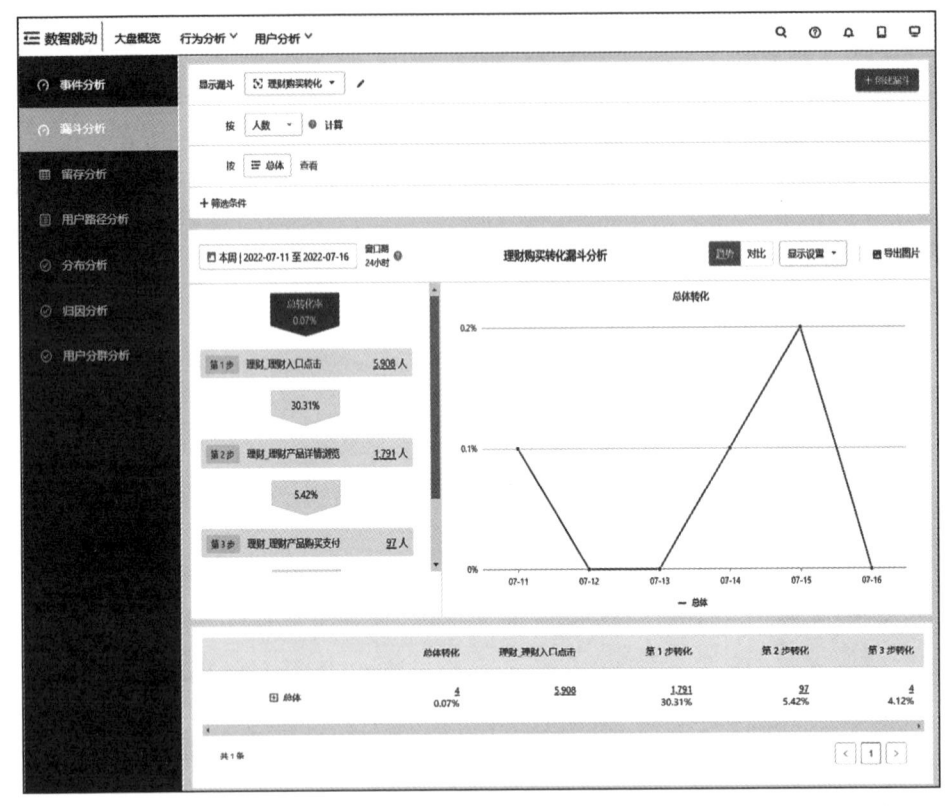

图 8-27 漏斗分析

- 留存用户：如果用户登录后产生交易行为，过了一个月又产生相应的行为，即认定该用户为留存用户。
- 留存行为：某个目标用户完成起始行为之后，后续完成了特定的留存行为，则留存人数加 1。留存行为一般与我们的目标有强相关性。我们在进行留存分析时，一定要根据自身业务的实际需求，确定高价值的留存行为，这样才能对产品优化提供指导性建议。
- 留存率：是指"留存行为用户"占"起始行为用户"的比例，常见衡量指标有次日留存率、7 日留存率、次月留存率等。

留存分析示例如图 8-28 所示。

图 8-28　留存分析

8.5.2.4　用户路径分析

用户路径分析的价值在于基于大量用户访问行为的统计，挖掘用户访问规律，找出用户最常走的一些路径，并进行优化，让路径更短，提升用户体验。对于用户很少走的路径，可以砍掉，对产品做减法。用户到底看中产品哪一点，又是因为什么而离开了，忠诚用户为什么喜欢我们的产品？诸如此类问题要思考得更深入、更全面一点。产品、运营、市场部门需要关注以下几大核心问题。

- 用户从进来到离开都做了什么，哪些是必经之路？
- 目前的用户行为表现是否契合产品的设计和引导，他们在哪些关键节点流失掉了？
- 用户偏离为其设计的路径后，选择了什么样的路径，这些路径有什么特点？
- 根据不同维度分类的用户群在行为上有什么相似和不同，说明了什么？

用户路径分析示例如图 8-29 所示。

图 8-29　用户路径分析

提升转化率并不是简单的数据、用户模型就能解决的。从用户路径设计开始，到引导用户进入产品，通过数据查找路径中用户流失大的节点，对产品、内容和活动进行优化，以合适的方式召回用户，这才是提升转化率的通用流程。但很多细节需要根据行业、市场、产品特性进行相应调整。

8.5.2.5 分布分析

分布分析是用户在特定指标下的频次、总额度等的归类展现，分析用户在不同地区、不同时间段购买不同类型的产品次数、交易频次，帮助运营人员了解当前用户状态。

作为运营和产品团队想要集中优化最重要的页面，需要知道关键页面浏览的频次分布，找到对用户影响最大的页面；作为运营人员需要知道贡献值靠前的用户分群，集中资源用于重点用户。图 8-30 展示了分布分析不仅有助于洞察用户行为分布规律，还可作为事件分析、用户分群等的重要补充。

图 8-30　分布分析

8.5.2.6 归因分析

归因分析要解决的是获客和运营效果提升问题。随着营销获客成本越来越高，用户转化路径越来越复杂，我们需要通过归因分析找到最具价值和最具潜力的接触点，在节省营销投放费用的同时，更好地提升用户转化率。常见的归因分析方法包括首次归因、末次归因、线性归因、U 型权重归因、时间衰减归因。

- 首次归因：以用户第一次触达产品作为唯一归因。
- 末次归因：同首次归因相反，以用户最后一次触达产品作为唯一归因。
- 线性归因：在回溯期内，一次转化贡献被各触点平均分配。
- U 型权重归因：在回溯期内，首次、末次触达渠道贡献权重最高，中间渠道最低。
- 时间衰减归因：按用户触点发生的时间顺序分配转化贡献，距离目标事件发生的时间越近，用户触点分配的转化贡献越高。

在上述归因分析中，如果按照时间衰减归因分析，转化贡献是首页 Banner 位贡献 10%、运营位贡献 20%、搜索框贡献 30%、推荐位贡献 40%。

具体选择何种归因分析模型来评估用户触点对总体转化目标达成所做出的贡献，我们需要结合自身业务场景和分析需求进行选择。归因分析示例如图 8-31 所示。

图 8-31　归因分析示例

随着用户行为路径日益复杂,我们只有通过归因分析,才能合理优化各触点,高效分配各触点的投入资源。

没有完美的归因分析模型,任何模型都存在局限性,现在的互联网环境越来越复杂,触发用户行为的源头越来越多,用户从第一次触发到最终做转化决策这个过程并不是模型能够完全、准确概括的。归因分析需要有规范的数据采集流程去保证埋点数据的准确性,从而保证数据的有效性。

数据运营的核心在于运营而非简单的数据,即数据运营的本质是运营。数据分析一定是为运营服务的,脱离运营本身去谈数据分析是没有价值的。

第 9 章 CHAPTER

银行数字化转型案例及分析

随着数字经济时代的到来，用户通过数字渠道获取金融服务逐渐成为主流。为了响应市场变化和客户需求，银行多措并举从战略规划、组织架构、企业架构、业务流程、数据治理、人才结构等方面，全面推动数字化转型、提升金融服务能力建设。银行的业务和管理向着线上化、数字化、智能化演进，**银行的价值链也由封闭走向开放**。过去几年，银行在数字化转型上做了大量探索性工作，在零售渠道转型、数字化营销、核心系统分布式改造等方面取得局部突破，为后来者积累了经验。本章将通过盘点各个银行的数字化转型历程，总结转型关键点，旨在为即将开展数字化转型的银行提供参考借鉴。

2021 年 12 月和 2022 年 1 月，两份关于银行数字化转型的重量级指导文件——中国人民银行《金融科技发展规划（2022—2025 年）》和银保监会《关于银行业保险业数字化转型的指导意见》先后印发，为新时期银行数字化转型发展勾勒蓝图、明晰脉络，对正在积极筹备数字化转型工作的各类银行指引方向。银行业数字化转型步伐加快给银行带来全新的机遇、挑战。传统银行的存在形态、服务形态将在科技驱动与数据赋能之下进行重构，渠道、服务、运营、风控、产品、组织架构将全面变革。如何驱动从点、线、面到体的全面变革，这需要银行站在战略布局角度把控数字化转型的发展趋势。

各家银行加大了对数字化转型的支持和改革力度。将数字化转型战略全面融入业务、用户需求，让数字化转型走向纵深，从被动走向主动已是必然。在数字化转型战略上，部分银行积极结合国家规划、监管要求、外部环境和自身实际，制定了差异化数字化转型战略并规划了落地路径。

9.1 建设银行数字化转型

自 2017 年以来，建设银行契合国家战略和经济发展趋势，先后推出了住房租赁、普惠金融、金融科技"三大战略"。建设银行以技术与数据双轮驱动，打造金融科技核心能力，建设智慧金融、打造智慧生态，以数字化手段重构信用体系、风控体系，成功构建了新金融格局下的多元化经营局面，形成了业务裂变效应。所有这些都可以认为是建设银行过去多年战略布局所积累的势能，使其变得越来越强大。

9.1.1 历年战略变化

回顾建设银行过去 10 年的年度战略描述，不变的是战略转型布局，建设银行一直在探索从传统商业模式转变为符合未来发展要求的管理运营模式，变化的是从 2017 年开始实施金融科技战略，逐步拓展为实施住房租赁、普惠金融、金融科技"三大战略"。建设银行对数据的重视贯穿金融科技能力建设全过程。

2012 年，建设银行战略为全面推进多功能银行建设，深化战略转型和推进业务结构调整，加强资本管理和风险控制，强化客户、产品、渠道等基础建设，夯实业务发展基础。建设银行加快推进电子银行、金融社保卡、现金管理、养老金管理等业务发展。在综合化经营战略方面，建设银行在发展好银行主业的同时，加快发展保险、信托、投行、基金、租赁、证券等业务，构建市场互为依托、业务互为补充、效益来源多样、风险分散可控的经营构架，实现以客户需求为导向的功能选择，为客户提供全方位、多样化的金融服务。

2013年，建设银行按照综合性、多功能、集约化的发展战略，通过加快产品、渠道和服务模式的创新，为客户提供优质、全方位的现代金融服务。建设银行针对海外业务发展、互联网金融、产品创新管理等开展调研，对战略、全面风险管理框架、资本充足率、内部控制建设、新一代核心系统建设与关联交易控制管理等问题进行前瞻性思考，恪守稳健发展的总基调，坚持服务实体经济，加快推进战略转型。

2014年，建设银行继续坚持综合性、多功能、集约化的发展战略，秉承"以客户为中心、以市场为导向"的经营理念，通过加快产品、渠道和服务模式的创新，为客户提供优质、全方位的现代金融服务。建设银行深入分析宏观经济和国家金融改革形势，研究、制定转型发展规划，加快经营转型和盈利模式转型，优化资源配置，支持实体经济发展，完善机制，提升产品创新和金融服务能力，打造核心竞争优势。

2015年，建设银行继续坚持综合性、多功能、集约化的发展战略，积极配合国家供给侧结构性改革，积极助力"一带一路"、自贸区建设、京津冀协同发展和长江经济带建设等发展战略，支持国家重点建设、新型城镇化、新农村建设和战略性新兴产业等领域。建设银行深入分析宏观经济金融形势，加强转型发展规划执行和评估，推动全行经营转型和盈利模式转型，优化资源配置，支持实体经济发展，完善体制和组织结构，提升产品创新和金融服务能力，打造核心竞争优势。

2016年，建设银行围绕全行转型发展战略，培育新的盈利增长点，加快转型发展步伐，坚持"移动优先"发展战略，持续推动智慧银行建设，加速创新，为客户提供智能、高效的移动金融综合服务，提升综合服务能力；建成资产管理、同业业务、金融市场交易三大直营中心，集约化经营体系不断完善。

2017年，建设银行战略为加快转型发展，提升合规稳健经营水平，推进零售优先战略，落实国家普惠金融战略，新设网点向县域倾斜，推进产品和服务创新，持续优化业务结构，加强创新能力建设；紧跟国家创新驱动发展战略，加快实现由规模驱动向创新驱动转变，构建全方位、丰富的产品和服务体系；积极实施大数据战略，构建企业级数据应用体系，快速提升经营管理数字化水平；实施金融科技战略，充分发挥牌照领先优势，打造多功能服务平台和金融生态圈，提升企业级集约化经营管理能力，完善创新管理组织体系，跟踪前沿技术，打造竞争力优势。

2018年，建设银行战略为全面实施住房租赁、普惠金融和金融科技"三大战略"，助力供给侧结构性改革，强化风险内控管理，推动全行业务高质量发展。建设银行纵深推进住房租赁战略，以共享平台铺展新格局。建设银行全面启动普惠金融战略，以科技助力跑出加速度，构建技术与数据双轮驱动的金融科技基础能力，打造智慧金融与智慧生态内外发力的金融科技业务体系。建设银行实施金融科技战略，以智慧聚能激发新动力，打造共享金融生态，实施"移动优先"战略，积极推行网络金融服务，探索、构建具有特色的创新孵化长效机制。

2019年，建设银行以"三个能力"为遵循，以"三大战略"为突破，从G端、B端、C端发力，开启"第二发展曲线"，在住房租赁方面全面布局，建设住房租赁综合服务平台，初步建成数字房产体系；在普惠金融方面，量质并进，坚持平台化经营，不断探索智能化、生态化的普惠金融新模式，全面提高普惠金融服务覆盖率、可得性和满意度；在金融科技方面，加快赋能，积极打造人工智能、区块链、物联网等服务平台，提升"5G+智能银行"服务功能，赋能同业、社会。建设银行围绕人民对美好生活的向往与需求，以新金融行动积极服务经济社会，推动金融供给侧结构性改革，驱动高质量增长。

2020年，建设银行积极践行新金融，全力推动实施住房租赁、普惠金融、金融科技"三大战略"及新金融实践，探索新的金融服务模式。在住房租赁方面，建设银行深化住房租赁综合服务平台应用，提升平台活跃度，为政府监管、公租房管理、市场化房源交易等提供更好的服务。在普惠金融方面，建设银行坚持创新驱动、平台经营和共享赋能，不断健全普惠金融机制，着力打造普惠金融新生态，进一步完善普惠金融客户服务。在数字化产品体系方面，建设银行实现新产品的按需快速定制，形成"小微快贷""裕农快贷""交易快贷""个人经营快贷"新模式产品系列，深化平台经营，通过"金融+场景"方式，建立面向客户的实时交互综合服务平台，大幅拓宽客户覆盖，提升服务效率和客户体验。在提升风控能力方面，建设银行构建"数字化、全流程、标准化"的普惠金融智能化风控管理体系，让信贷资产质量保持稳定。在金融科技方面，基于人工智能科技支撑，建设银行实现在客户服务、风险管理、集约化运营、智慧政务等多个领域的424个人工智能场景应用。建设银行按照"建生态、搭场景、扩用户"的数字化经营策略，强化C端突围，做百姓身边有温度的银行；着力B端赋能，营造共生共赢生态，做企业全生命周期伙伴；推进G端连接，助力社会治理，成为国家信赖的金融重器。

2021年，建设银行"三大战略"持续引领，通过战略转型布局，引导更多金融资源到绿色低碳、科技创新、乡村振兴等领域，规避长期风险。在住房租赁方面，建设银行稳步推进住房租赁战略，针对不同项目类型和融资痛点提供适配的金融服务。在普惠金融方面，建设银行持续打造以"批量化获客、精准化画像、自动化审批、智能化风控、综合化服务"为核心的数字普惠金融模式，扎实推动普惠金融业务高质量发展，同时依托数字技术，强化平台经营，提升市场响应能力。在金融科技方面，发布《中国建设银行金融科技战略规划（2021—2025年）》（TOP+2.0），纵深推进金融科技战略，深化金融科技体制，夯实新金融数字基础设施建设，强化技术创新和自主可控能力，保障生产安全、稳定运行，赋能新金融高质量发展。在数字化经营方面，建设银行全面推进数字化经营常态化，构建数据中台体系，将开放、共享、协同、敏捷的思维模式应用于日常经营活动，持续提升数字化经营能力。在产品创新方面，建设银行以数字化产品创新实践深化新金融行动，深入推进企业级产品谱系建设，打造线上全流程产品管理机制，创新研发多维实时数据供应架构，构建全流程线上化的创新项目管理机制。建设银行依托"众创平台"开展员工创意统筹，贯通从基层到总行的创意征集、处理和反馈机制，及时响应各级员工的意见和建议，面向行外用户打造开放合作、连接共享的"外部众创平台"。

9.1.2 金融科技战略发展历程

2010年,建设银行启动新一代核心系统建设工程。2011年,建设银行确定新一代核心系统未来三年实施路线图。新一代核心系统建设目标是建立起统一集中的信息技术平台。建设银行在新一代核心系统建设过程中以客户为中心、以企业级架构为核心、以企业级业务模型为驱动,完成了由流程模型、数据模型、产品模型、用户体验模型构成的企业级建模主体工作,通过数据建模,厘清数据资产,同时建设数据仓库,提供多种用数模式,为后续数据治理体系的建设和完善打下了坚实基础。

2017年,建设银行提出实施金融科技战略,深化新一代核心系统应用,释放大数据价值创造力,加快金融生态圈拓展,巩固客户、账户基础。建设银行加快金融科技创新发展,适度超前布局,开展前沿金融科技研究,力争在互联网、大数据、人工智能和金融深度融合方面走在同业前列。

2018年,建设银行启动新一轮金融科技"TOP+"战略:T(即Technology)代表科技驱动金融创新;O(即Open)代表建行技术和数据能力向社会开放,打造建设银行应用商店(CCB Store);P(即Platform)代表平台生态;+(即Plus)代表"鼓励创新、包容创新"的机制和文化。建设银行成立建信金融科技公司,整合形成七大核心事业群,运用大数据、区块链、人工智能等为产品创新、客户服务和风险管理赋能,实现集团信息科技能力整体跃升。建设银行构建技术与数据双轮驱动的金融科技基础能力,打造智慧金融与智慧生态内外发力的金融科技业务体系。建设银行加强人工智能、大数据、区块链等新技术平台建设及业务场景应用,搭建一体化协同研发平台,打造企业级研发生态,推进金融科技研发模式转型;基于云搭建开放银行服务平台,通过标准、高效的方式,把本行的金融服务、数据服务嵌入第三方,将业务扩展到社会生活场景的方方面面。

2019年,建设银行着力推进智能化平台建设,进一步开启了全面数字化经营探索,对内打造协同进化型智慧金融,构建业务、数据和技术三大中台,全面提升数据应用能力、场景运营能力、管理决策能力，对外构建 G 端、B 端、C 端伙伴式新生态，以开放共享的理念对外赋能，促进数字化经营管理能力提升。

2020 年，建设银行数字化经营稳步推进，秉承普惠、开放、共享的新金融理念，率先开启数字化转型，以数字化经营作为落实"三大战略"的突破点，按照"建生态、搭场景、扩用户"的基本逻辑，形成了一套具有特色且行之有效的数字化转型打法。建设银行深化平台经营，通过"金融＋场景"的方式，建立面向客户的实时交互综合服务平台，大幅拓宽客户覆盖，提升服务效率和客户体验。

2021 年，建设银行发布《中国建设银行金融科技战略规划（2021—2025 年）》（TOP+2.0），对建设银行金融科技未来五年的发展目标、重点任务和保障措施进行总体部署，推进金融科技战略纵深发展；整合企业级架构能力优势，以数据和科技驱动同业赋能，助力同业金融机构提升能力、强化治理、拓展应用；构建数字中台体系，以数字化经营逻辑重构业务流程，将开放、共享、协同、敏捷的思维模式应用于日常经营活动，持续提升数字化经营能力；构建业务中台体系，聚焦用户、权益等业务基础，打造企业级生态场景经营底座。截至 2021 年末，业务中台共梳理出 384 项标准化能力，为生态场景搭建及运营提供基础能力支撑。建设银行构建数据中台体系，构建全领域数据融合、多层次互联互通、全链路高速供应、多用户简单易用、全流程闭环迭代的数据体系，关联整合金融与非金融生态数据，以数据产品形式在数字化经营、场景平台建设运营过程中快速释放数据资产的业务价值，全面支持智能风险防控、客户个性化需求洞察、产品服务创新、运营体系降本增效、客户体验改善。截至 2021 年末，建设银行发布 1600 余项数据服务。建设银行还构建技术中台体系，打造全行统一的技术基础底座，实现基础技术和公共服务的规模化、云化供给，持续打造数字化、敏捷交付能力。截至 2021 年末，建设银行面向应用发布了 102 项技术产品和 96 项公共服务，支持业务中台、数据中台建设，为智慧金融和智慧生态提供共享复用的技术能力，快速响应数字化经营需求。

9.1.3 业务与技术、数据深度融合

建设银行数字化转型以战略为引领，以客户为中心，以企业级架构为核心，以企业级业务模型为驱动，以金融科技为支撑，通过业务、科技、数据深度融合推进数字化转型与协同创新。建设银行在数字化经营过程中，通过数据驱动客户行为分析，洞察客户。行内各级人员具备高度的数字化认知，能利用数据模型做客户分析、客户营销和客户维护。在应用数据过程中，建设银行打通产品部门、客户部门、业务中台部门在客户层面的流程断点、数据断点，构建完整、及时、一致的客户统一视图。因为数据通融，业务分析、用户画像等数据应用越来越准确和全面，进而可以提供统一、准确、唯一、创新的客户识别方式，实现灵活的客户细分及专业化营销，形成了以通促用和以用促通的正向循环。

建设银行以企业级架构为核心，从银行整体价值链视角，打破部门级、分行级、系统级等画地为牢的观念限制，重构业务模型、数据模型、产品模型与用户体验模型。建设银行通过分析其所有业务流程、数据、产品及技术基础，解构并重建了一套适合自身的企业级架构。建设银行以企业级架构为指导，在新一代核心系统建设中先后投入9500余人，经过六年半的不懈努力，搭建了平台化、组件化、参数化、云化的基础架构体系，打通了业务全流程，实现了快速创新和敏捷交付。建设银行依托企业级、组件化、参数化所带来的整体优势，逐步形成具有特色的九大业务能力。

建设银行以企业级业务模型为驱动，从顶层设计入手，将银行战略能力需求和日常操作需求有效转换成以结构化、标准化方式描述，形成以银行价值链为主线的业务模型。建设银行科技部收到业务需求时，先看业务模型中有没有对应的积木块，如果有，对积木块拼凑就可以了；如果没有，修订模型后再开发，大大提高了开发速度。

建设银行以金融科技为支撑，聚焦核心底层技术"ABCDMIX"（A 即人工智能；B 即区块链；C 即云计算；D 即大数据；M 即移动互联；I 即物联网；X 是现在还没有商用的一些前沿技术，如量子计算等）进行平台化、组件化，以

云服务为主要交付方式，实现技术基础能力的快速供给。建设银行构建了业内领先的技术与数据双轮驱动的金融科技基础能力，目前已形成包括企业级的业务和 IT 架构建设能力、科技平台支撑能力、基础设施支撑和运维保障能力、核心技术自主可控能力等在内的金融科技能力，实现了从科技支撑到科技驱动的转变。

建设银行促进业务、科技、数据深度融合，通过 IT 架构、数据架构与业务架构紧密衔接，以企业级架构为指导，继承企业级业务建模的成果。建设银行对数据的重视贯穿金融科技能力建设的全过程，持续提升数据驱动力、技术驱动力，依靠科技搭建平台生态，更好地解决社会痛点，实现金融科技赋能，洞察用户需求，依托模型和算法，在融合行内外数据的支撑下为客户提供更好的金融服务，逐步实现金融变现。

9.2 招商银行数字化转型

回顾招商银行的发展历程，无论顶层公司发展战略、方向目标，还是守根基、重技术、实现路径等方面都非常清晰明确，这为招商银行成功进行数字化转型奠定了良好基础。

9.2.1 历年战略变化

回顾招商银行过去 10 年的年度战略描述发现，招商银行坚持"科技兴行"的发展战略，立足于市场和客户需求，率先开发了一系列具有高技术含量的金融产品与金融服务。在过去的 10 年，招商银行经历了 3 次重要转型：2012 年以前的零售银行转型，重点发展零售业务、"两小"业务和中间业务，逐步推进零售银行业务管理体系和组织架构变革；2014 年开始轻型银行转型，推行"一体两翼"战略，以零售金融为主体，公司金融和同业金融为两翼，打造"轻型银行"；2016 年开始拥抱金融科技，融合体验与科技，深入推进业务模式转型，探索数字化时代的 3.0 模式，并在 2021 年提出打造"大财富管理的业务模式＋数字化的运营模式+开放融合的组织模式"的3.0模式。

2012年,招商银行坚持"效益、质量、规模均衡发展""早一点、快一点、好一点"战略方针和"因您而变,因势而变"经营理念,扎实推进2010年开始实施的"二次转型",加快向内涵集约发展模式转变,确立了提高资本效率、贷款风险定价、费用效率、价值客户和风控水平五大目标,加快流程再造和新产品开发。招商银行战略定位为打造盈利能力领先、服务品质一流、基础管理扎实、品牌形象卓越的有特色的创新型银行。招商银行重点发展零售业务、"两小"业务和中间业务,打造中国最佳零售银行和优秀小型微型企业金融服务商。在零售业务领域,招商银行重点发展小微金融、财富管理、私人银行、信用卡和电子银行业务,大力开拓远程银行、互联网金融、养老金融等新兴业务市场,巩固和扩大零售银行领先优势;在批发业务领域,招商银行做强负债业务,创新发展小企业业务,积极拓展离岸金融、跨境与贸易金融、现金管理、投资银行、资产托管等新兴业务,构建同业与金融市场业务新型优势,提高大中企业客户综合收益率,提高综合化经营利润贡献度。

2014年,招商银行坚持战略转型,以改革激发活力,以创新驱动增长。招商银行坚持战略转型,以改革激发活力,以创新驱动增长,以零售、金融为"一体",以公司金融、同业金融为"两翼",加强零售、金融对公司、同业的带动作用,加大公司金融、同业金融对零售的支持作用,推进"一体两翼"协同共进,打造差异化竞争优势;以服务为主线,打造轻型银行,以创新产品和升级服务为突破口,以财富管理、资产管理等新兴金融业务为重点,在合理发展存、贷款等传统业务的同时,努力推动非利息收入业务的快速增长,持续深入推进业务结构调整和经营转型,努力提高资本使用效率和降低资本消耗;以客户为中心,重点拓展价值客群,持续扩大零售金融、公司金融和同业金融基础客户群;加大客户结构优化,构建高度专业化的客户服务体系;以改革和流程优化为关键,以IT科技等为手段,以提升全面风险管理能力为重点,努力提升专业化的管理能力;合理布局物理网点,创新发展电子银行,加快建立功能强大、运作协同的立体化渠道体系;做大做强国内市场,重点投入发达地区,合理布局高潜地区，稳步拓展海外市场，重点拓展港澳地区、新兴市场国家和国际金融中心城市的市场。

2016年，招商银行坚持"一体两翼"的战略定位，聚焦基础客群和核心客群建设，构建基础产品和专业产品两大产品体系，形成优势显著的零售业务和特色鲜明的公司金融业务。招商银行发展策略为积极打造未来战略制高点：一是持续推进结构调整与经营转型，实现轻型银行目标；二是强化对风险的主动性管理，稳健经营，应对经济增速下行；三是全面推进数字化，打造数字化招行，实现跳跃式发展；四是打造"投资银行 – 资产管理 – 财富管理"专业化体系，形成新核心竞争优势。深入推进业务模式转型，力争融合体验与科技，打造"领先数字化创新银行 + 卓越财富管理银行"，塑造互联网时代零售服务新模式，推动零售金融体系化竞争能力再上新台阶。招商银行以"促转型、调结构、提质量"为方向，推动公司金融发展模式深度转型，着力打造差异化竞争优势；坚持投商行一体化，全方位发挥公司金融整体优势，深入推进交易银行、投资银行两大转型业务协同发展，构建领先的交易银行和投资银行业务体系；进一步加强业务协同，发挥"一体两翼"独特优势，稳步推进综合化，为客户提供全方位金融服务；深入推进国际化，持续提升海外经营管理水平。招商银行打造强有力的战略支撑体系：一是实现"双模IT"（不断优化和提升传统IT架构支撑的能力及建立驱动数字化创新的IT能力）转型，提升数字化创新能力；二是从管理向服务转型，构建轻型人力资源管理体系；三是优化资源配置，进一步强化资产负债和财务管理；四是大力提升风险管理水平，打造专业、独立、垂直的全面风险管理体系；五是建立一体化内控管理体系，夯实内控合规基石；六是深化组织体制改革，建立灵活高效的运作机制；七是推进运营与流程体制改革，构建轻型运营体系；八是优化渠道建设管理，提升渠道经营效能；九是强化招银文化品牌，培育持续发展动力源。

2019年，招商银行坚持"一体两翼"的战略定位，零售"一体"以MAU为北极星指标，拥抱"客户 + 科技"，构建移动互联网时代的竞争新优势，打造零售金融3.0数字化新模式；批发"两翼"以特色化为方向，着力构建批发业务体系化能力,加快推进数字化转型,实现批发金融高质量发展,不断推进"一体两翼"的深度融合,打造有机循环、相互促进的整体,形成高度融合的价值循环链。招商银行发展策略为积极抢占未来战略制高点:一是加快推进金融科技战略,推进金融科技本体质变,赋能零售金融3.0数字化转型,助力产业互联网模式升级;二是践行最佳客户体验战略,建立客户体验闭环监测系统及指标体系,开展定期评估并持续优化客户旅程;三是深化风险管理战略,明确风险偏好目标,优化风险流程体系,建立金融科技驱动的风险管理工具体系;四是高效推动协同战略,打造"财富管理-资产管理-投资银行"业务拓展协同体系,建立B2B2C的客户联动经营协同体系,构建行内外、跨条线的数据共享协同体系。招商银行深入推进业务模式转型:一是打造零售金融3.0新模式,以金融科技为手段,以大数据为驱动,以MAU为北极星指标,抢占未来发展战略制高点,构建线上用户获取与经营新模式,深入推进零售金融3.0数字化转型,打造最佳客户体验银行;二是推进批发金融高质量发展,牢牢把握产业互联网创新金融服务的转型方向,提升基于行业的综合服务能力和风险管理能力,深化客户分层分类经营体系和客户经理管理体系建设,有效推动交易银行和投资银行两大业务体系转型升级;三是提升综合化经营水平,为客户提供高质量、全方位的金融服务;四是强化国际化服务能力,着力打造"跨境金融领域最佳客户体验银行"。招商银行打造强有力的战略支撑体系:一是实现科技"双模IT"转型,坚持科技领先,顺应数字化、信息化、网络化潮流,提升数字化创新能力;二是构建轻型人力资源管理体系,打造服务战略、结构优化、梯队合理、能力突出的人才队伍;三是强化资产负债和财务管理,持续提升资产负债管理专业能力与管理效率,构建全面、智能、专业的财务管理体系;四是推进内控合规体系化建设,推进内控合规定量化、标准化、精细化管理;五是构建智慧运营体系,有效平衡客户体验、运营效率和运营成本、运营风险之间的关系;六是丰富和发展招银文化品牌,持续扩大品牌差异化优势和影响力。

2021年,招商银行坚持"一体两翼"战略定位,围绕"领先的零售银行、专业的公司银行、开放的同业银行"的定位,着力推动"一体两翼"全面融合,完善一体化经营机制,形成各方协同的飞轮效应。招商银行发展策略为以客户为中心推进大财富管理业务模式转型：一是转变业务理念，从自身资产负债表经营视角向客户资产负债表经营视角转变，从条线经营模式向融合经营模式转变，从独立体系经营模式向开放体系经营模式转变；二是创新发展大财富管理业务模式，以全客群为基础形成客户循环链，以全产品为依托构建产品组合链，以全市场为资源夯实资产资金组织链，以协同共进为目标构建区域发展链；三是通过全面的业务协同和开放式经营，形成"财富管理—资产管理—投资银行"大财富管理价值循环链，实现飞轮效应，以全面数字化促进运营模式升级，依托金融科技，围绕线上化、数据化、智能化、平台化、生态化，全面推动金融基础设施与能力体系、客户与渠道、业务与产品、管理与决策的数字化重塑。招商银行以开放融合推动组织模式进化：一是夯实轻型银行的文化根基，打造开放、融合、平视、包容的轻文化体系；二是构筑轻型银行的组织根基，打造专业能力强、开放融合度高、员工体验佳的高效队伍，形成3.0发展模式的组织竞争力，构建适应3.0模式的全面风险与合规管理体系，坚持以客户为中心的风险管理理念，以金融科技为工具，以审慎的风险文化为保障，打造覆盖全客户、全资产、全风险、全机构、全流程、全要素的"六全"风险管理体系。

9.2.2　金融科技战略发展历程

2016年，招商银行为积极应对外部互联网金融及金融科技的挑战，加快推进金融科技战略，利用移动互联网、云计算、大数据、人工智能、生物识别等技术提高服务能力，向网络化、数据化、智能化的未来银行转变。

2017年，集合了人工智能金融科技应用的招商银行App 6.0上线。招商银行以金融科技创新驱动业务和客群持续增长，零售客群突破1亿户大关，客户体验得到提升。针对金融科技快速发展的形势，招商银行围绕"人才+创新"加大投入力度，设立"金融科技创新项目基金"用于金融科技研发，助推金融科技创新。

2018年，招商银行金融科技建设逐步由点及面、由产品到体系、由业务到组织文化，寸积铢累。招商银行成立了科技赋能的金融科技创新孵化平台，建立独立团队运作机制，支持各项创新项目；加快人员结构转型，加大科技和数据人才储备力度；在人工智能、大数据、区块链和云计算等金融科技的基础设施与能力建设上不断取得突破。招商银行对标金融科技公司，建立开放式 IT 架构，全面提升科技基础能力的研发和应用。金融科技的最底层是文化，招商银行建立容错机制，支持异想天开的创新，力求改变传统银行科层制文化。

2019 年，招商银行提出打造金融科技银行，把探索数字化经营模式作为转型下半场的主攻方向，以金融科技为手段，以大数据为驱动，以 MAU 为北极星指标，提高用户在 App 内的留存、转化及价值变现；同时，强化场景拓展，丰富各类场景服务能力，不断增强客户黏性。招商银行充分利用金融科技在营销、风险、客服和运营等方面的应用，提升数字化经营能力，优化风险流程体系，建立金融科技驱动的风险管理体系；建设面向未来的金融科技基础设施，加快建设云计算能力，加快应用上云进度；强化数据中台建设，推动数据打通，加强数据治理，提高数据的便捷性和易用性，建设数据应用工具平台，降低数据应用门槛；推动系统的打通与开放，打通各个系统的工作流、信息流，实现一个入口通全行；以开放思维将系统解耦，将功能模块微服务化、产品化，将各类通用能力沉淀到中台。

2020 年，招商银行以"网络化、数字化、智能化"为战略演进路径，深入推进全行数字化转型发展和 3.0 经营模式升级。业务数字化经营的底层是持续的金融科技能力打造。招商银行初步构建了面向未来的科技基础设施与能力：一是在云计算方面，打造开放式 IT 架构，加速推进全行应用上云迁移实施；二是在技术中台方面，以应用程序编程接口为主要共享形式，推动业务组件、技术组件的开放和复用；三是在数据中台方面，搭建全行统一数据门户，提升全行数据分析及用数能力，搭建客户体验智能化监测系统，推动客户体验管理从响应式向主动式加速转变，依托 AI、语音识别等技术持续提升智能客服能力，打造行内协同办公平台，提升全行办公效率。为了积极迎接金融科技竞争，招商银行在科技领域加大了金融科技人才的引进和培养。

2021 年，招商银行金融科技创新项目聚焦 C 端生态建设、B 端生态建设、数字化经营、数字化管理、科技基础设施、创新孵化六大方向，持续支持新能力建设与新模式探索，积极营造开放、包容的创新氛围。金融科技创新项目新增立项559个，新增上线项目587个，全行累计立项金融科技创新项目2665个，累计上线项目1961个。金融科技创新项目基金已成为全行新模式的推进器。招商银行持续加大金融科技人才引进力度，开设FinTech精英训练营，通过开放式、体验式招聘形式吸引STEM（科学、技术、工程、数学）类专业背景的人才加入。招商银行依托金融科技探索产品和服务创新，不断提升对小微企业的金融服务水平和效率；持续强化金融科技输出，聚焦产业链和企业客户数字化转型升级，打造"企业服务＋金融服务"领域的差异化竞争优势；持续以金融科技为驱动，加速推进服务智能化发展，进一步构建线上服务场景，完善智能机器人训练体系，加强机器学习与算法优化，不断探索机器人能力边界。

9.2.3 业务与技术、数据深度融合

招商银行数字化转型与大型国有银行的高举高打有所不同，就像招商银行首席信息官在"商业银行数字化能力提升的难点与突破"大会上说的："不要把数字化变成'炫技'，有什么先进技术不重要，重要的是用技术解决了什么业务问题，提高了多少效率，为客户创造了多少价值"。招商银行数字化转型是围绕给客户带来价值，赋能一线客户经理展开的，通过轻量级的金融科技、数字化工具等加快业务与技术融合步伐，形成行内一体化协同效应，数字化运营效果十分突出。招商银行坚持"科技兴行"发展战略，深刻认识到科技在价值链中占比越来越大。科技部门本身即可产生重大业务价值。在以科技创新重塑管理、业务流程的同时，招商银行还强化科技人才内生培养体系，全方位提升智能化水平，驱动金融科技银行建设。

招商银行在推进数字化转型时，注重转变思维和提升数字化认知，以客户体验优先的原则重新审视内部管理，用金融科技理念和手段改造业务流程、重塑运营体系、优化成本管理、创新体制建设，紧紧围绕客户需求，深度融合科

技与业务，以科技敏捷带动业务敏捷，创造最佳客户体验。

在加快业务与技术融合方面，招商银行建立了"双模"研发体系，引入项目制，形成相应的科技与业务融合机制，不断深化科技与业务融合，提升业务敏捷能力，提升组织对于客户需求的响应速度和服务的持续迭代能力。招商银行不断简化数据平台使用及开发模式，提升业务人员的技术人员能力，从技术及业务双向推动业务智能化发展。

在大数据应用体系建设方面，招商银行遵循"以平台建设赋能前端应用，以应用实践推动平台升级"的基本策略，目前已基本建成涵盖客户服务、产品销售、风险管理、绩效管理、监管审计等业务的完整数据应用平台。招商银行在推进大数据融合新兴技术方面，一是借助人工智能等新兴技术全面分析客户画像，依据客户需求及偏好实现金融服务精准、无感触达客户；二是借助新兴技术，融合大数据资源，将已经固化的机器学习模型以 API 形式供业务人员使用；三是依托大数据平台，实现行内管理层及业务层的流程便捷化、事务处理智能化，加快向金融科技银行迈进。

在人才结构转型方面，招商银行建立了完善的金融科技人才内生培养体系，一方面强化业务人员的技术人员学习能力；另一方面从技术角度为有不同技术诉求的业务人员提供数据分析和开发平台，着力提升业务人员的 IT 能力。

招商银行的金融科技战略为数字化精准营销提供了强大的技术支持。数字化营销平台以数字化、智能化为核心，具备实时感知用户行为、快速理解用户潜在需求、及时展开对用户营销的能力，做到全实时、全旅程、全漏斗、全场景、全数据的营销支持，为"拉新、促活、流量经营"提供全方位的平台支撑。招商银行通过数字化营销平台将三方流量数据整合打通，实现三方相互引流、共享数据，构建起覆盖行内外全渠道线上流量经营的生态体系，将用户在行内外各场景的行为及交易数据进行清洗、整合、归集成统一用户画像，并完成用户从品牌认知到转化整个旅程的数据链路实时监测，从而在提升营销效率的同时提升用户体验及黏性。

2014年，招商银行明确公司战略，提出"二次转型"，打造"轻型银行"的战略转型目标。"轻"取自互联网企业的特点，用在银行的身上，本质是指以更少的资本消耗、更集约的经营方式、更灵巧的应发能力实现更高效的发展和更丰厚的价值回报，体现在"轻资产、轻经营、轻管理、轻文化"4个方面，具体转变如下。

（1）从客户转向用户：重新定义银行服务对象和经营思维，从全客群服务、全产品服务和全渠道协同服务3方面着手，深化转型，聚焦客户体验，建立全新的零售客户服务体系；以用户思维扩大服务边界，跳出以银行账户为核心的客户体系，延伸到Ⅱ、Ⅲ类账户，以及没有绑定银行账户的App用户，着力构建互联网用户体系。

（2）从银行卡转向App：重新定义银行服务边界，利用手机银行App完成两个根本性转变，一是账户体系向用户体系转变，从封闭体系转向开放体系；二是从交易工具向经营平台转变，从"内建平台、外接流量、流量经营"转变为"内建平台、外拓场景、流量经营"，在零售、批发两个条线重点攻克外拓场景短板。

（3）从交易思维转向客户旅程：重新定义银行服务逻辑和客户体验，聚焦业务流程改造，从客户需求出发，以客户旅程地图开展数字化端到端的流程梳理和优化。全行上下齐心协力，通过端到端流程梳理，将多头分散的管理和操作进行数字化、智能化的逻辑集中，打造成一个数字化、智能化的大运营平台，做到前台、中台、后台的高效协同，为用户赋能。

（4）从依靠经验转向依靠数据：重新定义银行经营的依据，建设数据中台，将数据作为核心资产，打通内外部数据，完善大数据治理体系，推动组织自我进化。

（5）从集中转向开放：重新定义银行科技基础和企业文化，明确科技能力决定服务半径与未来发展空间。科技部门要承担更重要的使命，通过系统融合带动业务融合。招商银行打破现有以部门为中心的竖井式业务系统，逐一解析系统逻辑，按照模块化标准重构业务系统，从底层打通系统、打通数据，实现"纵向流程不断点，横向系统不隔离"。

9.3 网商银行数字化转型

网商银行作为首批试点民营银行，于 2015 年 6 月 25 日正式开业。网商银行持续科技探索，深入布局前沿技术，是全国第一家将云计算运用于核心系统的银行。基于金融云计算平台，网商银行拥有处理高并发金融交易、海量大数据和弹性扩容的能力，可以利用互联网和大数据的优势，给更多小微企业和个人创业者提供金融服务。网商银行也是第一家将人工智能全面运用于小微风控、将卫星遥感运用于农村金融、将图计算运用于供应链金融的银行。其开创的数据智能化运用模式，有效实现了规模化科学决策。

9.3.1 历年战略变化

网商银行过去 7 年的发展史，就是一部应用数字技术持续创新、践行普惠金融使命的科技发展史。网商银行持续科技探索，深入布局前沿技术。作为一家科技驱动的银行，网商银行不设线下网点，沿着普惠银行、交易银行、开放银行的发展方向持续耕耘，全力打造"小微客户的首选银行"。

2015 年，网商银行秉承"小银行，大生态"的经营理念，专注于服务小微客户，农村市场、中小金融机构。在服务小微客户方面，网商银行利用阿里巴巴电商平台优势，即阿里巴巴 B2B、淘宝、支付宝等电子商务平台积累的客户信用数据、行为数据，向这些通常无法在传统金融渠道获得贷款的小微客户发放"金额小、期限短"的纯信用小额贷款。网商银行通过引入网络数据和在线资信调查模式，结合检验技术，辅以第三方验证确认客户信息的真实性，将客户在电子商务平台上的行为数据映射为企业和个人的信用评价，让小微企业的信用得到更好的体现。在服务农村市场方面，网商银行主要结合阿里巴巴集团"千县万村"计划，利用"村淘合伙人"模式，结合消费品下乡、农产品上行构建农村生态圈等信贷场景。在服务中小金融机构方面，网商银行依托自身的风险识别能力、科技系统能力和数据分析能力，为各类中小金融机构提供风险管理能力和技术、信息系统及产品开发能力、资产托管服务等，帮助它们更好地服务用户，并通过与中小金融机构合作，进一步完善同业合作生态，促进平台化发展。

2016年，网商银行继续秉承"小银行，大生态"的经营理念，专注于服务小微客户、农村市场、中小金融机构。在服务小微客户方面，网商银行维持2015年规划不变。在服务农村市场方面，网商银行除维持2015年规划之外，新增充分发挥包括阿里巴巴村淘、天猫、中华保险等在内的生态合作伙伴的力量，为大型种养殖户提供包括信贷、保险、支付在内的供应链金融综合服务。在服务中小金融机构方面，网商银行维持2015年规划不变。

2017年，网商银行将普惠金融作为自身的使命，希望利用移动互联网技术、数据和渠道创新，帮助解决小微企业、个人创业者融资难、融资贵，农村金融服务匮乏等问题，促进实体经济发展，专注于服务小微客户、农村市场、中小金融机构。在服务小微客户方面，网商银行借助移动互联网等技术，突破空间和时间限制，结合阿里巴巴、蚂蚁金服丰富的线上电子商务平台、线下支付交易场景的优势，利用阿里巴巴B2B、淘宝、天猫、蚂蚁金服支付宝等平台积累的客户信息，向这些通常无法在传统金融渠道获得贷款的小微客户发放"金额小、期限短"的纯信用小额货款及提供综合金融服务。在服务农村市场方面，网商银行通过数字化模式针对性地覆盖"三农"用户群体，提供与"三农"用户实际需求和风险承受能力相匹配的信贷支持，促进农村经济包容性增长。网商银行通过与阿里巴巴、蚂蚁金服生态伙伴协同，在实践中通过信贷服务与电子商务相结合，构建覆盖农村经济价值链的信息通路，实现了资金下行和农产品上行的双向流动，为农业产业链上的企业及农民用户提供从农资采购到农产品销售的整体金融服务方案。在服务中小金融机构方面，网商银行维持2015年规划不变。

2018年，网商银行将普惠金融作为自身的使命，希望利用移动互联网技术、数据和渠道创新，帮助解决小微企业、个人创业者融资难、融资贵，农村金融服务匮乏等问题，促进实体经济发展，专注于服务小微客户、农村市场、中小金融机构。在服务小微客户方面，网商银行维持2017年规划不变。在服务农村市场方面，网商银行在原有数字化模式、"线上+线下"熟人模式、供应链产业金融模式的基础上，积极与各地政府展开"普惠金融+智慧县域"合作，借助"大数据+互联网"技术，结合政府在行政和公共服务过程中产生的数据，协同各地政府建立区域专属授信模型，为农户提供无抵押、免担保的纯信用贷款，支持农户生产经营。在服务中小金融机构方面，网商银行将其在发展战略中体现。

2019年，网商银行将普惠金融作为自身的使命，希望利用移动互联网技术、数据和渠道创新，帮助解决小微企业、个人创业者融资难、融资贵，农村金融服务匮乏等问题，促进实体经济发展，专注于服务小微客户、农村市场。在服务小微客户和服务农村市场方面，网商银行维持2017年规划不变。

2020年，网商银行坚持以领先科技为发展引擎，用开放平台的方式，扩大小微企业的覆盖广度和深度，深耕场景，赋能小微企业数字化，为其提供丰富和实时的金融服务，打造小微企业的数字金融之家。其战略目标为以小微成长为内核，深耕内外生态场景，围绕普惠小微、产融小微和农村客户3个核心客群，从小微成功、小微生态繁荣、小微生态可持续发展3个维度确立未来5年战略目标。在促进小微生态建设方面，网商银行制定"1234"四大新目标。其中，"1"是指未来5年内，让1000万小微经营者享受供应链金融方式的服务；"2"是与2000个涉农县区达成战略合作，实现贷款村村通；"3"是与金融机构合作，向小微经营者发放3000亿元贷款免息券，建立与客户之间的良性互动关系；"4"是指未来5年，为4000万女性提供金融服务，助力女性就业。

2021年，网商银行战略目标为以小微客户成长为内核，深耕内外生态场景，围绕普惠小微、产融小微和农村客户3个核心客群，从小微客户成功、小微生态繁荣、小微生态可持续发展3个维度出发，建设"普惠银行、交易银行、开放银行"。

回顾网商银行过去7年的年度战略描述发现，不变的是专注于服务小微客户、农村市场，以为每一个诚信经营的小微客户提供相伴成长的金融信用服务为使命，致力于支持小微客户成功、小微生态繁荣、小微生态可持续发展，全力打造"小微客户的首选银行"；变化的是从 2018 年开始不再强调服务中小金融机构，更加坚持服务小微客户。

9.3.2 金融科技战略发展历程

作为数字原生银行，网商银行每年的战略都有技术描述，从最初的利用移动互联网技术、数据和渠道创新，到坚持以领先科技为发展引擎，实现科技逐步成为核心竞争力。

2015 年，网商银行成立之初整个 IT 系统采用自主可控"去 IOE"的技术路线，基于金融云提高基础计算能力，在提高弹性和灵活性的同时大大提高了资源的利用率。中间件和应用系统均采用自主研发的软件产品，在缩短建设周期的同时降低了软件开发和运维成本。

2016 年，网商银行通过服务客群下探尝试，强化数据引入和内外部数据联动等手段，有效提升数字化风险管理能力，并在提升数字化风险管理能力的基础上，完善小微普惠产品，推动多元化数据收集，结合小微商家的交易数据，升级授信模型，更精准地识别小微企业需求。网商银行通过线上交易数据、虚假交易监控系统、欺诈行为特征数据库等，不断提升反欺诈模型等的准确性。2016 年，网商银行通过强化数据引入和内外部数据联动，使小微企业获得更高获贷额度、更高获贷通过率。通过模型自动风险定价，贷款整体呈现出更低风险的表现，形成了预授信和自动授信相结合的小微企业普惠金融业务模式。此外，网商银行继续定期监测不良贷款率、逾期率、拨备覆盖率等内部信用风险管理指标，对信贷资产进行综合分析，制定并实施适当的信用风险策略；梳理使用中的模型，持续复盘风险建模样本，优化模型评估及建模方案，完善内部评级体系建设，提高信用风险计量和管理水平，强化决策科学性和风险防范。

2017 年，网商银行运用人工智能技术提升精准化营销能力，在信用风险、经营风险、欺诈风险方面，利用数据分析技术提升风险评估能力。基于海量数据优势，网商银行围绕信贷产品自身的特色，通过互联网化、批量化、数据化的方式来量化识别客户潜在的信用风险、经营风险、欺诈风险。网商银行开发并实施匹配客户特征的风险等级度量方法，通过利用有效的目标客户财务状况复原技术、开发适当的贷款需求计算方法以及相应的额度授予办法等措施进行风险分析。

2018年，网商银行提升数据分析能力，更高效地服务小微客户，在产品层面基本实现了整个链路的无纸化操作，使客户的申贷流程更加方便、快捷，随时随地可享受金融服务。同时，网商银行发布"凡星计划"，向行业开放所有技术和能力，与金融机构共享"310"模式（3分钟申请，1秒钟放款，全程0人工干预），在更大层面上解决线下小微贷款的难题。

2019年，网商银行积极向同业开放技术和能力，广泛与传统金融机构形成优势互补的同业合作，线上线下相结合，进一步提升作业效率，有效降低服务小微经营者的金融服务成本，共同帮助小微客户和"三农"客群提升金融服务的可得性，在商业可持续发展的基础上，以技术推动行业开放及合作共赢。网商银行强化科技建设，继续推进金融科技的创新应用，通过打造基于区块链的供应链金融服务平台及资产管理平台，实现了小微客户从上下游应收账款管理、保理融资与担保到资产证券化流转的全生命周期区块链化；在同业资金交易方向，实施基于机器学习的资金交易机器人项目，提升信用风险、利率风险的事前管控能力。网商银行在应对信用风险识别、分析、防控方面，一是不断提升自动化精准度，逐步形成与场景、行业结合的风控模型，优化审批流程，提升作业效率；二是持续提升数字化风控能力，赋能合作机构，搭建合作共赢的生态体系；三是通过"互联网+大数据技术"的方式，针对县域农户构建专属的授信决策模型以及县域地域风险评级，实现对农户的精确识别、精准画像、自动授信，并有效控制风险；四是夯实底层风控能力，通过不断创新算法，完成模型、策略框架的全面升级，确保信用风险管理体系的先进性和实用性。

2020年，网商银行构建开放银行生态，增强平台辐射能力。首先，做好开放银行平台基础设施建设，持续完善账户与支付管理能力，构建满足客户个性化场景需求的现金管理能力，提升数字化营销能力，逐步夯实产业互联网时代所需的更加开放、多元、个性化发展基础。其次，强化科技建设，在基础建设方面，实现可信云原生基础设施升级，解耦基础设施与业务应用，改变传统应用发布及运维模式，大幅提升运维效率，降低研发成本；在信息安全方面，通过纵深防御机制，有效强化实战防御能力；在持续推进金融科技创新应用方面，推出基于卫星遥感和高光谱农作物识别技术的卫星风控系统，解决农业生产经营数据获取难的问题，有效满足了农业种植大户的信贷资金需求。网商银行使用区块链技术，通过多模可信数据交叉验证供应链各方客户真实信用，解决数据隐私和共享问题；通过用户自证、小程序等方式构建行业可信数据，针对快消、物流等行业场景建立风险识别模型，以更加贴合所服务客户的实际情况，保障全行风险可控。

2021年，网商银行坚持科技引领、自主创新、风险可控、开放共赢原则，制定了"智能＋普惠"的科技战略，致力于打造面向小微经营者的智能、开放、安全、可信的数字银行。在农村金融领域，网商银行进一步拓展卫星遥感风控系统"大山雀"的应用广度和深度。在供应链金融领域，网商银行创新性地将图计算技术应用于供应链识别，推出数字供应链金融"大雁系统"，提出"$1+N^2$"的模式，打破了传统供应链金融"$1+N$"模式中对核心企业的高度依赖。在金融科技持续创新领域，网商银行以智能决策为引擎，服务小微客户复杂场景，全面构建自主可控的人工智能技术体系，在数字化营销、信用风控、营运作业管理等领域实现全面部署。

9.3.3 业务与技术、数据深度融合

作为一家科技驱动的银行，网商银行不设线下网点，借助实践多年的无接触贷款"310"模式，为更多小微经营者提供纯线上金融服务，让每一部手机都能成为便捷的网点。为了满足客户更多的资金需求，网商银行在策略层面不断优化，基于企业工商信息、体系行为、行业特征、外部数据以及个人属性等因素，进行更充分的数据挖掘，进一步提升准入率及授信额度。网商银行协同各

地政府建立区域专属授信模型，为农户提供无抵押、免担保的纯信用贷款，支持农户生产经营。网商银行依托大数据平台实现对客户信用风险评级，并在准入授信策略上，对电商平台信用贷款和订单贷款额度策略、网店存货质押贷款的授信策略等进行了优化；同时，在模型风险识别开发方面基于数据优势，通过批量化、数据化的建模方式迭代梳理，并根据关键指标识别潜在信用风险、经营风险、欺诈风险，加强贷中、贷后管理，建立差异化风险监控制度，及时排查存量客户。此外，网商银行还加强不良贷款的清收处置，采取多种清收措施，力争减少损失。

网商银行在信用风险控制方面形成一套较为成熟的风险模型管理体系，并且针对贷后不良资产清收，建立了有效的工作机制，以支撑信贷业务的有效开展。网商银行大量利用数据模型加强风险管理，利用信用评分卡模型、贷后风险预警监测技术，强化信用风险识别和贷后风险控制。这些信用评级模型已形成模型体系，目前广泛应用于市场营销分析、贷前准入授信、反欺诈、贷中贷后管理，贯穿用户整个信贷生命周期。随着贷款业务推进，客户行为数据沉淀，反哺信贷风险防控模型迭代，提升决策制定的科学性和客户风险识别能力。

网商银行在风控技术方面，创新性地探索可信智能自证技术，在充分尊重用户数据使用权的同时，构建了合规可信的数据采信体系；在用户交互方面，通过机器人等智能交互类技术，不断提升全线上服务体验；在感知能力方面，从单模态演进到跨模态识别，深入小微经营场景，更准确地还原其经营状况；在产业理解方面，通过经营者画像、企业图谱、行业知识库等知识构建技术解决行业金融、供应链长尾复杂的问题。

在开放银行技术体系方面，网商银行构建面向小微金融的合作共赢开放生态应用，搭建开放银行技术体系，整合安全、认证、风控、支付、理财、贷款、供应链融资、电票、外汇、运营、营销等金融产品与服务，制定服务接出和接入标准流程，提供定制化的场景解决方案，帮助合作伙伴快速接入金融服务。

在IT建设方面，网商银行的核心系统采用"大平台、微应用、微服务"架构，沉淀了各种金融基础服务和基础组件，包括客户信息查询、会员管理、计息计费服务、支付服务、账户服务等。这些基础服务沉淀不仅大幅提升了工作效率，经过组合后还可支持快速重构银行业务价值链，将金融服务全面融入社会各类应用场景。网商银行采用自动化运营，在降低人力成本的同时改善用户体验。相比传统银行，网商银行账户维护成本和支付业务成本大幅下降。网商银行实现了小微商户纯线上申请贷款，自动化审核放款，小微贷款运营成本低至 2.3 元 / 笔，而传统银行小微贷款平均人力成本达到 2000 元。

9.4 银行数字化转型分析

9.4.1 银行数字化转型目的

回顾银行战略历史和银行科技发展史，我们会发现转型一直伴随银行左右，而数字化转型是近几年才出现在银行发展战略中。由此可见，"数字化转型"一词中"转型"才是银行战略转型和业务转型的目标。回顾银行科技建设发展史，我们会发现银行的 IT 建设经历了电子化、信息化、线上化、数字化几个阶段，而"数字化"仅是当下发展阶段的转型推动手段，以及银行基础能力建设的目标。基于此，在银行业数字化转型过程中，银行的数字化能力建设要根据整体业务需求先行建设，然后与业务一起迭代，进而形成投入、产出良性循环。这也可以坚定管理层对数字化转型的信心，因为数字化建设投入大、产出慢，需要有正向反馈来推动。

9.4.2 银行数字化转型建设过程

银行数字化转型是业务与技术融合发展的过程，既是从战略到执行解码自上而下推动的整体能力建设过程，也是自下而上各部门和总分公司互相融合、自然生长的过程。在这个过程中，改变用户体验、员工工作效率是银行数字化转型的两个关键切入点，并由点到面地进行整体数字化能力体系建设。

数字化转型的关键是在信息化的基础上进行数字化，关键特征是对外进行业务线上化和场景数字化对接，对内进行业务流程可视化、应用数字化、数据服务化。国内各个大型国股行资源更丰富，科技运用水平高，在较短的时间内完成了IT基础设施建设，以便利用移动互联网、云计算、大数据、人工智能、生物识别等技术提高服务能力，加快向网络化、数据化、智能化的未来银行转变。相比之下，中小银行受制于资源和科技运用水平等，起步晚、动作慢，常因为数字化基础能力建设投入巨大而犹豫有限的资源应该如何分配，因此很难在行内大范围推进数据采集、数据传输、数据存储、数据分析、数据应用等全面建设，特别是周期长、投入大的数据标准、数据治理等方面的建设。因此，中小银行应根据业务发展需要做好科技与业务的配合，逐步进行布局。

在完成了数据化之后，银行可进入以数据驱动的数字化运营阶段。这一阶段需要通过数据治理提升数据标准、数据质量、数据安全等基础能力水平，促进内外部生态数据融合，以支撑业务平台生态发展需要。

银行数字化转型不能当成IT项目推进，需要作为基础能力进行长久建设，更需要组织和财务保障。在组织层面，银行需要有明确的数字化转型部门统一协调管理，并建立数字化人才外部引进和内部体系化培训机制。在财务层面，银行需要有数字化转型资金，如招商银行将"金融科技创新项目基金"作为全行新模式的推进器。